# 龍種中興

## 刀鋒與智慧相交之下
## 東漢帝國命運的盛衰抉擇

朱耀輝——著

從光武中興到明章之治
從邊塞的激烈鏖戰到朝堂的勾心鬥角
**雄圖霸業下的帝國命運，究竟何去何從？**

◎將士熱血未冷，鐵血征途再啟
◎匈奴鐵蹄未止，邊疆烽火再升
◎從明章之治的太平歲月，到羌亂不止的亂世前奏

一場關乎千秋功過的王朝對局
帶你走進東漢的每一寸波瀾與輝煌！

# 目錄

序言

第一章　四海歸一
　　來歙遭刺 .......................................... 010
　　決戰荊州 .......................................... 016
　　血洗成都 .......................................... 022

第二章　止戈為武
　　帝國痼疾：豪族 .................................... 030
　　武退文進 .......................................... 035
　　發布度田令 ........................................ 042
　　加強吏治 .......................................... 047
　　賢臣風骨 .......................................... 056

第三章　邊地烽煙
　　伏波將軍馬援 ...................................... 070
　　何須馬革裹屍還 .................................... 079
　　棄絕西域 .......................................... 089

第四章　光耀雲台
　　東宮易主 .......................................... 102
　　泰山封禪 .......................................... 109

## 目錄

　　　　　　好皇帝 …………………………………… 116
　　　　　　士大夫的進化 …………………………… 124

第五章　帝王權謀
　　　　　　皇子不安分 ……………………………… 134
　　　　　　楚王謀反 ………………………………… 140
　　　　　　竇氏的恩怨 ……………………………… 147
　　　　　　治理黃河 ………………………………… 153

第六章　征程萬里
　　　　　　開戰匈奴 ………………………………… 162
　　　　　　竇固戰天山 ……………………………… 169
　　　　　　堅守疏勒城 ……………………………… 175
　　　　　　十三將士歸玉門 ………………………… 183

第七章　再使西域
　　　　　　班超投筆從戎 …………………………… 192
　　　　　　壯志定西域 ……………………………… 201
　　　　　　以夷制夷 ………………………………… 209
　　　　　　萬里封侯歸 ……………………………… 215

第八章　仁政德治
　　　　　　章帝登基 ………………………………… 224
　　　　　　不徇私，拒封外戚 ……………………… 231

三班良史一部《漢書》……………………………………238

　　白虎觀會議…………………………………………………247

　　東漢辯才第一………………………………………………254

第九章　擊滅匈奴

　　竇氏的崛起…………………………………………………266

　　趁他病，要他命……………………………………………273

　　勒銘燕然山…………………………………………………283

　　最後決戰……………………………………………………289

　　漢匈戰爭的餘波……………………………………………293

第十章　戚宦相爭

　　竇憲跋扈……………………………………………………300

　　奪權之路……………………………………………………309

　　劉肇命短……………………………………………………314

　　鄧綏崛起……………………………………………………321

第十一章　羌亂再起

　　恩及天下……………………………………………………330

　　羌亂拖垮漢朝………………………………………………336

　　戰爭如泥潭…………………………………………………343

　　為何東漢羌亂不斷…………………………………………349

　　鄧綏的千秋功過……………………………………………356

005

目 錄

# 序言

這一卷中,我們來到了後劉秀時代。

建武元年,劉秀在河北地方勢力的支持下,登基稱帝,採用先關東後隴蜀的策略,用十二年的時間,統一了中原大地,重建了漢王朝。

帝國初建,百廢待興,劉秀頒布了一系列法令輕徭薄賦、釋放奴婢、恢復經濟、發展生產。在他的手上,漢帝國在經歷了數十年的衰微後,再次迎來了中興,史稱「光武中興」。

劉秀駕崩後,四子劉莊繼承大統,史稱漢明帝。

劉莊對自己的定位很清楚,老爸劉秀已經開創了盛世基業,他要做的就是守好江山,在這盛世之上不斷添磚加瓦。

他在位期間,大力提倡儒學,注重刑法。為了防止外戚權臣坐大,劉莊禁止嬪妃的家人封侯參政,並且讓自己的宗親和功臣的各個利益集團在權力上得到平衡和相互牽制,從而強化皇權。

劉莊駕崩後,第五子劉炟繼位,是為漢章帝。他在位期間加大力度創辦學校,以儒術治國,並從西域引進佛教,以至風俗醇厚,天下太平,堪稱東漢的黃金時代。

軍事方面,「明章之治」時的表現也不比漢武帝時遜色,竇固、耿秉征伐北匈奴,漢軍進抵天山,擊呼衍王,斬首千餘級,追至蒲類海,占據伊吾。西域各國皆遣子入侍,第二年復置西域都護府,遂「西域自絕六十五載,乃復通焉」。然而不久焉耆、龜茲復叛,攻陷西域都護府,漢章帝即位後,不想因西域疲敝,漢朝轉而罷遣都護。

雖然「明章之治」只持續了三十年左右,卻為整個東漢奠定了堅實的

# 序言

基礎。我們常說，衡量一個時期的好壞，最重要的一點莫過於看看當時民眾的生活水準。明、章二帝在位時期，秉承劉秀遺規，對外戚勛臣嚴加防範；修治汴渠，消除西漢平帝以來河汴決壞；經營西域，再斷匈奴右臂。史載「天下安平，百姓殷富」，史稱「明章之治」。

表層的故事下，我更關注底層的歷史脈絡。

眾所周知，劉秀能建立東漢，靠的是各地豪族。劉秀雖然當了皇帝，但是他並沒有從根本上解決土地問題，地還是那麼多，各階層的分配比例也差不多，只是因為統一戰爭導致人口銳減，人和土地的關係得以恢復到一個平衡的狀態。

但是隨著四海承平，人口日益增長，這種各階層短暫的互相妥協的局面遲早會被打破。劉秀沒有走完的路，壓到了繼任者劉莊身上，摧抑豪強之下，劉莊和劉炟將帝國的結構慢慢細化，這才有了「明章之治」。

翻開本書，這裡有令後世稱讚的太平盛世，也有熱血激盪的西域冒險，讓我們踏上東漢之旅，感受大漢四百年雄壯輝煌的征服歷程，感受漢家男兒意氣風發的進取精神！

# 第一章
## 四海歸一

# 第一章　四海歸一

## 來歙遭刺

　　西元 25 年 8 月，劉秀在河北鄗城千秋亭即皇帝位，開啟了逐鹿天下的征程。我們來看一下他的征伐之路：

　　西元 27 年，滅赤眉集團和永漢皇帝劉永。

　　西元 29 年，滅燕王彭寵和齊王張步。

　　西元 30 年，滅廬江皇帝李憲。

　　西元 34 年，滅隴右隗囂集團。

　　隨著隴右隗囂政權的徹底覆亡，放眼望去，在這場博弈中，劉秀只剩下了一個對手：公孫述。

　　說起來，這二人還是同一年登基稱帝的，劉秀於西元 25 年 8 月登基，公孫述則比他早兩個月，他趁中原紛亂之際，在蜀地割據，勢力逐漸發展壯大。

　　公孫述稱帝後，也曾積極向外擴張，參與群雄逐鹿。

　　西元 26 年，公孫述派兵攻占漢中，後又試圖以此為基地，北伐關中，結果被馮異擊敗。

　　西元 30 年，公孫述的部將田戎率蜀軍東出夔門，攻占臨沮、夷陵一線，繼而發兵攻打荊州諸郡，結果慘敗。

　　西元 31 年，公孫述部將荊邯提議蜀軍東出，沿江而下平定吳楚，再派軍北上平定三秦，如此可得天下，可惜公孫述並未採納。

　　隗囂死後，蜀地人心浮動，為了安定人心，公孫述想了一個辦法。成都城外有座秦朝時修建的糧倉，公孫述將其改名為白帝倉，派人散布小道消息，說白帝倉憑空冒出穀米，堆積如山。

老百姓聽說有這等稀奇事,本著看熱鬧不嫌事大的精神,紛紛跑到城外湊熱鬧。

公孫述大會群臣,故意問道:「白帝倉真的冒出穀米了嗎?」

群臣異口同聲回答:「沒有。」

公孫述道:「我就說傳言不可信嘛!現在都傳說隗囂已被消滅,既然白帝倉冒出穀米的事是假的,那隗囂被消滅當然也是假的!」

這邏輯真是神了!

問題在於,紙終究是包不住火的,沒過多久,隗囂的手下大將王元逃到成都投奔了公孫述。公孫述慌了,他做了兩手準備,命王元和環安據守河池,防守北邊的陸路進攻;又遣翼江王田戎、大司徒任滿、南郡太守程汎率數萬人下江關,攻占夷陵、夷道,據守荊門、虎牙,防止漢軍從水路入蜀。

劉秀這邊積極排兵布陣,漢軍兵分兩路,一路以來歙為主帥,馮異、祭遵、耿弇、蓋延、馬成、劉尚等人為輔,從關中出發,取道天水,入漢中,進而攻蜀;一路以吳漢和岑彭為主帥,沿長江西進,從水路攻蜀。水路先出,吸引公孫述分兵來守,北路漢軍乘虛而入,襲取成都。

吳漢雖然官居大司馬,但是岑彭也不差,《後漢書》中說劉秀麾下名將如雲,而岑彭和馮異則是其中的佼佼者,馮異為征西大將軍,岑彭為征南大將軍,可見其能力並不在吳漢之下。

再說關中方面,想必很多人會有困惑,劉秀麾下人才濟濟,馮異、祭遵、耿弇隨便拎出來一個都是能獨當一面的大將,為何會獨獨挑選來歙為主帥?

這裡就要看一下來歙的履歷了。且不說他是劉秀的親表兄,單從戰功來講,來歙也不輸於上面的任何一個人。在攻滅隗囂一戰中,來歙以兩千

## 第一章　四海歸一

壯士翻山越嶺，拿下略陽城，毀掉了隗囂的隴山防線，為贏得平隴之戰立下了首功。

以來歙為滅蜀之戰的主帥，眾人心服口服。

來歙挑起北路主帥的擔子後，積極整軍備戰，一方面繼續清剿隗囂餘黨，以馬援為隴西太守，安撫隴西、天水二郡；一方面在汧縣積穀六萬斛，進討金城羌族，又斬首數千人，獲牛羊萬餘頭、穀數十萬斛，解決了伐蜀的後顧之憂。

再說荊州這邊，蜀軍依靠強大的水師，數次擊敗吳漢和岑彭的大軍，將漢軍死死攔在荊門天險之外。

岑彭很清楚，漢軍多是步兵和騎兵，在水戰中並不占據優勢，要想擊敗蜀軍，必須建立一支強大的水師。為此，他造戰船數千艘，又從桂陽、零陵、長沙三郡調集了船伕萬餘人，日夜操練。

吳漢並不認同岑彭的做法，他打仗全憑手下的幽州突騎，一向輕視水軍的作用。在他看來，這些招募來的水軍戰鬥力尚未可知，每天還要白白消耗大量的糧食，遂下令解散船夫，遣他們回老家。

岑彭得知消息後大怒：「要想打敗蜀兵，光靠步兵和騎兵遠遠不夠，必須建立一支強大的水師，這些船伕斷不可少！」

兩人為此發生了爭執，誰也不肯讓步，最後只能上書劉秀，請他裁決。劉秀回道：「大司馬吳漢慣用步騎，不懂水戰，荊門之事由征南大將軍岑彭全權負責。」

劉秀一錘定音，荊州戰區的主帥之爭塵埃落定，岑彭順利獲得最高指揮權。吳漢雖然心中不服，但是也只能收斂自己的情緒，屈居岑彭之下。

岑彭讓吳漢率領三萬步騎留在後方，自己親率三萬水軍，沿長江西進。

在劉秀的策略規劃中，岑彭統率的水路大軍只是輔助，主力是來歙統

率的關中大軍。畢竟從長江水路伐蜀，歷史上從未有過先例，在此之前，也少有能突破三峽而獲此大功者（只有東晉的桓溫）。幾乎所有人都不看好岑彭這一路大軍。

可是岑彭偏偏不信邪。

他在訓練水師的同時，也在密切關注蜀軍在長江沿線的動靜。

為了防備漢軍的進攻，蜀軍在荊門、虎牙二山建立軍事要塞，架起了一座橫跨長江的浮橋，將荊門、虎牙二山連為一體。浮橋上又建起大廈，江水中則布置了各種暗樁斷絕航道，暗樁上裝有鐵鉤，一旦船隻撞上暗樁，便會被鐵鉤死死鉤住，只能任由蜀軍宰割。

面對如此嚴密的防守陣勢，漢軍兵士都有些怯場，岑彭則胸有成竹。他傳令軍中，徵集了一批敢死隊員，冒險前攻浮橋，先登者重賞。

重賞之下必有勇夫，偏將軍魯奇第一個站了出來，願意帶領自己的部下出戰。

岑彭大喜，撥給魯奇冒突露橈二十餘艘，作為突擊隊率先發起進攻。

這裡要解釋一下「冒突露橈」。岑彭打造的水師戰船分為兩種：一種叫直進樓船，另一種叫冒突露橈。直進樓船是一種高達數層、體形相對龐大的戰船；冒突露橈又叫艨艟，船形狹長，體形較小，槳楫在外，不僅蒙有生牛皮，且開有弩窗矛穴，是進攻防禦全能的快艇。

萬事俱備，只欠東風。

這一日，江面上起了東風，大風狂急，濁浪滔天，正是進攻的大好時機。魯奇率敢死隊順著東風逆流而上，快速向浮橋衝去。浮橋上的哨兵也不放箭，待敢死隊衝到浮橋前，船隻撞上水下的暗樁，被鐵鉤牢牢鉤住，這才萬箭齊發。一時間，江面上箭如雨下，不少敢死隊員中箭落水。

情況萬分緊急，魯奇等人一面以盾牌抵擋，一面以弓弩還擊，同時點

## 第一章　四海歸一

燃火炬，往浮橋上扔去。在付出了巨大傷亡的代價之後，漢軍終於將浮橋點燃，火勢藉著風勢，一發不可收拾，浮橋燃起了熊熊大火，大廈也隨之崩塌，浮橋之上的步卒你推我擠，落水者不計其數。轉眼間，整個江面上一片火海，場面嚇人。

岑彭見狀大喜，忙令全軍順風並進，魯奇等人也終於移開暗樁，繼續向前衝，雙方在江面上展開了一場大戰。

公孫述的主力戰船為枋箄，這是一種用竹木編成的浮筏，頗為簡陋，無論進攻還是防守，都不是岑彭戰船的對手。雖然公孫述也造了一艘十層赤樓帛蘭船，但是機動性不足，主要用來充門面、鎮場子，被一艘艘冒突露橈圍攻，最後擊沉。

江面上，那寬達百公尺的浮橋被徹底燒斷，河面上到處是燒毀的殘船、焦黑的船板，還有蜀軍士兵的屍體和衣甲。

這一戰，蜀軍大敗，溺死江中者數千人，公孫述手下大司徒任滿陣亡，南郡太守程汎被俘，翼江王田戎率殘部僥倖逃脫，退保江州。

經此一戰，公孫述的水師全軍覆沒，岑彭則率軍溯江而上，所過之處，嚴令軍中不得擄掠。百姓大喜，爭相開城投降，奉上牛、酒勞軍。岑彭親自接見當地長者，對他們說道：「大漢憐惜巴蜀百姓長期以來被人奴役，故興師遠伐，以討有罪，為民除害。」

劉秀任命岑彭為益州牧，每攻克一個郡，岑彭都先兼任郡太守，如果離開某郡，就把太守的職位交付後面接防的將領，各地官員均由岑彭從部下中挑選。

很快，岑彭大軍突破三峽，抵達巴蜀門戶江關，巴蜀大地已在眼前。

前面說過，按照劉秀的策略部署，漢軍分兩路出擊，岑彭的水師先攻，待進入巴蜀，來歙的關中大軍再出動。而此時，得知岑彭已順利進入

江關，來歙立刻揮師南下，直逼漢中，在河池大破王元、環安二人，緊接著向白水關挺進。

接到奏報，公孫述坐不住了，來歙近來風頭正勁，隗囂就敗在他的手下，漢軍來勢洶洶，怎麼辦？

身邊人為他出了個主意：「來歙既然這麼厲害，我們不如派個高手前往刺殺。來歙一死，必定可以大挫漢軍士氣！」

公孫述狐疑道：「能成功嗎？」

「能不能成功，試試不就知道了嗎？」

公孫述於是挑選了一名刺客，潛往漢軍營中行刺來歙。

也許是刺客功夫了得，也許是來歙疏忽大意，很遺憾，刺客得手了。刺殺成功後，刺客逃之夭夭，而來歙手捂著胸口，面色慘白，眼看著就要不行了。

那一瞬間，來歙意識到自己必死，作為三軍主將，他沒有興師動眾地派人追殺刺客，也沒有實施自救措施，首先想到的是軍中不可一日無將，必須以最快的速度選擇一個合適的將領，否則後果不堪設想。他令人急召虎牙大將軍蓋延，準備託付軍務。

蓋延聞變，一口氣直奔中軍帳，看到來歙胸前插著劍，大驚失色，悲從中來，只有伏地痛哭。

來歙見狀，怒斥道：「哭什麼？我被刺客襲擊，不能再報效大漢，所以才叫你前來，將軍務託付給你。你再敢如此，我雖然中劍在身，難道就不能讓人殺你？」

蓋延聽後，強忍著悲痛起身。來歙向蓋延交代完軍中事宜，又寫下一封奏章給劉秀：「我在深夜時不知被什麼人刺傷，中了要害。我不敢痛惜自己，深恨沒有盡到職責，為朝廷帶來羞辱。治理國家以能任用賢才為本，

## 第一章 四海歸一

太中大夫段襄正直剛強,可以重用,望陛下裁決明察。此外我的兄弟不賢,最終恐會獲罪,請陛下可憐他們,多多教導監督。」

寫完奏章,來歙擲筆於地,拔掉胸口之劍,熱血噴湧而出,須臾氣絕身亡。

劉秀得知來歙遇刺身亡,又見其絕筆之書,淚如雨下,對身邊人說道:「中郎將來歙為大漢江山征戰多年,平定羌、隴,愛國忘家,忠孝顯著,今遭遇不測被人殺害,朕甚是痛心!」

劉秀隨即派太中大夫追贈來歙為中郎將,賜征羌侯官印,諡號節侯,派謁者統管喪事。在來歙的遺體送回都城洛陽後,劉秀親自戴孝,乘輿縞素,臨弔送葬。因為來歙有平定羌、隴的功勞,所以改汝南的當鄉縣為征羌國。

以來歙的功勞,躋身雲台二十八將之列本來是板上釘釘的事,無奈因他是劉秀的表兄,只能和鄧晨、李通一樣避嫌,最終未能加入「名將俱樂部」,惜哉!

## 決戰荊州

來歙死後,羌族又聚攏起幾個部族在隴西地區叛亂,危及三輔,劉秀只得緊急召回關中大軍,先平定羌族叛亂。

再說岑彭直抵江州,圍攻田戎。江州城堅池深,糧食充足,易守難攻,岑彭攻了數日,發現根本啃不動這塊「硬骨頭」,於是召部將馮駿,留一部分隊伍繼續圍攻江州,他本人則帶著大部隊直指墊江,攻破平曲,繳獲對手的稻米數十萬石。

決戰荊州

　　公孫述盡遣蜀國精兵，派延岑、呂鮪、王元、公孫恢四人據守廣漢、資中，堵住岑彭進攻成都的必經之路，又遣侯丹率兩萬餘人據守黃石，扼守長江要津。

　　岑彭命臧宮領降卒五萬，留守平曲，牽制住延岑等人，自己則率精銳水師返還江州，大破侯丹，隨後晝夜兼程，迂迴兩千餘里，一舉攻下武陽，並派精銳騎兵馳攻廣都，其勢如疾風驟雨，所到之處，敵眾潰散。

　　岑彭攻下廣都，距離成都僅四十餘里。公孫述聞之大驚，他一直以為岑彭在平曲，還派了大軍前往迎擊，怎麼才過了幾天，岑彭就繞開防線，「空降」在了成都外圍？

　　經過探子的幾度查訪，公孫述這才不得不接受這個現實，仰天長嘆道：「是何神也！」

　　再說留守平曲的臧宮，他的任務是故作疑兵，牽制住延岑等人。然而，眼看著糧食匱乏，後勤無法保障，而手下多為降兵，隨時可能一哄而散，臧宮本想率軍後撤，又怕引起大規模叛逃，急得團團轉。

　　就在他左右為難的當下，劉秀遣謁者領兵前來增援岑彭，路過平曲，被臧宮「打劫」，截留了援兵以及戰馬七百匹，總算穩住了軍心。

　　有了支援，臧宮心裡多少踏實了一些，開始謀劃下一步。他覺得與其在這裡死守，不如放手一搏！

　　說做就做，臧宮連夜進兵，水師沿涪水而上，步兵在東岸，騎兵在西岸，護衛著戰船沿江而行，一路多舉旗幟，登山鼓譟，呼聲響徹山谷。

　　延岑沒料到漢軍會突然殺到，登山眺望，只見漢軍漫山遍野鼓譟而來，根本分辨不清有多少人，不禁大為震驚。

　　沒什麼好說的，準備迎戰吧！

　　縱然對面的蜀軍人數遠多於漢軍，即便那飛箭如雨點般落下，漢軍卻

## 第一章　四海歸一

依然奮勇爭先，不斷向前邁進！

臧宮縱兵攻擊，大敗延岑軍，斬首、淹死延岑軍一萬餘人，江水為之混濁，延岑狼狽逃回成都。

臧宮乘勝追擊，一路攻城略地，降者以十萬計，至平陽鄉時，王元主動投降。

蜀軍屢戰屢敗，漢軍即將兵臨城下，在劉秀看來，公孫述也該認清現實了吧？於是再次寫信給公孫述勸降，分析利害禍福，表示絕對會信守承諾。

公孫述看完信，讓親信傳閱。太常常少、光祿勳張隆勸公孫述投降，公孫述卻搖搖頭，感嘆道：「是廢是興，都是天命，這世上豈有投降的天子？」

公孫述執意要一條道走到底，左右皆不敢再勸，只能坐看他敗亡。

戰事進展至此，公孫述知道，和漢軍在戰場上正面較量是贏不了了，如今唯一的辦法只有故技重演，再遣刺客上場，除掉漢軍的統帥岑彭。

再說岑彭在成都周邊掃蕩，某一日問百姓地名，百姓答，此地叫彭亡聚。岑彭心中咯噔一下，頓時有一種不祥的預感，本想去其他地方安營，又見天色已暗，只得在此地將就一晚。

另一邊，公孫述派的刺客也到了漢軍營地，謊稱是逃亡之人，前來投降，趁夜摸到岑彭的住處，一舉刺殺他。

岑彭死後，諡為壯侯。蜀人感念岑彭的功德，為其立廟武陽，常年祭祀。

漢軍群龍無首，太中大夫、監軍鄭興暫管部隊，在武陽等待大司馬吳漢前來主持工作。

再說吳漢得知岑彭的死訊後，狂喜不已，立即帶著自己的隊伍溯長江而上，一路狂奔，到武陽接任伐蜀主帥之職。滅蜀已是帝國最後一戰，所

有人都想參與其中。在此之前，他一直被岑彭壓制，眼看著岑彭在前線揮師猛進，一路勢如破竹，自己卻只能在大後方坐冷板凳。如今岑彭已死，終於輪到他吳漢上場了！

建武十二年（西元36年）正月，吳漢率漢軍主力大破公孫述大將魏堂、公孫永於魚涪津，公孫述遣女婿史興領五千人來救，吳漢主動出戰迎擊，斬史興，團滅蜀軍。

隨後，吳漢攻陷廣都，又派遣輕騎兵燒毀成都市橋，兵鋒直逼成都。

戰事進行到這裡，蜀國上下知道自身難保，不斷有人叛逃。公孫述強行彈壓，對叛逃將領一律誅殺全家，然而還是無法止住叛逃之勢。

公孫述大勢已去，劉秀再次致書公孫述，進行最後的勸降：「往年我一再賜你詔書，開示恩信，希望你能主動投降，不要因為曾經刺殺來歙、岑彭而心存疑慮。現在只要你肯歸降，我保你家族無憂。如果仍然執迷不悟，主動把肉送進虎口，那我只能為你深感痛惜。漢軍自入蜀以來，將士們都很疲倦，人人都想回家，不願意繼續屯守下去。這樣的詔書以後恐怕很難再有，望你能懂得我的一片苦心，我是不會食言的。」

劉秀苦口婆心勸降，然而公孫述終無降意。

劉秀見公孫述拒絕肯降，又下詔吳漢，特地囑咐他：「成都尚有十餘萬大軍，千萬不可輕視。你只需堅守廣都，等待公孫述進攻，不可主動出擊。若公孫述不敢來攻，你則向成都緩緩逼近，迫使公孫述出戰，等他們筋疲力盡，再大舉出擊。」

然而，此時的吳漢已經打順手了，自我感覺良好，哪裡還把公孫述放在眼裡？對於劉秀的諄諄告誡，吳漢完全沒放在心上，挾勝利之威，親率步騎兵兩萬人進逼成都，離城十餘里後，命令軍隊在江北安營，隨後命副將武威將軍劉尚率領一萬餘人，在南岸屯兵。

兩座軍營相隔二十餘里，吳漢在江上建了一座浮橋，互通往來。

## 第一章　四海歸一

　　劉秀接到前線戰報，氣得拍了桌子，他立即寫信，嚴詞譴責吳漢：「我千叮嚀萬囑咐，你怎麼事到臨頭就亂來？你輕敵深入不說，又和劉尚分別紮營，一旦發生危險，都無法互相救援。公孫述如果出兵牽制你，然後以主力攻擊劉尚，劉尚必敗，到時候你也就危險了。幸好沒有出事，趕緊引兵返回廣都！」

　　可惜已經晚了，書信還未送到吳漢手上，公孫述已然發起了進攻。他派大司徒謝豐、執金吾袁吉領兵十餘萬，分為二十餘營，攻擊吳漢；另派一支萬人的部隊牽制劉尚，使二人不能相救。吳漢與謝豐、袁吉苦戰一整天，兵敗，退回到營壘，被謝豐包圍。

　　直至此刻，吳漢才意識到自己犯了一個致命的錯誤。眼下漢軍被分割包圍，要想破敵，唯一的辦法就是與劉尚會合，若能勠力同心，必定可以對蜀軍反戈一擊。

　　難得用計的吳漢閉營三日不出，在軍營各處多豎旌旗，使煙火不絕，以迷惑蜀軍，然後藉著夜色悄悄率軍渡江南下，與劉尚會合。

　　謝豐和袁吉根本沒察覺吳漢已經連夜撤離，兩人留一部分兵力於江北，率主力渡江攻劉尚，卻在陣前看到了嚴陣以待的吳漢。

　　「什麼情況？吳漢不是在江北嗎？什麼時候跑到南邊來了？」

　　事到臨頭，只能硬著頭皮往前衝了。而吳漢等的就是這個機會，他親自帶頭衝鋒，漢軍個個奮勇爭先，殺入敵陣，所過之處，留下一地的屍體，自己也血滿征袍，不過轉眼間，已殺到謝豐跟前！

　　謝豐再不敢有輕視之意，感慨道：「今日方知吳漢之勇！」

　　蜀軍開始潰敗，謝豐與袁吉只得帶著部下匆匆撤離，不料吳漢早就盯上了二人，一路追擊，將二人斬於馬下。

　　漢軍反敗為勝，但是吳漢這次學聰明了，再不敢戀戰，乖乖引兵退還

廣都，留劉尚原地駐守，同時主動上書劉秀，對自己此前的策略誤判深表愧疚。

劉秀則回信勉勵一番，勸他往後慎重從事。

吳漢接到回信後，穩紮穩打，與蜀軍交戰於廣都、成都之間，八戰八勝。

建武十二年（西元 36 年）十月，吳漢率漢軍終於攻入成都外城。

眼看漢軍兵臨城下，公孫述知道大勢已去，問一旁的延岑：「事情到了這一步，該怎麼辦？」

延岑答道：「大丈夫自當死中求生，豈能坐以待斃？財物容易聚斂，陛下應當將府庫中的錢財拿出來分給將士們，募集敢死之士為國死戰，作最後一搏！」

公孫述毫不猶豫，當即盡散金帛，許以重賞，招募敢死隊員五千餘人，交由延岑統領。

雙方在成都城外市橋約戰。次日，延岑領兵出城，蜀軍整整齊齊排列在戰場上，豎起旌旗，擂鼓助威，鼓聲高昂急促，激盪雲霄，漢軍都被吸引過來了，將主要精力放在了正面。

然而，這只是延岑設的障眼法。幾個月來一路高歌猛進、橫掃巴蜀的吳漢沒有想到，他預想中的蜀軍主力不在眼前，而是在天色將明未明之時，突然出現在自己背後！

漢軍被打了一個措手不及，只得調整方向重新列陣。然而，蜀軍的進攻太過突然，遭到突襲的漢軍不斷敗退，只差掉頭逃跑了。吳漢來回奔波指揮，但是部隊人心惶惶，都只顧著四散奔逃，根本無法指揮。

吳漢打慣了順風仗，面對這種苦戰有些經驗不足，蜀軍則擂響了戰鼓，大旗也開始向戰場中央移動，一前一後，終於擊穿了漢軍陣營。

此時此刻，吳漢身邊只剩下數百親兵，放眼望去，漢軍全線潰敗，戰

第一章　四海歸一

場上屍體橫陳，血流成河。

這一戰，敗局已定！

「今日之仇暫且記下，他日我定要為袍澤復仇！」吳漢發誓道。

## 血洗成都

吳漢咬著牙，最終還是選擇了撤退。戰場上一片混亂，將士們互相踐踏，狼狽奔逃，就連吳漢都被連人帶馬擠落水中，幸虧他反應敏捷，一把揪住馬尾巴。戰馬拖著吳漢，將他帶到岸上，才撿回了一條性命。

事後盤點，這一戰漢軍士卒折損過半，糧草輜重損失慘重，軍中僅剩下七天糧食。吳漢有些心灰意冷，有了退兵的念頭。

恰在此時，劉秀派謁者張堪轉運布帛，率領騎兵七千，前來協助吳漢征伐公孫述。途中聽聞吳漢有意撤軍，張堪第一時間來見他，勸道：「漢軍熬了這麼多年，好不容易抵達成都城外，豈能輕易放棄？無論如何，我方必須堅守陣地，臧宮大軍很快就會抵達成都，屆時兩軍會合，公孫述必敗無疑！」

在張堪的勸說下，吳漢總算收起了退兵的念頭，決定整軍再戰。

與此同時，臧宮也一路高歌猛進，拔綿竹、破涪城，斬公孫述之弟公孫恢，接著又攻克繁縣、郫縣，前後收得符節五個、印綬一千八百個，與吳漢會師於成都城外。

成都已成為一座孤城，公孫述招來術士占了一卦，以卜吉凶，卦象只有一句話：「虜死城下。」

公孫述大喜：「這一定是說吳漢和臧宮將斃命於成都城下了！」於是決

定御駕親征，率數萬人迎戰吳漢，派延岑迎戰臧宮。

漢軍摩拳擦掌，最後的決戰即將打響！

吳漢位於最前方，大戰在即，他有些興奮，手微微撫摸著劍柄。上一戰，他被蜀軍從背後偷襲，全軍慘敗而歸，這一次，他必要一雪前恥！

戰爭從早上一直進行到中午，蜀軍將士們一直沒能吃飯，筋疲力盡。吳漢居高臨下，看得清整個戰局，他見對手疲態顯露，終於使出了殺手鐧，命護軍高午、唐邯率領蓄勢待發的預備隊加入戰鬥。

隨著漢軍軍旗搖動，號角吹響，數萬人的預備隊手持長刀戈矛，向正面戰場發起了衝鋒！

蜀軍苦戰半日，又累又餓，個個疲憊不堪，神情頹唐。在漢軍預備隊的衝擊下，蜀軍陣腳大亂。尤其是高午，一馬當先，衝入陣中，直奔蜀軍中軍大帳而去！

公孫述大驚，本能地想要逃跑，可戰場上一片混亂，擁擠不堪，怎麼可能衝得出去？高午衝到跟前，一矛刺去，直接洞穿了公孫述的胸膛。公孫述掉落馬下，被手下搶入城中。延岑見公孫述落馬，不敢再戰，撤軍回城。

當夜，公孫述將兵權交給延岑，隨後不治身亡。延岑見公孫述已死，再抵抗下去沒有任何意義，次日清晨開城投降。

蜀軍投降後，張堪第一時間入城接收，他派兵占據各處要點，然後清查倉庫，收其內庫珍寶，並將其逐一登記在冊，隨後快馬加鞭送往遠在洛陽的劉秀。

三日之後，吳漢帶著漢軍進入成都，殺光公孫述一家老小及其家族。延岑雖然舉城而降，同樣沒能逃過吳漢的屠刀，被誅三族。

在誅滅公孫述和延岑的家族後，吳漢仍不解恨，對著手無寸鐵的庶民

## 第一章　四海歸一

舉起了屠刀！

仇恨已經矇蔽了吳漢的雙眼，兩年的征戰中，不知有多少漢軍將士死於蜀軍的箭矢戈矛之下，現在，他要對這場叛亂作一次徹底的清算！在他看來，戰爭中沒有無辜者，他要讓那些逢迎公孫述、做其幫凶的人付出代價！

吳漢素來有屠城殺降的惡習，在拿下成都後，任意屠城、燒殺搶掠、肆意殘害百姓就成了他的部下為數不多的狂歡。

屠城令下，城中百姓寒毛直豎，紛紛唾罵起來。而那些投降的蜀軍將士聞言，更是捶胸頓足，憤怒不已。

吳漢手下一名將領站出來勸阻道：「大司馬不可屠城，公孫述有罪，巴蜀百姓何辜？陛下征伐多年，從未有過屠城之舉，你忘了鄧奉嗎？」

此事戳到了吳漢的痛處，他大手一揮：「你懂什麼？蜀中百姓跟隨公孫述抵抗漢軍時就應當明白，有朝一日，朝廷大軍攻入城中，等待他們的便是族誅，便是屠城，便是血流成河！」

漢軍將城中百姓驅趕到一處，看著百姓慟哭，無數人死在屠刀下，吳漢卻無動於衷。

在禍害完百姓後，吳漢又盯上了府庫中的無數珍寶，不料張堪站了出來，遞給他一張清單，笑嘻嘻道：「府庫中的珍寶已造冊呈送陛下，大司馬強行掠奪，是想犯錯嗎？」

吳漢大怒，卻也無可奈何。

劉秀得知吳漢在蜀地的暴行後，震怒，下詔書痛斥吳漢，仍不解氣，又下詔申飭漢軍副將、武威將軍劉尚：「成都已投降三日，官吏軍民無不順從，城中僅老人、兒童就有幾萬人，為什麼要縱兵放火燒殺？你也是宗室子弟，做過地方官，怎麼能夠忍心做這種事？你不覺得愧對天下嗎？過去秦西巴釋放小鹿、樂羊忍食子羹，你們說，這兩個人，究竟誰更仁義？你

們這樣做，還有什麼資格說自己是弔民伐罪的仁義之師？」

劉秀在這裡提到了兩個典故，有必要解釋一下。

秦西巴釋放小鹿，出自《韓非子》。魯國官員孟孫打獵時捕到一隻小鹿，交給秦西巴看管。母鹿尾隨哀鳴，秦西巴不忍，將小鹿還給母鹿。孟孫大怒，放逐秦西巴，不久又召回秦西巴，輔佐他的兒子。

樂羊忍食子羹，出自《戰國策》。魏國國君魏斯派樂羊進攻中山國，樂羊的兒子恰在中山，中山王把樂羊的兒子煮成肉羹，送了一碗給樂羊。樂羊為了表現攻城的決心，將肉羹全部吃盡。樂羊破中山之後，魏斯賞其功而疑其心，樂羊連兒子的肉都能吃下去，還有什麼事做不出來？

劉秀雖然下詔痛斥了吳漢的暴行，但是也僅此而已。吳漢是伐蜀的功臣，功大於過，難不成還能將他撤職查辦？伐蜀的將士們會答應嗎？

為了彌補吳漢的過失，重新贏得巴蜀百姓的支持，劉秀實施了兩個措施：表彰和擢升官員。

這裡我舉幾個例子。

當初公孫述稱帝後，為了壯大自己的勢力，廣泛招賢納士。有個叫李業的人很有名望，早在漢平帝元始年間，益州刺史就舉薦他任郎官。王莽代漢自立為帝後，李業託病辭官還家，閉門謝客，以示不願同流合汙。

廣漢郡太守劉咸慕其聲名，強行召其為官。李業以病相辭，激怒了劉咸，將其下獄欲誅之，幸得說客勸解，劉咸才釋放了李業。王莽也念其賢名，召任李業酒官，李業仍以病相辭，隱居故里。

公孫述稱帝後，仰慕李業賢名，欲聘為博士，李業推說身體有病不肯接受。公孫述十分惱怒，派大鴻臚尹融拿著詔書脅迫李業：「若來，則給公侯之位；若不來，毒酒伺候！」

尹融見到李業後勸道：「如今天下四分五裂，數人稱帝，你能分清楚誰

## 第一章 四海歸一

是真龍天子，誰又不是？何苦拿自己的性命開玩笑！天子仰慕你的名望和品德，空著官位等了你七年，每次吃飯時總會提起你，所謂知己也不過如此。先生應該上念知己，下為子孫，這才是保全性命、名譽的良策啊！」

哪知李業並不領情，道：「古人云，危邦不入，亂邦不居，君子遇到危險，不惜獻出生命，你又何必用高官厚祿引誘我？」

尹融說：「先生別急著做決定啊，好歹跟家人商量一下吧。」

李業道：「大丈夫自有做人的原則，跟家人有什麼關係？」

說完，他接過毒酒，一飲而盡。

公孫述聽說李業死了，不想讓人認為是自己逼死了賢士，於是派使者弔唁，贈送綢緞一百匹。不料，李業的兒子李翬不肯接受公孫述的賞賜，獨自跑路，不知去向，公孫述再次討了個沒趣。

公孫述又欲聘請巴郡人譙玄，譙玄也不肯來，公孫述再次派出使者以毒藥相威脅。當地太守親自到譙玄家拜訪，勸他還是識時務一些，譙玄道：「保全了自己的節操和志向，死又何憾？」接過毒酒就要飲下。

譙玄的兒子譙瑛一把拉住老爸，奪下毒酒，一邊哭泣，一邊向太守叩頭，願意捐獻家產一千萬錢，贖父親的死罪。

太守向公孫述請示，公孫述擔心逼死譙玄，自己又要落得個殺害賢者之名，這才饒過譙玄。

公孫述又徵召蜀郡人王皓、王嘉，怕他們不來，就先抓了他們的妻兒。使者對王嘉說：「先生抓緊時間，妻子兒女可以保全。」

王嘉答道：「狗馬還認識主人，何況人呢？」堅決不去。

王皓則更剛烈，一見使者就說：「我把頭給你！」然後拔劍自刎。

王嘉聽說後，長嘆一聲：「我竟然死在後面了！」隨後伏劍而死。

公孫述聽聞後大怒，將其妻子兒女全部誅殺解恨。

犍為郡人費貽，不肯在公孫述手下任職，將自己全身塗了油漆，假裝瘋癲以逃避做官；同郡人任永、馮信稱有眼疾，辭謝公孫述的徵召。

漢軍平定益州之後，劉秀逐一收集這些名士的資料，給予表彰擢升。

成都城降，公孫述戰死，蜀地其他地方得知末日將近，無力回天，紛紛選擇了投降。

蜀地大多數百姓雖然日子苦了點，但是依然渴望和平安定。這一次，吳漢不加區別，將屠刀揮向城中老幼婦孺，在蜀人的心中埋下了仇恨的種子。

這顆種子迅速長大，新的動盪接踵而至。建武十八年（西元42年）二月，蜀郡將軍史歆在成都集合麾下士兵，圍攻太守張穆，張穆倉促之下縋城而逃。楊偉、徐容等人也拉起一支數千人的隊伍起兵響應。劉秀再次派出吳漢帶大軍入蜀平亂。吳漢雖然成功鎮壓了叛亂，但仍是惡性不改，縱兵劫掠，多殺無辜。

蜀國滅亡後，劉秀通知竇融及河西五郡太守到洛陽，另由朝廷選派新的太守前往河西就任。這麼一調換，河西五郡也正式併入了漢帝國的版圖。

至此，天下再無對手，帝國的版圖大定，東漢的統一大業宣告完成。

劉秀看著眼前的地圖，胸中熱血激盪。時為建元十二年（西元36年），這一年無疑是歷史上最激動人心、最無法忘懷的年分之一，因為就在這一年，一個嶄新的漢帝國在廢墟上誕生。

對帝國的子民而言，他們的第一感覺是：戰爭終於結束了。從綠林赤眉起義至蜀地公孫述覆滅，延續二十年的亂世之中，戰役數千，死者百萬，又有幾個家庭能夠倖免於難？父戰死在前，子戰死於後，弱女乘於亭鄣，孤兒號於道路，白骨露於野，千里無雞鳴。

## 第一章　四海歸一

　　結束了，都結束了，災難深重的中原大地，暫時得以喘息。新帝國的誕生，也帶給民眾無限的希望，只是飄渺而又無情的命運，幾時掌握在他們自己手上？

　　再說劉秀，自他追隨大哥劉縯起兵，到天下真正統一，已過去了十四年的時間。少年子弟江湖老，劉秀已從一個二十七歲的青年蛻變成了四十一歲的大叔。

　　他慶幸著，慶幸自己能在有生之年夢想成真，這個夢想不只屬於劉秀，還屬於大哥劉縯、屬於南陽劉氏、屬於千千萬萬渴望和平安寧的子民們。

　　烽火散盡，江山有待，帝國的鉅艦等著劉秀駕馭，他將如何前行？

# 第二章
## 止戈為武

## 第二章　止戈為武

## 帝國痼疾：豪族

　　武力固然可以用來征服天下，卻不能用來治理天下。新的帝國，如同一張白紙，等待著劉秀揮毫潑墨，繪就秀麗江山。

　　坐天下未必比打天下容易。

　　「雲台二十八將」作為東漢的開國功臣，追隨劉秀出生入死、南征北戰，為帝國的建立立下了赫赫戰功，理應受到新政權的重用和尊崇。然而，在統一天下之後，與每一個新興王朝的開國之君一樣，劉秀也不得不面對一個問題：如何安置開國功臣？

　　功高震主，一向是開國皇帝和大臣們面臨的大難題。翻開史書，「兔死狗烹」是功臣躲不開的命運，歷代開創者基本都要殺一些功臣才能安心。帝王之心難測，作為臣子，明槍往來的戰場或許要不了他們的性命，但是到了暗流湧動的朝堂，想要在皇帝身邊謀得容身之地，卻是比登天還難的事情。凡為臣、為將者立下不世之功，手握重兵大權，而君臣相善者，幾乎沒有！

　　正所謂，天下本是將軍定，不許將軍見太平。

　　這裡不妨試舉幾例。

　　春秋時期，文種和范蠡幫助勾踐完成復國滅吳大業後，范蠡第一時間交上了辭職報告，內容只有一句話：「世界那麼大，我想去看看。」隨後泛舟五湖，離開越國到中原發展。

　　在抵達齊國後，范蠡想起老朋友文種，寫了封信給他：「飛鳥盡，良弓藏；狡兔死，走狗烹。勾踐這個人，長得一副狼顧之相，共苦還可以，同甘就算了，你還是趕緊跑路吧！」

　　文種看到信後覺得有道理，但是又捨不得放棄眼前的一切，回信說：

帝國痼疾：豪族

「我立下這麼大的功勞，正是該享受的時候，怎麼能就這樣離開呢？」

果不其然，文種當丞相不久，勾踐送他當年夫差讓伍子胥自殺用的那把劍，同時附帶一句話：「當年你為我獻了七條計策伐吳復國，我僅僅用了三條便成功，剩下的四條還沒來得及實踐。不如這樣吧，你帶著這四條計策到地下去獻給先王，讓他試試效果如何。」

文種老淚縱橫，知道自己是逃不過這一劫了，只得揮劍自裁。

再看西漢的那群開國功臣，他們在劉邦和項羽爭奪天下時貢獻了全部力量，可以說，沒有他們的幫助，劉邦不可能擊敗項羽。在劉邦掃平對手後，他們也確實得到了王爵和厚祿，光異姓諸侯王就封了八個。

劉邦雖是草根出身，卻也精通帝王之術，天下大定後，開國功臣已然成了他必須提防的對象，這群實現了階級飛躍的傢伙，要墮落腐化起來，也是很快的。

除了裂土封疆的異姓諸侯王，在朝中位居公卿的開國元勳也都不是省油的燈。這些草莽英雄自恃和劉邦一起出生入死，太過放肆，一點都不知道分寸，在朝堂之上就敢當著劉邦的面飲酒爭功、拔劍擊柱，完全沒有君臣之禮。

這分明是漠視皇權！

照這樣下去，漢室天下豈能長久？難道要重蹈秦朝「二世而亡」的覆轍嗎？

沒過幾年，劉邦就開始逐一收拾這些開國功臣：大管家蕭何被下獄治罪，不得不靠自汙求全；首席謀臣張良不得不急流勇退，遠離廟堂自保；燕王臧荼以謀反罪被處死；韓信被騙至未央宮誅三族；一起光屁股長大的盧綰被逼逃亡匈奴；梁王彭越被逮捕後處死，屍體被剁成肉醬，分賜給各位諸侯和功臣；韓王信投奔匈奴；淮南王英布自知不能倖免，被迫鋌而走險，起兵反叛，結果被劉邦親自鎮壓。

## 第二章　止戈為武

在漢朝建立後的幾年內，當年分封的八個異姓諸侯王中，只有趙王張耳和長沙王吳芮得到善終，其他皆被剪除。

說了這麼多，那麼有沒有君臣相安的事例呢？

當然有，拋開後世趙匡胤「杯酒釋兵權」的故事，往前看，秦始皇統一六國後，從沒殺過一個功臣。

秦始皇雖然崇尚法家，律令嚴苛，但是對身邊的功臣那是沒得說。比如王氏，秦滅六國的第一功臣，滅了六國之後，秦始皇就放王翦父子回家養老去了；蒙氏家族中，蒙恬帶著三十萬蒙家軍和公子扶蘇一起戍衛邊疆，弟弟蒙毅任中郎將，秩比兩千石，乃顯赫要職；就連伐楚失敗的李信，秦始皇也沒有秋後算帳，這使得李家成了著名的五姓七望之一。

秦始皇精通帝王之術，他當然知道功高震主，但是在他看來，暴力誅殺是最低劣的手段。無論是打天下還是坐天下，都需要有人不折不扣地去執行自己的命令，君臣之間當然還會相互揣度、相互試探，但是都共同維持著表面上的平衡。一旦開了殺功臣的先例，這份君臣默契的秩序就會被破壞殆盡。

當所有人都不按規矩來時，帝王之術就不好用了。

而如今，這個難題擺在了劉秀面前，他又會如何抉擇呢？

每一個開國之君都有自己的一套團隊，為了進一步理解劉秀的處境，我們來分析一下他的創業團隊。

這裡我將他們分為四類：

一是親屬集團，包括劉秀的妹夫李通、姐夫鄧晨等。

這些人最早加入劉秀的革命隊伍，有首創之功，還有割不斷的親情關係，他們是劉秀身後最堅定的支持者，甚至為了他的事業做出了巨大的犧牲。

二是南陽潁川集團，包括鄧禹、朱祐、賈復、馮異、祭遵、銚期、臧

宮等,在「雲台二十八將」中占比最大。

這些人大多是劉秀的老鄉或同學,以及在攻略潁川時招攬的豪傑,他們有一定的名望與實力,有的還有自己的隊伍,在劉秀革命初期就義無反顧地選擇了他們心目中的明主,對劉秀的幫助極大,是劉秀的核心團隊。

三是河北集團,主要包括吳漢、耿弇、寇恂、景丹、王梁、蓋延、耿純、任光、李忠、邳彤、萬脩、劉植等十二人。

這些人都是劉秀領兵北渡黃河,在河北壯大事業時拉攏的人才。他們大多是割據一方的豪傑,雖然不算劉秀的嫡系成員,卻在他最困難、最落魄的時候不離不棄,終於守得雲開見月明,擊敗了冒牌皇帝王郎,成為劉秀南下統一天下的關鍵力量。

四是河西集團,主要以竇融為首,原是割據一方的地方軍閥。

這些功臣有的是同族宗親,有的是地方豪族,有的甚至還是自己的親戚,如何妥善安置他們,又不留下隱患,是劉秀要考慮的首要問題。

大夥兒陪你一起打天下,沒有功勞也有苦勞吧,你剛當了 CEO,就開始試圖剝奪大家的權力,也太不是東西了吧?要是真敢這麼做,誰還會繼續效忠你?早就掀桌子了。

豪族的興起是歷史大勢,是漢武帝雄才大略的副產品。漢匈戰爭斷斷續續地打了四十多年,匈奴方面自然是被打得妻離子散,苦不堪言,但是中原百姓的日子也並不好過,因為打仗太花錢了,「文景之治」攢下的那點家底如流水一般花出去,很快就見了底。

錢不夠用,朝廷就不得不對百姓收更多的稅。一次兩次增稅,百姓還能忍受,長此以往,誰也受不了,所以很多百姓都拋下土地,自家戶口也不要了,投靠到地方豪族的門下,讓政府從此找不著人,也就不用交稅了。

朝廷掌握的戶口減少了,只能向還沒逃走的人徵更多的稅,逼著這些

## 第二章　止戈為武

人去投奔豪族。這樣一來，豪族門下的人口越來越多，朝廷掌握的人口越來越少。

史書記載，到武帝末年，天下戶口減少了一半，除了戰爭消耗，更多的是逃亡的人。

武帝之後的漢朝歷史從此進入了一個死循環，豪族越發展，朝廷越衰弱，幾乎所有人都束手無策，最後被一位看上去謙遜有禮、志向高遠的老頭奪了大權。

王莽要重新恢復朝廷的統治地位，只能向豪族開刀，於是他實施土地革命、廢除土地私有制、禁止買賣奴婢，結果被豪族推翻了。

接下來，就輪到劉秀登場了。

我們先來看一下東漢初年的豪族有多強。

雖然都以「漢」為帝國的名號，但是東漢與西漢卻有著天壤之別，雙方的功臣集團來自不同的社會階層。

先說西漢，除了張良是六國貴族子弟外，其他人大多出身社會中下層：樊噲是殺狗的屠夫，灌嬰是賣布的小販，夏侯嬰是車夫，周勃靠編織薄曲及兼職喪禮吹簫為生，蕭何、曹參也不過是縣裡的小公務員。

此外，這些人大都是孤身一人追隨劉邦，只有蕭何帶著數十位宗族子弟從軍。

這種情況被兩千年後的清代著名史學家趙翼稱為「布衣將相之局」。

再看東漢，開國功臣大多出身地方豪族：

馬援、竇融是西北的望族，鄧晨出身官僚世家，寇恂是上谷大族，李通、陰識、樊宏皆為南陽屈指可數的豪族，就連劉秀與大哥劉縯起兵時，靠的也是南陽的劉氏宗族勢力。

有人或許會問，劉秀這一支不是已經敗落了嗎？

沒錯，劉秀雖然混得比較慘，但是南陽的劉氏宗族整體實力可不弱。

劉秀的舅舅樊宏善於種田和經商，擁有三百多頃土地，又四代不分家，是南陽湖陽縣的大族。

姐夫鄧晨世代做兩千石層級的高官，是南陽新野縣的大族。

妻子陰麗華出身新野陰氏，擁有土地七百餘頃，奴僕車駕的規模堪比一方諸侯。

鼓動劉秀起兵的李通出身世代經商的富豪大族，與其父都擅長讖緯之術，也是宛城的一方豪強。

不難看出，劉秀的東漢帝國就是建立在豪族社會基礎之上的，先天就帶有豪強大族聯盟的性質。劉秀統一天下的過程，也是征服各地豪族的過程。連帶他自己也是出身南陽豪族，所以也有人說東漢帝國是豪族利益的代表。

## 武退文進

建武元年（西元 25 年），劉秀稱帝之初就任命三公，以鄧禹為大司徒，封鄭侯，食邑一萬戶；野王縣令王梁為大司空；吳漢為大司馬。

建武二年（西元 26 年），所有功臣全部封侯，梁侯鄧禹、廣平侯吳漢各封四縣。

博士丁恭覺得這樣不妥，對劉秀說：「古時分封諸侯不過百里，強幹弱枝，這樣天下才能安穩。陛下現在給一個侯爵就封四個縣，不合規定，恐怕會成為隱患吧？」

丁恭的擔憂不是沒有道理。要知道，東漢初年，全國的縣不到兩千個，

## 第二章　止戈為武

還貧富不等。而封給功臣集團的縣,全都是大縣和富縣;西漢初年,蕭何、張良等人也就是一個縣而已。這樣一比較,劉秀對功臣確實太過慷慨了。

不料,劉秀對丁恭的話一笑置之:「亡國全是因為皇帝昏庸無道,哪有因為功臣封地過多而亡國的?」

劉秀還讓功臣們自己表態,想要哪塊地盤。大夥兒都想要富庶的地區,唯獨河南郡太守丁綝只請求分封到自己的老家。有人問他原因,丁綝說:「我這個人能力太弱,也沒有戰功,能夠封個鄉侯或亭侯也就心滿意足了。」

劉秀於是封他為新安鄉侯。

天下大定後,劉秀讓郎中馮勤主持分封事宜。馮勤根據每個人功勞的大小,綜合考慮封地的遠近、土地的肥沃程度,力爭公平。方案出來後,劉秀逐一大封功臣,一次就封了三百六十多人為列侯,給予他們尊崇的地位,最多的封邑甚至達到了六個縣。

功臣去世後,劉秀也親自送葬,表達對他們的深切懷念。比如,征虜大將軍祭遵作為劉秀早年的嫡系,一直追隨劉秀左右,他死後,劉秀悲痛得不能自已。祭遵的喪車行至河南,劉秀身著素服,親往接喪;喪車入洛陽城,劉秀又在城門口親迎;喪禮完畢後,劉秀又親自拜祭;下葬之時,劉秀親往送葬;下葬完畢,劉秀又親自上墳憑弔,哀榮無人能及。

劉秀追思祭遵,每次上朝時都會感慨:「什麼時候再有像祭遵這樣憂國奉公的好大臣啊?」

大夥兒聽了,心裡都不是滋味:「照你的意思,只有祭遵一個人是忠臣,我們這些人就不憂國奉公了?」

劉秀念叨祭遵,沒完沒了,衛尉銚期硬著頭皮勸諫道:「祭遵不在了,

陛下哀悼也是應該的，但是也不能老是提祭遵，我們這些活著的大臣還要繼續上班工作呀！」

劉秀這才不提祭遵。

此外，劉秀經常在各種公開場合回憶當年的崢嶸歲月，不忘功臣們的功勞。

那麼在天下大定後，劉秀又是怎麼做的呢？

劉秀用了兩招。

第一招，王爺削爵。

建武十三年（西元 37 年），建義大將軍朱祐主動上交大將軍印綬，留在京師，並上奏章說：「古時臣子受封，不是直系皇族不加王爵，可改諸王為公。」

劉秀的反應極為迅速，隨後就下發通知，長沙王劉興、真定王劉得、河間王劉邵、中山王劉茂，都降為侯爵（劉興為臨湘侯，劉得為真定侯，劉邵為樂成侯，劉茂為單父侯）。

第二日，劉秀又下發通知，改封趙王劉良為趙公，太原王劉章為齊公，魯王劉興為魯公（劉良是劉秀的叔父，劉章、劉興都是劉縯的兒子）。

史書上說，朱祐這個人為人忠厚質樸，是劉秀最親信的心腹。提議將王爺們削爵，勢必會引發軒然大波，朱祐大概沒有這樣的膽量，多半是劉秀暗中指使的。

第二招，退武進文。

在大封功臣的同時，劉秀罷左、右將軍，轉而採用「偃干戈，修文德」的政治路線，同時嚴厲告誡部將不得放縱。他說：「人心要知足，不要只顧一時的放縱快活而忘記法紀刑罰，諸位的功勞都很大，要想世代相傳，宜如臨深淵，如履薄冰，戰戰慄慄，日慎一日。」

## 第二章　止戈為武

這是一個訊號，是劉秀對功臣的友善提醒。

功臣們皆非不明事理之人，很快就察覺到了劉秀的這份心思。為了避免步上漢初韓信的後塵，手握重兵的鄧禹和賈復主動交出兵權，專心在家研究儒家經典。

要知道，這一年鄧禹不過三十六歲，正處於人生中事業上升的黃金時期。可是沒辦法，天下已經大定，再沒有了他的用武之地。

其他人一看，知道自己留在洛陽已經引起了劉秀的猜忌，於是一手交出將軍兵權，一手接過侯爵印綬，按封就國，回到自己的封地逍遙快活去了。

功臣們如此自覺，劉秀自然也得有所表示。對於功臣們的小錯，劉秀經常睜一隻眼閉一隻眼，遠方進貢的好東西，寧可自己不留，也一定要先遍賜列侯。

雖然削了權，但是劉秀對他的功臣團隊依然倍加愛護。

比如大將耿弇跟隨劉秀東征西討，凡所平郡四十六，屠城三百，很少遇到挫折。當時，耿弇號稱「韓信第二」，但是到了晚年，耿弇心中的不安越來越重，擔心自己也會落得跟韓信一樣的下場。

劉秀卻始終信任他，並且向他承諾：「朕絕不會讓你步淮陰侯韓信的後塵！」

除了高密侯鄧禹、固始侯李通、膠東侯賈復三人還和朝中大臣一起議論國事外，其餘功臣都退出廟堂，榮歸故里，安然度過一生。

這就是「退功臣」的過程。

對於這一幕，想必大夥兒肯定覺得眼熟，因為後世的趙匡胤也善待功臣，留下了「杯酒釋兵權」的典故，想必老趙參考了劉秀的這一招。

劉秀收回兵權的舉措也曾引起一些功臣恐慌，比如竇融。

前面說過，公孫述一滅，劉秀立即下發通知，令竇融和五郡太守到首都洛陽朝見，將五個郡的太守全部換了一遍。

沒辦法，涼州豪族的勢力太過強大，當初劉秀竭天下之力，三次親征，耗費無數，用了近五年的時間才勉強平定了隗囂集團，而東漢統一天下也只用了十五年的時間。為了拉攏涼州的另一割據勢力竇融，劉秀給予了他與南陽豪傑幾乎平起平坐的政治地位，出身河西集團的竇、梁二族的榮光足可以與出身南陽的鄧、陰二族相比肩。

當初隗囂集團舉族被誅後，隴右不安，劉秀重用酷吏樊曄整治隴右豪傑十四年。樊曄為政苛猛，推崇法家代表人物韓非和申不害，若有人違反禁令，基本上不可能活著走出監獄。

樊曄的鐵腕政策將天水治理得路不拾遺，出門的人到了樊曄的地界，在晚上把衣服、行李放在道旁，說：「已經託付樊公了，就絕不會丟失。」涼州百姓還為他編了一首歌謠：

遊子常苦貧，力子天所富。

寧見乳虎穴，不入冀府寺。

大笑期必死，忿怒或見置。

嗟我樊府君，安可再遭值！

意思是說，樊曄為政嚴苛，在他手上犯了事，你就等死吧！

在對涼州地區保持強硬的同時，劉秀對歸附入朝的竇融非常好。竇融官拜司空、食四縣，子、姪、孫三人皆尚公主。史書上說，竇氏一公、兩侯、三公主、四二千石，相與並時。自祖及孫，官府邸第相望京邑，奴婢以千數，在親戚、功臣中無人能比。

司空位列三公，按理說，竇融此番扶搖直上，正是春風得意之時，但是他自己卻一點都高興不起來，整日愁得茶飯不思。

## 第二章 止戈為武

原因很簡單，竇融不是劉秀起兵時就追隨的弟兄，他屬於半路加盟，功勞也比不上那些老同志，而他的老家涼州更是劉秀最為忌憚的地方。竇融很清楚，劉秀對他百般示好，不過是為了安撫涼州豪傑，一旦自己沒了利用價值，隗囂就是前車之鑑！

自從去了帝都洛陽，竇融每次朝會都表現得十分謙卑，對所有人都客客氣氣的。

劉秀見竇融如此謙遜，反而對他更加信任。

竇融的內心卻仍是惶恐不安，好幾次遞交了辭職報告，還託侍中金遷向劉秀表達自己辭官的意願，可劉秀就是不批。

竇融堅持要辭官，又上書說：「臣竇融五十三歲了，有個兒子才十五歲，頑劣駑鈍。臣朝夕以儒家經藝教導他，不讓他學習天文，也不許他研究讖緯之學，只希望他恭敬怕事，恂謹守道，不希望他有任何才能，更不要說我死之後，還要傳給他連城廣土，享受以前諸侯王才能享有的福祉。」

奏書交上去後，又是石沉大海。

之後，竇融又三番五次請求單獨進見劉秀，都被劉秀拒絕。

有一次朝會結束，竇融獨自在席間徘徊，不肯下班。劉秀知道他又要談辭職的事，命左右催他趕緊回家。

幾天後，劉秀見到竇融，對他說：「那天我知道你又要提辭職一事，歸還封土，所以讓左右告訴你，天氣太熱，哪兒涼快你就到哪兒待著去。今日相見，醜話說在前面，談什麼事都行，就是不能再說辭職。」

話都說到這個份上了，竇融也不好意思再提辭職一事，只得回去繼續上班。此後竇融一家滿門顯貴，深得皇帝的信任，而他的後代子孫此後在歷史的大潮中起起落落，繼續深刻影響著東漢帝國的命運。此是後話，暫

且不提。

在「退功臣」的同時，劉秀也邁開了「進文吏」的步伐。

天下大定後，劉秀轉入「文治」，大規模選召文吏入朝輔政，文吏的要求是通儒術，信符讖，沒有功臣和國戚背景者，以確保聽從政令。據統計，自建武三年至三十一年，相繼出任大司徒的共有七人，其中六人都是文吏，同一時期的九卿之中，文吏更是占了絕大多數。雖然吳漢、鄧禹、王深等功臣也曾進入過「三公」的序列，但是從未行使過宰輔的權力。鄧禹是漢帝國的第一任大司徒，兩年後主動辭職，大儒伏湛接過了大司徒印綬，封陽都侯。

伏湛這個人值得好好說一下，因為他的九世祖是大名鼎鼎的濟南伏生。

伏生是秦漢之際人，自幼嗜古好學，博覽群書，尤喜記先王之事、長於政事的《尚書》。始皇帝一統天下後，下令有敢私藏禁書、以古非今或談論《詩》、《書》者滅族或處死。伏生冒著誅殺之罪，將《尚書》暗藏於家中牆壁的夾層內，不久陳勝、吳廣揭竿起義，接著劉邦、項羽爭雄，伏生外出逃亡，流落他鄉。

秦亡漢立，天下安定，伏生回到家鄉，從夾壁中找到了所藏的《尚書》。只是因年歲耽擱、蟲蛀雨浸，《尚書》早已是殘簡斷章，毀損過半，原來的百餘篇只剩下了二十九篇。

儘管殘缺不全，但它是民間歷秦火後僅存的孤本，尤顯珍貴。漢文帝時期，詔求天下能教《尚書》的，結果發現就剩下濟南伏生一個人了。

這種碩果僅存的老先生，朝廷當然要接到長安供養起來。然而，當時的伏生已經九十多歲了，步履蹣跚，無法遠行。求賢若渴的漢文帝便派晁錯到伏生家中，當面學習《尚書》。

作為伏生的第九世後人，伏湛在王莽時代便已出仕，到更始帝時，任

## 第二章　止戈為武

平原太守。

當時各地豪傑並起，大凡手底下有幾個兵的都想扯旗造反，在亂世中分一杯羹。平原郡當然也有不少人蠢蠢欲動，不料伏湛的態度卻很堅定，凡是勸伏湛舉旗自立的，他毫不留情地來一個殺一個。

憑著這份殺伐決斷，平原郡成了當時少有的安寧之地。劉秀後來派人到平原郡勸降，伏湛欽佩劉秀的仁義，舉城投靠劉秀。

兩人一番接觸，劉秀對伏湛的才能極為讚賞，任其為司徒司直，行大司徒事，也就是代理丞相。沒過多久，鄧禹因為戰事失利，主動請辭，伏湛於是順理成章轉正，正式成為大司徒。

## 發布度田令

解決了功臣集團的潛在威脅，下一步該是集權了。

「三公九卿」這個詞大家一定很熟悉，西漢初期以丞相、御史大夫和太尉為三公。不過在西漢時期，「太尉」一職並不常設，只有丞相和御史大夫，因為皇帝顯然不放心將兵權交給臣子。

到漢武帝時，劉徹特別設立內朝來限制相權，大權為內朝和尚書臺把持，三公權力有所減小。譬如，霍光執政時就是大司馬大將軍領尚書事，通常在幕府中就與內朝官們敲定所有大事，定下來後再通知丞相、御史大夫和九卿去辦。

劉秀登基後，依然以大司馬、大司徒、大司空為三公。建武二十七年（西元 51 年），劉秀改大司馬為太尉，並把大司徒、大司空的「大」字去掉，稱司徒和司空。

為了將權力集中到自己手中，劉秀進一步強化尚書臺的權力，以尚書臺總領朝綱，擴大其職權，相當於皇帝的祕書處。尚書臺設尚書令一人、尚書僕射一人，尚書六人，合稱「八座」。六尚書分管六曹，每曹下設侍郎六人、令史三人，對應九卿諸部。尚書臺直接聽命於皇帝，掌管一切政事，成了東漢最重要的行政決策機構。

劉秀的「尚書臺中心制」，其實就是漢武帝內朝官制的更新版，將內朝官這個非正式組織透過機構化，形成固定的政治模板。

尚書臺的薪資不高，尚書令每年的俸祿只有一千石，副職尚書僕射和六名尚書的俸祿只有六百石。雖然薪資待遇遠不能和每年萬石的三公相比，但是實際權力遠在三公之上。很顯然，劉秀想效仿漢武帝，以低階別心腹官員為內朝官員，為他做決策參謀，將決策權從丞相手中搶過來。

東漢後期的政論家仲長統說，劉秀吸取了西漢後期權臣把持朝政的教訓，雖然設定了三公，但是政務全歸尚書臺，三公成了榮譽職務。

除了透過尚書臺獨攬大權外，劉秀還恢復了西漢時就有的三套監察機構，分別為御史臺、司隸校尉和刺史。

御史臺不用多說，司隸校尉最早是由漢武帝設立的，相當於皇帝欽命的持節使者，不僅有權督察太子、三公以下百官，而且有逮捕權和懲治權。到西漢中後期，司隸校尉的地位每況愈下，不料卻在劉秀這裡得到了逆襲的機會。

東漢初年，劉秀取消了丞相司直一職，擴大了司隸校尉的權勢，朝會時和尚書令、御史中丞一起都有專席，當時有「三獨坐」之稱。司隸校尉的官秩是兩千石，參與議論朝政時，位在九卿之上；朝賀時，處於公卿之下。監察權之大，除了司徒、司空和太尉三公之外，無所不糾，故為百僚所畏憚。

## 第二章　止戈為武

再說刺史。司隸校尉轄區之外，分全國為十二州，每州設刺史一人，秩六百石，負責監察比自己高出很多段位的地方郡守，其間還曾改名為州牧。

在原本的政治架構中，地方郡守的任免由丞相決定，刺史隸屬於御史大夫和御史中丞。劉秀卻大刀闊斧地進行了改革，郡守的任免由尚書臺根據刺史的考核成績決定，脫離了三府的控制。

刺史於每年八月巡行所屬郡國，調查各地有無冤獄，同時考察地方官的政績，年終奏於皇帝。同時，刺史的許可權還突破了傳統的「六條問事」範圍，直接干預地方行政，甚至軍事。

在擴大刺史職權的同時，劉秀三令五申各級官員遵紀守法。一旦發現有違法亂紀的行為，省去三公案驗程式，直接由尚書提出處理意見，最後由皇帝裁決，導致地方官員被頻繁罷免。

比如，朱浮有一次就寫信吐槽劉秀：「陛下即位以來，不用舊典，信任州牧之官，廢除三公之職，以至於只要有人彈劾兩千石的大員，不經過三府直接加以免退。陛下以使者為心腹，而使者以從事為耳目，這本是尚書平決之責任，卻決於百石之吏，所以群下苛刻，各自為能。」

不僅如此，朱浮還借堯舜治世尚需三年的事例婉轉提醒劉秀，你這麼做是犯了急功近利的錯誤：

「堯舜盛世時，每隔三年對官員考核一次。我大漢興起之後，官員在位時間普遍很長，很多人一做就是一輩子，甚至死了以後，子孫繼任，因此有的家族乾脆以職務為姓氏。天地之功不可一蹴而就，艱難之業必累日才能完成。近來太守、縣令頻繁更換，他們上任後屁股還沒坐熱、情況還沒熟悉，上司就提出苛刻要求，並且不斷檢查督促。官員們惶恐不安，哪有心思去做工作？有關部門為迎合上級，打著考核績效的幌子，三天兩頭找地方官員的麻煩，查到一點小問題就揪住不放。兩千石級別的官員，前

怕遭人彈劾，後怕被人譏刺，於是誰都不做正事，爭相弄虛作假，只求別被上司責罰，這就是發生日食、月食的原因。物暴長者必夭折，功猝成者必亟壞，只圖速成之功，不是陛下的福氣。希望陛下將眼光放長遠一些，則天下幸甚。」

劉秀把朱浮的奏章交給下面的人討論，群臣大多同意朱浮的意見，劉秀之後減少了地方州牧及太守的調動。

說了這麼多，概括起來就一句話：劉秀透過尚書臺架空了三府，實現了對各職能機構和地方的直接控制，完成了自己的集權。

做完這一切，劉秀將工作重點放在了民生問題上。除了輕徭薄賦、休養生息等歷代皇帝都會做的好事外，劉秀還做了以下幾件事，這其中有的成功了，有的失敗了。為了詳細了解劉秀以人為本、執政為民的政治思想，有必要簡單介紹一下劉秀坐穩天下後的改革措施：

**(1) 減輕賦稅**

劉秀上臺後，在賦稅制度方面改「十稅一」為「三十稅一」，恢復到了「文景之治」時的水平。與此同時，每逢突發性自然災害，劉秀都要下令減免徭役，對於那些鰥、寡、孤、獨、貧而不能自給的，政府發給救濟糧，幫助民眾渡過危機。

**(2) 精兵簡政**

建武六年（西元 30 年）六月，劉秀下發了一份通知：設定官員是為了奉行皇帝法令，為天下百姓謀福利，如今百姓遭難，戶口減少，而各級官員人數依然龐大，茲令各郡、國、縣削減吏員，縣級機構不夠設定長吏的，可以撤減合併。

這一年，帝國基層共裁併了四百多個縣，合併了十個郡、國，裁減大小官吏數萬人。

## 第二章　止戈為武

建武七年（西元 31 年），劉秀又下發一份通知，大量裁減軍隊：士卒都是年輕力壯之人，應當立即罷除輕車、騎士、材官、樓船和相關軍吏，讓他們回鄉種田。

如果說退功臣、進文吏、強監察、裁郡縣、省刑罰只是常規操作，那麼接下來，劉秀將面對一個兩千年歷史中的終極難題：土地與人口的關係。

我在寫到王莽時就說過，歷史有一個死循環：每個王朝的初期都是人少地多，隨著太平盛世到來，人口逐漸增多，土地的開墾卻有上限，造成人均土地占有量逐漸減少的局面。再加上強而有力者大肆兼併土地，以及煩瑣的苛捐雜稅，於是又有無數人沒有田種，這些人要麼逃亡異鄉成為黑戶，要麼將自己和田產賣給大地主，成為豪強的佃戶。

這種圍繞土地形成的輪迴每三百年循環一次，在工業化時代來臨之前，每個王朝都難以避免。

當初王莽上臺執政時，就想實施土地革命，他的設想是實行王田制，土地歸國家所有，再按人頭平均分配土地，任何人不准買賣土地。

同時，針對豪強蓄養私奴的現象，王莽也提出將奴婢改為私屬，禁止買賣等一系列方案。

可惜的是，這兩項改革由於反對的聲浪太大，不得不以失敗而告終。

這一次，輪到劉秀了，他會怎麼解決呢？

建武十五年（西元 39 年）六月，劉秀下發了「度田令」，要求各州郡認真丈量土地、清查人口。這樣做有兩個目的，一是限制豪強兼併土地和奴役人口的數量，二是便於朝廷徵收賦稅和徵發徭役。

有了之前王莽的例子，劉秀對豪強們的能耐已經深有體會。王莽當初可是一上來就宣布土地國有化，限制豪強名下的田畝，還配合以廢奴；劉

秀則謹慎了許多，只是先要求摸清各地的田產及戶籍，僅此而已。

但是即便如此，這個通知還是刺激到了地方豪強們敏感的神經。大夥兒都不傻，朝廷現在雖然說只查地，沒說別的，但是你查清楚以後，下一步不就是以此為據來徵稅嗎？要不然你費那麼多工夫查它幹嘛？

這是陰謀！

斷人財路如殺人父母，何況劉秀現在斷的可是一個階級的財路！

前面說過，東漢是建立在豪族社會之上的，土地與人口是豪門大族們立身的本錢，劉秀想玩釜底抽薪，徹底斬斷豪族立身的兩根支柱，阻力可想而知。

不出意外，「度田令」下發後，各地官吏或執行不力，或錯誤執行詔令，使詔書在實際執行中完全走樣。很多百姓擔心清查戶口和田畝會增加自己的賦稅，在別有用心的地主豪強的鼓動下，紛紛攔路喊冤；地方官員瞞上欺下，對度田工作敷衍推諉，報上去的資料也與實際相差甚遠。

甚至有地方官員與豪強串通一氣，欺凌、侵害無助的百姓，他們以「度田」的名義將百姓集中到田地中，連宅院、村落也一併測量，以上報充數。

這明顯是想製造官民矛盾，百姓遮道號呼，卻無人肯為他們做主。

# 加強吏治

「度田令」執行業中還發生了這樣一件事：

地方官員陸續把核查到的土地和人口數報上來，其中陳留縣的報告中有一張小紙條，似乎是誤夾進去的，上面寫著一句話：「潁川、弘農可問，河南、南陽不可問。」

## 第二章　止戈為武

這是什麼意思？

劉秀看後不解，就去問報送資料的人：「這話到底是什麼意思？」

這位粗心的仁兄嘴巴倒是挺緊，咬死不說實話，非說這紙條是在街上撿到的。

劉秀勃然大怒：「你當我是三歲小孩啊，這麼容易糊弄？」

時年十二歲的東海公劉陽（後改名劉莊，是為漢明帝）當時就在隔壁，旁聽父親處理政事，告訴劉秀實話，說這是小官接受上官的指示，要把本郡的丈量結果和其他郡的作個比較，這樣大家最後報上來的數字才能差不多。

劉秀更奇怪，都是度田，為什麼河南、南陽就不可問？

劉陽答：「因為河南是帝都，多天子近臣；南陽是帝鄉，多皇帝近親。這兩個地方肯定問題很大，但是又誰也惹不起，所以肯定不能查。」

劉秀再次詰問陳留吏員，吏員最後還是說了實話，確如東海公所言。

得知這個情況，劉秀氣得當場掀了桌子，他惱怒的是郡守作為朝廷派去的高官，沒有嚴格執法，竟然根據各地豪強們的勢力大小看菜下碟。

更讓他惱怒的是，潁川、弘農、河南、南陽的資訊，怎麼出現在陳留官吏的手裡？這明顯是地方官員早已串通一氣，合起夥來欺騙他！

為了剎住這股歪風邪氣，劉秀當即決定派出中央巡視組，到地方上去徹查各地的度田情況。

這一查還真查出了不少問題，大司徒歐陽歙在任汝南太守期間弄虛作假，丈量土地不實，受賄上千萬。

劉秀殺伐決斷，立刻逮捕歐陽歙入獄。

歐陽歙這個人值得好好說一下。他家世代研究《尚書》，到歐陽歙這一代，八代都為博士。歐陽歙為人謙恭，禮讓他人，王莽代漢的時候他就

在朝中為官。劉玄稱帝後，歐陽歙做了原武縣令，再後來劉秀上臺後，歐陽歙繼續當官，一直官運亨通，在汝南任職九年，教書育人，任用賢才。

雖然在教書育人方面是專家，但是就治理地方而言，歐陽歙似乎並不如他的學問一樣出色。

《後漢書》中記載了這麼一個故事。歐陽歙任太守期間，請郅惲擔任功曹。汝南地方舊俗，每年十月，郡裡要舉辦大型宴會，百里以內的縣都要到郡府宴飲。吃完飯，歐陽歙打算表彰西部督郵繇延，說他赤誠忠貞，做事公道，在任期間積極追捕奸人凶徒，政治寬鬆景明，準備和大夥兒一起商量繇延的功勞，向朝廷上報，嘉獎其功績。

郡主簿在宣讀歐陽歙的指示時，戶曹引導繇延上前受賞。不料半路殺出個程咬金，郅惲上前大聲對歐陽歙說：「請太守罰酒一杯，以謝上天。」

歐陽歙大為驚訝，問道：「我為何要罰酒？」

郅惲道：「我調查過，那個繇延貪贓枉法，外表方直，內心陰柔，結黨營私，結交奸佞，欺罔上級，坑害百姓，他管理的地方政事荒廢，一片混亂，暴虐之人不能處置，冤獄與奸邪並起，百姓對他十分怨恨。太守以惡為善，卿士們以直從曲，上級失了君道，下級不守臣道，因此，我郅惲斗膽請太守罰酒。」

「有這種事？」

場面一度陷入尷尬之中，歐陽歙霎時間只覺得臉上發燙，不知如何應對。

底下人趕緊出來圓場：「所謂君賢臣直，功曹郅惲說話如此懇切，正說明太守您功德深厚啊，為這也應該喝一杯啊！」

歐陽歙趕緊說道：「這確實是我的罪過，我自願罰酒。」

宴會不歡而散，郅惲回府後請了病假，繇延自己也悄悄退去。鄭敬與

049

## 第二章　止戈為武

郅惲關係不錯，見他得罪了歐陽歙，對他說：「你當眾反對翳延，太守顯然沒接受你的意見。翳延雖然暫時退去，一定還會回來。你言直心正，然道不同不相為謀，你留在這裡，太守遲早要收拾你，趕緊離開吧！」

數月後，歐陽歙果然再召翳延，郅惲無奈，掛冠而去。

雖然執政能力不算突出，但是九年後，歐陽歙還是走上了人生巔峰，他被提拔為大司徒，成了百官之首。

只是他沒想到，自己剛剛當上大司徒沒多久，就被翻出了之前的黑歷史。

撞到槍口上，自然要被處理的，劉秀當即將歐陽歙下獄。

但是，令人意想不到的事情發生了。

歐陽歙是大儒，門生遍布天下。得知自己的老師入獄，歐陽歙的學生們自發行動起來，大造輿論，跑到京城洛陽喊冤，光是日夜守在宮門外替歐陽歙求情的就有一千餘人，還有人把自己的頭髮剃掉，自處髡刑，想替老師脫罪。

最激進的是一個名叫禮震的小青年，剛滿十七歲，居然說願意代替歐陽歙去死。他說：

「我的老師歐陽歙乃是當代大儒，祖上八代皆為博士，這種人怎麼能殺呢？我的老師只有一個兒子，年紀還小，一身絕學還沒有傳人，如果他這時候死了，《尚書》就廢了！陛下這樣做會被人嘲笑殺害賢良的，還讓後世失去了師承，我願代老師去死！」

一千餘讀書人聚集在宮門口，替歐陽歙哀號求情，這哪裡是喊冤，分明是在示威！

作為一名從戰爭中走出來的皇帝，劉秀雖然表面上柔和，但豈是被人嚇大的？更何況，劉秀是鐵了心要整頓吏治，堅決不肯赦免歐陽歙，必欲置其於死地！

最終，歐陽歙死在獄中。

有人會覺得不解，群意洶洶，劉秀為何要堅決處死歐陽歙？難道他就不怕儒生聯合起來反對他嗎？

事實上，劉秀之所以惱怒歐陽歙，除了他在丈量土地及核查奴隸的過程中弄虛作假、瞞報數字外，更是因為歐陽歙充當了豪族的利益保護傘。歐陽歙本就是豪族的典型代表，歐陽氏自西漢以來，世代官宦，位居廟堂，早就成了帝國影響最大的家族之一。

我們不妨再深入思考一下，為歐陽歙求情的眾多學生中，真的都是出於師生情誼嗎？真的都是為了學術的春天嗎？

不見得吧。要我看，這些學生絕大多數也是豪門士族子弟！

這種地方豪族本身能耐巨大，在獲得一定的權力後又充當豪族的保護傘，欺上瞞下，兩面三刀，顯然惹怒了劉秀！

地方官員的權力是皇帝賦予的，必然要對皇帝負責，既然你歐陽歙公然違背朝廷的大政方針，那就第一個拿你開刀！

此後，中央巡視組又查出了很多人，河南尹張伋和諸郡守十餘人皆因度田工作沒有落實到位，欺上瞞下，被下獄處死。

劉秀執意要將度田工作落實下去，這顯然是想要豪強的命。很多地方豪強按捺不住，開始結成聯盟，抵抗地方郡守和中央特派員。

果然，就在一年後，帝國爆發了一場全國性的叛亂。

建武十六年（西元40年），各地彷彿商量好了似的，突然冒出一群群大盜，攻劫在所，害殺長吏。朝廷派人去剿，結果官兵一到，這些人一哄而散；官兵一走，他們就捲土重來，尤其以青、徐、幽、冀四州的反抗勢力最為強大。

對照一下新朝末年的形勢，會發現情況幾乎一模一樣！

## 第二章　止戈為武

這是一場大動盪來臨的前奏，不知道你有沒有發現，暴亂的高頻區青州，正是歐陽歙的家鄉！

這難道是巧合？

回到這次動亂中，面對來勢凶猛的叛亂，見過大風大浪的劉秀一面強力鎮壓，一面區別對待、分化瓦解。他下發了一份通知：允許盜賊們自相檢舉，若五人共斬一人而出首，赦其罪；捕吏不管什麼原因一時放跑了強盜，也不問罪，唯以最後抓沒抓到來論功過；官吏中所有拖延、迴避甚至放縱盜賊的都不予追究，只對隱瞞、窩藏盜賊的官員定罪。

劉秀的這個辦法很巧妙，要知道這些造反集團內部其實也不是鐵板一塊，底層的民眾更多的是被裹挾和糊弄的。劉秀的政策正好可以發揮分化敵營、拉攏盟友的作用，然後再集中火力，專門對付那些一心想挑事的豪族。

果然，這項政策一發表，豪族集團立刻成了孤零零的靶子，各地迅速安定下來，路不拾遺、夜不閉戶，呈現出一片太平景象。

看起來，要想對付這些地主豪強，發動最廣大基層百姓始終是最好的辦法。

對於那些被打壓下去的豪族，劉秀還來了一個釜底抽薪，他將這些豪強遷往他鄉，由政府配給土地口糧，開啟新的「幸福生活」。

有沒有覺得這一幕很熟悉？

想必你還記得，遷豪政策是西漢時對付豪強的一項基本國策，從劉邦時開始，至漢元帝永光四年（西元前 40 年），由於阻力太大停止遷徙，其間實行了一百五十餘年，經歷了七代皇帝，這事值得好好說道說道。

有人要問了，西漢時的豪族有那麼大的能耐嗎？

這裡我舉一個例子。

> 加強吏治

漢景帝時吳楚七國反叛，太尉周亞夫帶著大部隊到了河南，發現叛軍竟然沒有與洛陽大俠劇孟聯繫，他大喜過望，說：「吳楚舉大事卻沒有聯繫劇孟，我就知道他們成不了事！」

在周亞夫看來，劇孟這位豪強具有廣泛的社會動員能力，七國造反卻不去聯合他，可見其見識淺薄。

西漢初建國時，經過秦末戰亂和楚漢之爭，關中地區幾乎只剩下一片廢墟，昔日膏腴之地荒無人煙，朝廷不得不去渭南另設新都。

為了鞏固這個新生的政權，朝廷迫切需要恢復生產、安定社會，這才遷徙豪強充實渭北，此為強本。

此外，參照秦帝國的先例，如果任由殘餘的六國舊貴族在地方上繼續蟄伏下去，將來尾大不掉，必成大患。比如齊國諸田和楚國屈、昭、景這些家族，他們在齊、楚有田地封邑，世家姻親，朋黨之合，威望極高且盤根錯節。

為杜絕後患，漢高祖索性將他們連根拔起，通通遷到關中。在失去原先的土地後，這些舊貴族就沒那麼大危害了，其經濟實力大不如前，此為弱枝。

漢武帝上臺後更狠，任用張湯、杜周、寧成、義縱等酷吏嚴厲打擊地方豪族，動不動就滅門，弄得全國上下腥風血雨；同時，凡是地方上家資滿三百萬的，通通要遷到茂陵，按照主父偃的說法，這叫「內實京師，外銷奸猾，此所謂不誅而害除」。

當時有一個關東豪俠叫郭解，不滿足這條件，也遭到遷徙。雖然他的身分已經洗白，但是天下無論賢與不肖，知與不知，皆慕其聲，爭先恐後地與之結交，甚至有人替他殺人，最終引起了朝廷的注意，身死族滅，還引發了全國轟轟烈烈清除惡勢力的舉動。

## 第二章　止戈為武

漢元帝時期，隨著豪族在朝中力量逐漸壯大，元帝不得不結束延續了上百年的遷豪政策。此後地方豪族再無顧忌，開始茁壯成長，到西漢末時已成為足以左右天下的力量。

說回劉秀，在成功平定那些反叛的地方豪族後，劉秀將帶頭的豪強們遷到了異地，總算在這場博弈中占據了上風。

那麼度田運動到底算不算成功呢？

後世對此展開了激烈的辯論，有人認為是成功了，劉秀成功打壓了豪族勢力，因為自劉秀以後，度田令繼續被嚴格執行，全國的墾田和人口數量都有精確記載。

有人認為是失敗了，劉秀最終還是向豪強妥協了，結果導致豪強坐大，成為東漢後期朝堂上的主導力量。

兩種觀點貌似都有道理，該信誰呢？

我認為，從後來的歷史發展來看，度田令確實得到了貫徹執行，但是東漢豪強勢大也是顯而易見的。只能說，劉秀的度田政策部分成功了，但是他對豪強們所做的，也就到此為止了。

豪強們經過這番試探，探出了劉秀的底線，乖乖上報田畝及人口數量，按時交稅；作為回報，劉秀也沒有採取進一步的行動，繼續容忍豪族的存在。

或許有人會問，為什麼劉秀不能像劉邦一樣，逐漸滅掉這些合夥人？

那是因為，東漢的社會結構變了，已經不允許劉秀這麼做了。

西漢從秦朝繼承的是個散沙狀的平民社會，劉邦身邊的大臣們並不能從社會中直接獲得支持，這才使得皇帝有機會滅掉他們。東漢則不一樣，它從西漢繼承的是一個豪族社會，劉秀身邊的大臣們本就是地方豪族，能夠從社會中直接獲得支持，皇帝也就沒有機會消滅豪族了。

再插一句，劉秀後來定都洛陽，這裡雖然沒有軍事地理優勢，卻是豪

族們的大本營。這個事件其實也是他向豪族妥協，與豪族共治的結果。

這裡繼續討論一個問題：怎樣才能徹底滅掉豪族呢？

要想滅掉豪族，除非是有新的技術進步，促進經濟發展，皇帝可以從中收到更多的稅，用來養活自己能控制的部隊，這樣才有機會。

這樣一種新的技術進步，要到唐朝後期才會出現，正是它催生了「唐宋之變」，這又是另一段歷史了。

劉秀從登基之日起就時常告誡大夥兒：「在上不驕，高而不危；制節謹度，滿而不溢。敬之戒之！傳爾子孫，長為漢藩。」

然而，由於原有的豪族沒有被徹底擊垮，這就造成了地方上的豪強權貴不遵法令、恣意妄為的事件層出不窮。

司隸校尉鮑永、都官從事鮑恢二人一向性情耿直，專門跟豪強唱反調。當時，劉良仗著自己是劉秀的叔父，常常凌辱京城官吏。有一次，劉良在為來歡送喪歸來時，與右中郎將張邯在城門口相遇，劉良喝斥張邯回車讓道，又找來城門官訓斥，讓城門官為他磕頭謝罪。

這個事件引起朝野大譁，司隸校尉鮑永立即上奏，彈劾劉良：「劉良身為諸侯藩臣，蒙陛下恩寵入侍朝中，他明知城門官是陛下任命的六百石朝廷命官，還肆意責罵，迫使他在大道上叩頭認罪。劉良毫無藩臣之禮，這是對陛下的大不敬，懇請陛下裁決！」

劉秀便依著這件事情來警告貴戚，一定要注意自己的言行，否則到時候讓鮑永等人抓住了把柄，自己也不可能為他們說話的。

劉良有個好朋友叫李子春，曾做過琅琊國國相，卸職後回到家鄉懷縣。李家是懷縣的豪強大戶，李子春的兩個孫子殺了人沒人敢管。趙憙出任懷縣縣令之後追查此事，兩個凶犯被迫自殺，李子春也被拘捕入獄。

李子春與洛陽的皇親國戚交往密切，有數十人替他說情，請求寬大處

## 第二章　止戈為武

理，但是趙憙始終不答應，堅持要將李子春法辦。李家各種找人託關係，最後找到了遠在洛陽的劉良。

此時的劉良已是重病在身，生命垂危。劉秀專程去看望他，問他還有沒有什麼未了的心願。劉良說：「我別的事情沒有，只是我的朋友李子春犯了罪，趙憙要將他斬首示眾，還望陛下能夠救他一命。」

劉秀聽後有些為難，道：「官吏依法辦事，律法之事不能違法曲斷，李子春犯了罪，理應受到法律的制裁。我作為一國之君，哪能不顧法紀呢？這個我不能答應，您還有什麼其他的事嗎？」

劉良搖頭，閉眼不再吭一聲。他去世之後，劉秀追念叔父的養育之恩，最後還是下詔特赦了李子春。

劉秀雖然對外宣稱以柔治國，但是他也有心狠手辣的另一面，為了削弱這些為非作歹的地方權貴，劉秀不得不起用酷吏強力打擊犯罪，比如那個著名的「強項令」董宣。

## 賢臣風骨

董宣是陳留人，被大司徒侯霸徵召，一直做到了北海國宰相。董宣到任後，提拔當地豪強公孫丹為五官掾，當時公孫丹新建了一所住宅，請人來占卜。卦師算完後說：「你家蓋這座宅子，一定會死一個人。」

公孫丹倒也不慌，指使他兒子到街上去，隨便殺了一個過路之人，將屍體放在自己家中，以此來抵擋災禍。

董宣得知此事後大怒，立即逮捕了視人命如草芥的公孫丹父子，即刻斬殺。一時間百姓歡呼，但是這樣一來，也得罪了公孫家族這個地頭蛇。

公孫家族的三十多名宗族、親信揮舞著兵器，來到府衙門口，叫囂著要董宣給個說法。董宣也不客氣，將這三十多人全都關押起來，指使手下文書水丘岑盡數殺之。

這下子事情鬧大了，青州刺史認為董宣濫殺無辜，將董宣和水丘岑一併拿下，奏報朝廷，並將董宣移交廷尉處理，廷尉判了他們死刑。

董宣進到獄裡，從早到晚高聲朗誦詩文，一點也不像死囚，毫無懼色。到了行刑那天，獄吏準備了一桌酒席為他送行，董宣厲聲說道：「我董宣生平沒有吃過別人的東西，何況即將赴死！」隨即登車而去。

與此同時，董宣的死刑複核書也遞到了劉秀面前。劉秀一看：「我大漢的地方上還有這種不畏權貴的酷吏，人才啊！趕緊刀下留人！」

劉秀立即派人去法場，總算在最後一刻救下了董宣，將其降為懷縣縣令。

後來，江夏郡出了個大盜夏喜，帶著一幫手下在郡內為非作歹。朝廷任命董宣為江夏太守，董宣一到任，第一時間發了一份通知：「朝廷認為本太守最會捉拿姦賊，所以我接了這個任務。本太守已在江夏郡界預備好一隊人馬，前來剿滅爾等，爾等看到通知之後，何去何從，自己看著辦吧！」

夏喜等人見到文告，得知是酷吏董宣親自坐鎮指揮，嚇壞了，該投降的投降、該解散的解散，這事就這麼解決了。

不久之後，朝廷徵董宣為洛陽令。

眾所周知，洛陽乃帝國首都，最難管理。洛陽令是幾乎所有人避之不及的差事，很少能做滿一年的，往往數月便因為動了不該動的人而做不下去，或被撤職，或主動退下。

劉秀調董宣為洛陽令，很顯然是想好好治一治天子腳下的這幫豪強和權貴。

董宣一上任，就遇到了一個難題。

## 第二章　止戈為武

劉秀的姐姐湖陽公主劉黃，有個家奴大白天公然行凶殺人，躲到了湖陽公主家中，以逃避官吏的逮捕。

一天，劉黃外出，讓這個奴僕駕車。董宣知道後，在湖陽公主的必經之地早早等待，攔住她的去路，當街指責湖陽公主的過失，並喝斥奴僕下車。湖陽公主哪見過這陣勢，頓時就慌了，奴僕只好下車，被董宣當街格殺，湖陽公主顏面盡失。

湖陽公主掉轉車頭，直接進宮向劉秀告狀。劉秀大怒，召見董宣，對左右大喝道：「亂棍打死他！」

董宣非常平靜，向劉秀叩頭道：「我請求說一句話再死。」

劉秀問：「你想說什麼？」

董宣道：「陛下聖德中興，卻放縱奴僕殺害良民，您打算怎麼來治理天下？要我死很容易，何須棍子？我自行了斷即可。」

說完，董宣一頭撞向柱子，血流滿面。

劉秀又讓人按住董宣，逼他向劉黃叩頭謝罪，董宣堅決不肯，兩手撐地，梗著脖子，始終不肯低頭。

湖陽公主很生氣，她添油加醋地對劉秀說：「當初你沒做皇帝的時候，也曾藏匿過逃亡和犯了死罪的人，那時沒有衙役敢上門去抓；現在你當了天子，卻連一個洛陽令都搞不定嗎？」

劉秀笑了，道：「這就是天子和老百姓的不同啊！」

在劉秀的維護下，董宣不僅沒有被懲罰，還被賞了三十萬錢，時人為他起了一個「強項令」的綽號。董宣這種不畏強權，勇於指責公主的做法，贏得了百姓的一致好評，令他聲名大振。

從此之後，董宣成為打擊豪強的模範人物，京師豪強權貴稱他為「臥虎」。猛如老虎的董宣在洛陽令任上「臥」了五年，直到七十四歲病故。劉

秀派人到他家裡探視，才發現這位「臥虎」家徒四壁，值錢的只有一輛破車、幾石大麥。

劉秀聽完彙報，嗟嘆了好久：「董宣做官廉潔，死了才知道啊！」

在劉秀的倡導下，一批酷吏重新活躍了起來，此後漢明帝和漢章帝繼承劉秀利用酷吏打壓豪強地主的策略，保障了朝廷的號令暢通無阻。

除了重用酷吏，劉秀還表彰提拔大公無私的地方官員，乃至自己帶頭遵章守紀來為帝國臣民樹立榜樣。

當時有一位儒生叫郅惲，生性耿直，學過《韓詩》和《顏氏春秋》，精通天文曆算。王莽在位時，郅惲到長安向王莽上書，直接建議他退位。

王莽勃然大怒，立刻下令將其逮捕，為他定了個大逆不道的罪名，準備殺了他。

但是郅惲的提議是根據經書等內容推斷出來的，所以王莽一時半會兒找不到藉口殺他，於是讓心腹去找郅惲，要他承認是自己胡言亂語。

郅惲聽了之後破口大罵：「我所說的都是根據天象推斷出來的，這不是瘋子能編出來的！」

王莽沒辦法，只好把他關押起來，準備等到冬天再處死他。結果趕上大赦，郅惲被放了出來，出獄後和同鄉一起隱居。

東漢開國後，將軍傅俊聽說有郅惲這號人，慕其名聲，派人聘請他為將軍長史，負責軍政大事。郅惲當眾宣誓，絕不濫殺無辜，嚴禁挖人墳墓。

傅俊的士兵中有當摸金校尉（盜墓者的別稱）的，郅惲勸諫傅俊，要他嚴厲約束部隊，禁止盜墓。傅俊對郅惲倒是言聽計從，很快，郅惲鐵面無私的名聲傳播開來，受到了百姓的熱烈歡迎。

郅惲的朋友董子張的父親被人殺害，董子張還沒來得及報仇就得了重

## 第二章　止戈為武

病。郅惲去看他時，董子張已經快不行了，只能抽泣，早已說不出話來。

郅惲握著他的手道：「我知道你不是為死而悲傷，而是為不能替父報仇而哭。你活著的時候，我為你擔心，但是不能幫你報仇，現在你身體不行了，我終於可以替你動手了。」

隨後，郅惲帶領門客殺掉了仇人，將人頭拎到董子張面前。董子張大仇得報，再無遺憾，含笑離世。

緊接著，郅惲主動到縣裡投案自首，縣令不想抓他，故意拖延了好久才出來見他。郅惲說：「我為朋友報仇是我的私事，而秉公執法是您的責任。我為了自己能活命而讓您的品行出現汙點，這不是我做人的態度。」

沒人逮捕，郅惲就自己主動進了監獄。

縣令急得連鞋都來不及穿就追到監獄裡，拔出刀對著自己，道：「你今天如果不答應從監獄裡出去，我馬上死在你面前！」

郅惲沒辦法，只好走出監獄，後來被任命為看守洛陽城門的小官。

劉秀曾定過一條規矩，二更後緊閉城門，任何人都不准開啟，違令者依法論處，卻不料，這條規矩害了他自己。

有一次，劉秀外出打獵，很晚才回來，郅惲吩咐人把城門關嚴實，不准開門。劉秀以為郅惲不認識自己，就命左右到城門前與其交涉，見他仍不相信，便親自策馬立於橋前。不料郅惲依舊閉門不開，還對著城下大喊：「天太晚了，城門不能開！」

劉秀無奈之下，只好從另一個城門入城。這一回，門官一聽說是皇帝親臨，二話不說就開啟城門接駕。

第二天，郅惲向劉秀上書，勸諫道：「以前周文王不敢在外面隨便打獵，是怕驚擾了百姓。而現在陛下卻沉迷於山林遊獵，夜以繼日地遊玩，這對江山社稷有何益處？臣很擔憂，希望陛下能以此為戒！」

賢臣風骨

從內容來看，郅惲顯然知道昨晚城門外的人就是劉秀。

劉秀看完這道奏章，也不生氣，反而感慨這個守門小官是個鐵面無私的賢臣，當下召見郅惲。一番交談後，劉秀發現眼前這人才能出眾，賞賜郅惲布帛一百匹，請他擔任太子的老師，至於那天夜裡放劉秀入城的門官則被貶出京城。

說完了郅惲，再來聊一個名臣：宋弘。

宋弘，長安人，父親叫宋尚，漢成帝時即在朝中為官；漢哀帝時，因不願諂媚當時的權臣董賢，被判了刑。

父親的這份耿直也深深影響了宋弘。

宋弘在漢哀帝、漢平帝時即在朝中為官，後來王莽篡位，他擔任共工一職，負責皇家生活事務。赤眉軍攻入長安後，王莽敗亡，赤眉軍召宋弘來做官。

宋弘被逼無奈，經過渭水時趁人不注意，跳入河中企圖自殺。幸好周圍有鄉親，七手八腳把宋弘救了上來，之後對外假稱宋弘已死，總算躲過了赤眉軍的騷擾。

劉秀登基後，任宋弘為太中大夫，後又改為大司空，封枸邑侯。宋弘把自己所得的地租俸祿分給族人，自家不留餘財，後改封為宣平侯。

劉秀曾經問宋弘：「誰是學識淵博的人？」

宋弘推薦沛國人桓譚，說：「桓譚才學豐富、見聞廣博，幾乎能與揚雄、劉向父子相比。」

劉秀於是召見桓譚，任命他為議郎、給事中。

桓譚除了學問高，還彈得一手好琴。劉秀很喜歡聽他彈琴，經常讓他入宮為自己演奏。宋弘知道後很不高興，覺得自己不該向劉秀舉薦他。

有一次，桓譚為劉秀彈完琴出宮，宋弘穿好朝服坐在官衙內，讓人帶

061

## 第二章　止戈為武

桓譚進來。桓譚到後，宋弘也不讓他坐，斥責道：「我舉薦你是想讓你用道德來輔佐陛下，沒想到你卻多次彈奏鄭樂來擾亂『雅頌』正音，我算是看出來了，你不是一個正直的人。你是自己改正錯誤，還是我來治你的罪？」

桓譚感覺很冤，他也不想啊，可是皇帝讓他彈琴，他怎敢不彈？面對宋弘的逼問，桓譚只得磕頭道歉，宋弘才讓他走。

不久，劉秀大宴群臣，又讓桓譚彈琴。這一次桓譚學聰明了，一邊彈琴一邊偷看宋弘的神色，結果心不在焉，音調都不準了。

劉秀正在喝酒，聽出音調有誤，就問桓譚怎麼回事。還沒等桓譚出來解釋，一旁的宋弘就站了出來，免冠向劉秀道歉：「臣舉薦桓譚的目的，是希望他能以忠誠正直來引導陛下，但是他卻使陛下喜歡上了鄭樂，這是臣的罪過。」

當著眾人的面，宋弘慷慨陳詞，一點沒顧忌劉秀的感受。好在劉秀確實夠大度，不僅沒有怪罪他，還立即向他道歉。

此後，宋弘陸續為朝廷舉薦了賢士三十多人，堪稱東漢的伯樂。

劉秀雖然貴為皇帝，也有自己的七情六慾。有一次宋弘去見劉秀，見皇帝正坐在屏風前，觀賞著屏風上畫的美女。兩人聊天時，劉秀一邊聽宋弘說話，一邊忍不住回頭看屏風。

宋弘性子直，看到劉秀這副模樣，對他說了一句話：「子曰，吾未見好德如好色者。」

這話說得劉秀臉一紅，只得讓人把屏風撤掉，對宋弘笑道：「朕聽到正確的事就去做，這樣還行吧？」

宋弘答：「陛下的德行修養又有進步，臣十分歡喜。」

歷來公主嫁給臣子，都以「下嫁」來稱，臣子也都以能娶到公主為榮耀，但是唯獨宋弘是個例外。

## 賢臣風骨

劉秀的姐姐湖陽公主的丈夫去世後，整日獨守空房，孤單又寂寞。劉秀為姐姐的婚事也是很操心，他問姐姐可有中意的人選，湖陽公主扭捏了半天說：「我看宋弘的容貌和道德都很出色，朝中無人能比。」

劉秀知道宋弘是有妻室的人，便對湖陽公主說：「這事我來想辦法。」

有一次，劉秀召見宋弘，讓湖陽公主躲在屏風後面，自己和宋弘閒聊：「俗話說得好，人升了官就要換朋友，發了財就該換老婆，你怎麼看？」

宋弘知道劉秀意有所指，答道：「臣也聽過一句話：貧賤之知不可忘，糟糠之妻不下堂。」

劉秀知道宋弘是個重情重義的人，只得對姐姐說：「這事不好辦了。」

經此一事，宋弘的人品為後人稱道。唐朝時，李世民曾想將女兒嫁給尉遲敬德，尉遲敬德婉拒道：「臣的妻子雖然鄙陋，但是相與共貧賤久矣。臣雖不學，但是也聽過古人富不易妻，此非臣所願也。」

李世民對尉遲敬德的態度頗為讚賞，於是打消了把女兒嫁給他的想法。

建武十五年（西元39年），大司徒韓歆被免職，原因是韓歆性格太直，說話從來不忌諱，每次在劉秀面前都口出狂言，讓劉秀很難堪。

劉秀雖然一向標榜以柔治國，但是對大臣們從來都不客氣，索性將韓歆免職了。

這還沒完，職位雖然免了，劉秀心中的惡氣仍然沒出，即便是韓歆回老家頤養天年了，他也不放過，特地派使者跑到韓歆家去罵了韓歆一頓。

劉秀這樣做，讓韓歆一家心理壓力極大，韓歆和兒子韓嬰只得自殺謝罪。

韓歆被逼死後，當時的輿論一邊倒地同情韓歆，劉秀感覺輿論風向對自己很不利，只得賞給他們家不少錢糧，並以三公之禮安葬了韓歆。

除了逼死韓歆，劉秀政治生涯中還有一個汙點，那就是極度迷信讖緯，屢次因為「圖讖」之事譴責大臣。

## 第二章　止戈為武

　　建武七年（西元 31 年），劉秀與鄭興討論郊祀的安排。聊著聊著，劉秀算命癮就上來了，說：「我想用圖讖的方式來決定，你覺得如何？」

　　鄭興聽了有點不高興：「國家大事，怎麼能隨隨便便用圖讖來決策？」於是毫不客氣地回答劉秀：「臣不用圖讖！」

　　卻不料，一向寬和的劉秀聽到這話勃然大怒，反問道：「你不用圖讖，是不是因為看不起？」

　　看到皇帝怒了，鄭興也害怕了，只得哆囉哆嗦地說：「臣只是沒學過圖讖，不懂這些，絕對不是看不起。」

　　劉秀這才消了怒氣。

　　劉秀用讖言決斷大小事務，這讓很多人都有些不滿。給事中桓譚曾經上過一道奏書，大意是說：

　　「要想治理好國家，仁義正道才是根本，不能關注那些奇怪虛誕的事。所謂天道，連孔夫子都不能完全講明白，自子貢之後，更是沒人能懂，何況後世的淺薄儒生？如今一幫方士、巫醫之徒竄改圖書，詐稱是孔夫子所作讖記，目的就是迷惑人主，想靠這種東西升官發財。我聽說陛下嚴厲追究方士點化金銀之術，這是何等的英明！但是陛下竟然聽信讖緯、聽納讖記，何等迷誤！讖記雖然也有說中的，但是這與算卦也能蒙中是一樣的道理啊！」

　　桓譚有點無神論的意思，對讖緯持全面否定的態度。劉秀看了奏書，自然很不高興。

　　之後，群臣開會討論靈臺的選址問題，劉秀又想使用圖讖，還特地點名桓譚：「我想用讖來決定，你覺得怎麼樣？」

　　桓譚的內心鬥爭了很長時間，還是覺得應當堅持原則，回答：「臣不讀讖。」

## 賢臣風骨

劉秀不依不饒，問道：「為什麼不讀？」

桓譚的性格比鄭興還要耿直，再度重申圖讖之事是歪門邪道，不應該採信。

劉秀大怒，當場叫來禁軍，要將其就地正法。桓譚趕緊下跪拚命磕頭，一直磕到腦門出了血，才平息了劉秀的些許怒氣，免除一死，改為外派六安郡為丞。

受此打擊，年逾七旬的桓譚在前往六安的路上病逝。

劉秀苛待大臣，這一點他的老同學嚴光早就看出來了，所以隱居山中，堅決不肯出仕。

嚴光，字子陵，浙江會稽餘姚人，天下聞名的高士。嚴光原本叫莊光，因劉秀的兒子漢明帝叫劉莊，莊光為避諱「莊」字改姓嚴。劉秀當初在長安求學時，兩人有一段同窗之誼。

亂世之中，劉秀起兵，匡扶漢室；嚴光更名改姓，退隱山林，從此下落不明。

當天下再度一統，劉秀想起了自己這個老同學。由於嚴光改了名字，無處尋找，劉秀憑著自己的記憶，向畫師描述了嚴光的容貌，然後派人「按圖索驥」，拿著嚴光的畫像四處去尋問。

多年以後，終於有人上報，齊地有個男子，披羊裘垂釣於澤中，似乎就是嚴光。

劉秀大喜過望，派了使者攜厚禮去邀請。一連請了三次，嚴光才答應進京見一下老同學。

嚴光到洛陽後，被安排在五星級飯店住下，另有專人伺候。

嚴光有一位老朋友叫侯霸，聽說嚴光來了，派人拿著他的親筆信去請嚴光。

## 第二章　止戈為武

送信的人對嚴光說：「侯公聽說先生到來，一心想來拜訪，但是迫於職責，無法立即前來，所以希望天黑以後，委屈您過去暢談。」

嚴光將書簡扔給送信的人，讓他傳達口信：「君房足下：職位做到三公，很好。身懷仁愛輔佐正義，天下太平富足；阿諛奉承順隨旨意，腦袋就要搬家。」

很顯然，嚴光這是在諷刺侯霸只會拍馬屁。

這可氣壞了侯霸，立即去皇帝面前告其狂妄。劉秀聽完，拊掌大笑道：「這可真是狂奴故態呀，你不用與這種書生一般見識，他這種人就是這麼一副德性。」

劉秀隨後親自去見嚴光。

聽說劉秀來見，嚴光臥床不起，不肯見面。劉秀知道嚴光的脾氣，也不說破，直接走進他的臥室，把手伸進被窩，摸著嚴光的肚皮說：「好你個嚴光，我費盡周折請你來，你就不能幫助我治理國家嗎？」

嚴光繼續裝睡，見劉秀不走，對他說道：「以唐堯之德，巢父、許由聽聞要授予官職尚且要跑去洗耳朵。人各有志，你又何必強迫我出來做官呢？」

劉秀嘆道：「以我們的交情，也不能讓你放下臭架子嗎？」

嚴光不語，劉秀無奈，只好搖搖頭回宮去了。

幾天後，劉秀還是請嚴光進宮中，兩人推杯換盞，把酒敘舊，嚴光在宮中住了好些時日。

有一次，劉秀問嚴光：「朕與昔日相比如何？」

嚴光答道：「陛下勝似往日。」

劉秀一聽，拊掌大笑，拉著嚴光一起在南宮睡覺。

不得不說，嚴光的抗壓性是真好，他坦然酣睡，無所顧忌，睡熟了甚

至把腳壓在劉秀的肚子上。劉秀怕吵醒他，生生忍到天亮。

第二天，太史官奏告，說有客星衝犯了帝座，甚急。劉秀笑著說：「沒事，我的老朋友嚴子陵與我睡在一起罷了。」

劉秀想為嚴光封個諫議大夫，嚴光死活不肯接受，之後歸隱富春山耕讀垂釣。八十歲時，嚴光在家中去世，劉秀倍感哀傷，詔郡縣賜錢百萬、穀千斛安葬。

嚴光以其高風亮節聞名後世，宋代范仲淹寫過一篇〈嚴先生祠堂記〉，其中有一句讚語：「雲山蒼蒼，江水泱泱，先生之風，山高水長。」

嚴光與劉秀，兩人互相成就。名聲這東西，士人與皇帝都珍惜，嚴光送給劉秀一個愛才之名，而劉秀也成就了他的隱士之名。

劉秀的寬容不只是針對老同學嚴光，他對其他的自由知識分子也往往網開一面。

比如建武五年（西元29年），這一年大局已定，戰後為了要討論和平重建之事，劉秀徵召周黨等知識分子到京師，參與國事協商。

周黨是個任性豪俠又有錢的人，本來不想去，但是迫於壓力，很不情願地去了洛陽。朝堂之上，周黨著短布單衣，穀皮幪頭，只潦草地作一個揖，馬馬虎虎還不標準。一旁的博士范升火冒三丈，搶先向皇帝寫帖子，舉報周黨犯了大不敬之罪。

周黨則一副無所謂的樣子，他自由散漫慣了，沒有絲毫的奴顏婢膝。面對氣急敗壞的范升，周黨淡淡道地：「朝廷本來就是因為我的自由精神才徵召我，我怎麼可以重新換一套禮服呢？」

好在劉秀也沒有生氣，他說道：「自古有明王聖主，必有不賓之士。伯夷、叔齊不食周粟，太原周黨不願做官，朕也不強求，人各有志嘛！賜其帛四十匹，罷之。」

# 第二章　止戈為武

# 第三章
## 邊地烽煙

# 第三章　邊地烽煙

## 伏波將軍馬援

　　劉秀當初因度田令落實不到位，處死了十餘名貪贓枉法的河南官吏。這對於奉行柔道的劉秀而言，心裡難免會有個疙瘩，總懷疑自己是不是做得太過了。

　　有一次，劉秀和馬援聊天，感慨道：「因為度田政策，朕悔不該殺掉那麼多人！」

　　馬援則哈哈笑道：「他們罪當死，既然該死，就談不上多與少了。再說了，人死不能復生，何必糾結這些呢？」

　　說完之後，劉秀和馬援相視大笑。

　　說這些話的時候，馬援的聲望正如日中天。

　　前面說過，馬援是扶風茂陵人，出身官宦世家，身世相當顯赫。馬援的兄長馬況一直很看好馬援，為了防止馬援驕傲自大，他告誡馬援：「汝大才，當晚成。」

　　而大器晚成，此後也成了馬援的代名詞。

　　王莽當政時，馬援任扶風郡的督郵，後因私縱重囚，亡命北地，在當地經營畜牧業，後來投奔了割據涼州的隗囂。建武四年（西元28年），馬援奉書至洛陽，受到劉秀的禮遇，後來加入了劉秀的管理團隊，成為一名主管。

　　作為東漢開國知名度最高的將領，馬援一生有兩個功績：征西羌、平交趾。

　　自王莽末年起，因中原戰亂，朝廷無力顧及邊境，西羌頻頻侵入塞內搶掠，金城郡屬縣多被羌人占有。

說起來，西羌一直都是兩漢的心腹大患，西漢還不突出，涼州羌亂卻是削弱東漢的關鍵，朝廷耗費二百四十億錢，歷經數十年而不能解除，差點連涼州都棄了。涼州地方豪強借「羌亂」之手與朝廷博弈，此後關西豪強與關東士族聯手埋葬了東漢王朝。

漢朝之所以遲遲未能搞定羌亂，是因為羌人各個部族簡直就是一團亂麻，河湟地方不大，羌人種姓倒是極其繁多，有上百大種，幾千小落。漢軍打殘一部，又從山裡冒出來一個你連名字都沒聽過的部族，剿匪工作還怎麼做？

羌人之所以不斷跟漢朝硬碰硬，是因為他們背靠青藏高原，要想獲得進一步發展，只能向東看。當然，這都是後話，我後面會再講。

當時來歙負責平定涼州，面對羌亂，他上奏給劉秀說：「隴西非馬援不能定。」

建武十一年（西元35年）夏，先零羌部落侵犯臨洮。

這裡要介紹一下先零羌，它是河湟諸羌中最強大的一個種落聯盟，在漢匈戰爭中經常輔助匈奴。霍去病河西之戰後，不願歸附漢朝的羌人部落被排斥在外，先零羌不服，與牢姐羌、封養羌結盟，集結了十萬大軍進攻漢軍，結果被漢軍反擊，連河湟老家都丟了，只能向西流竄。

如此一來，諸羌的生存空間就更加狹小，先零羌對河湟谷地念念不忘，總想著有朝一日能重返河湟。

這一次，先零羌主動挑釁，逼得劉秀不得不出手。他以馬援為隴西太守，發步騎三千人，迎戰先零羌。

不得不說，馬援在對付羌人方面確實是行家裡手，他在臨洮擊破先零羌，斬首數百級，獲馬、牛、羊萬餘頭，守塞羌軍八千多人向馬援投降。

其餘羌族數萬人退守浩亹隘，馬援與馬成發起進攻，羌人部落將老

## 第三章　邊地烽煙

婆、孩子及輜重留在允吾谷，馬援從小路發動突然襲擊。羌人大驚，再遠遷到唐翼谷中，馬援再追擊。羌人引精兵屯北山上，馬援假意從正面發起進攻，而另派數百騎繞到羌兵背後，趁夜放火，擊鼓大造聲勢，羌兵大潰，斬首千餘級。

馬援兵少，沒有窮追不捨，只把羌人的糧穀畜產打包帶回。戰鬥過程中，馬援的小腿被羌人射穿，劉秀專門下詔慰勞，賜牛羊數千頭，馬援全都分發給了身邊人。

與此同時，遠在洛陽的朝廷正在進行一場大辯論，很多人認為金城在破羌之西，不但路途遙遠，而且盜寇眾多，乾脆這破地方別要了。

馬援聽聞後，立即上書說：

「破羌以西的城池大多完好牢固，易於防守，土地肥沃，易於灌溉。如讓羌人住在湟中地區，那就為害不止，不可放棄！」

劉秀經過一番權衡，認同馬援的提議，下詔武威太守，通知在武威的金城人都回到自己的地盤。

對於如何安置羌人，馬援很有經驗，他申請由朝廷派置長吏，修繕城郭，建立小城鎮，開導水田，勸以耕牧，郡中得以安居樂業，又遣羌族豪強楊封勸說塞外羌民都來和親。武都氐人有背叛公孫述來投降的，馬援奏請恢復他們的侯王君長之職，賜給印綬。

建武十三年（西元37年），參狼羌聯合其他羌人侵犯武都。馬援率軍大破羌軍，降者萬餘人，此後隴右一帶平安無事。

有一次，鄰縣有人因報私仇，發生流血事件，官民震驚，以訛傳訛，最後傳成羌人起兵造反。老百姓頓時陷入恐慌之中，全都跑到城裡躲避。

出了這麼大的事，狄道縣長也慌了，立即來找馬援，請求關閉城門徵調軍隊。

馬援當時正在喝酒，聽完報告，大笑道：「羌人怎敢再來侵犯？告訴狄道百姓，回去好好待著，如果還是不放心，乾脆躲在床底下好了。」

馬援鎮定自若，後來被證實果然是一場虛驚，全郡上下對馬援大為敬服。

在隴西待了六年後，劉秀將馬援調回洛陽，拜為虎賁中郎將。

馬援交遊廣闊，天南海北見多識廣，口才也好，既能聊國家大事，也能聊民間逸趣，讓聽者樂而忘疲。當時劉秀常召他進宮問對，馬援經常講趣聞講得天花亂墜，讓宮裡的太子、諸王、宮女、太監們全都沉迷其中，樂此不疲，百聽不倦。

有一次，馬援率軍去尋陽平定山賊，大勝而還，回來上報戰況，馬援玩了一把幽默，在其中寫了這麼一句話：

「賊入山林，不見其蹤，故臣砍伐其竹木，就如嬰兒頭上有很多蝨子，我為他剃個光頭，蝨子沒了庇護，自然就被清理一空了。」

劉秀一看，覺得馬援這人太有意思了，就連打比方都說得這麼清新脫俗，遂讓宮中頭上長了蝨子的太監全剃了光頭，讓太監們都很無語。

除了講八卦，馬援還善於論兵。劉秀在晚年已很少談論兵事，但是每次有軍國大事，最喜歡和馬援商量，經常當眾表示：「伏波論兵，與我意合。」馬援每次出謀劃策，劉秀無不採納，儼然成了皇帝身邊的首席軍師。

建武十七年（西元 41 年），自稱南嶽太師的邪教首領李廣在皖城造反，攻殺長吏。馬援率軍猛攻叛軍，斬首萬餘人，很快平定了這次叛亂。還沒等馬援歇口氣，交趾那邊又出了差錯，當地出了兩位奇女子。這是一對姐妹，姐姐叫徵側，妹妹叫徵貳，兩人不愛紅裝愛武裝，扯旗造反，跟漢朝撕破了臉。

這又是怎麼回事？

## 第三章　邊地烽煙

事情還得從頭說起。

漢朝的交趾郡，就是今天的越南北部，那時候還是大漢的領土。「交趾郡」這個名稱來自漢武帝時期，武帝滅了南越國後，把這地方分為好幾個郡縣，其中越南北部的這塊地就被設立為交趾郡，有戶口九萬多，人口七十四萬多，在當時算是人口稠密地區。

雖然人口眾多，但是交趾郡的百姓就跟沒開化的野人一樣，沒什麼禮儀。根據《後漢書》記載，交趾郡雖然設定了郡縣，但是當地語言各異，長幼無別，百姓出門都用一塊布把全身包裹起來，不愛穿鞋，赤腳走四方。

為了教化這裡的百姓，漢平帝時，朝廷派了一個叫錫光的學者前去做教化工作。錫光到任後，教導當地民眾耕種及禮儀，學習大漢的官方語言，其努力程度可以和任延相比。

任延是隔壁九真郡的太守，他引入大漢的風俗禮儀，在當地廣泛開展了移風易俗運動，上至禮儀教學，下至禮冠服飾、婚喪嫁娶、耕種插秧等，全部革新了一遍，九真郡百姓大為感動，生了子女紛紛取名為「任」。

正是錫光和任延，把帝國南方邊境這塊不毛之地變成了知禮儀的文明之地，讓當地百姓認同大漢的風俗禮儀文化，逐漸融入了華夏文明這個大家庭。

既然已經納入了大漢的國土，且接受了大漢的禮儀教化，為何還會有人造反呢？

造反的這兩人是姐妹，當地屯墾官的女兒。起初，徵側嫁給了一個叫詩索的人，他挺有英雄氣概，平常愛打抱不平。有一次，詩索不知犯了什麼罪，被交趾太守蘇定抓了，這可惹惱了徵側，號召一批人造反了。妹妹徵貳也是個有魄力的，當即跟著姐姐一起。

這件事引發了連鎖反應，這一帶的原住民本來就不安分，一看有人扯旗造反，九真郡、日南郡、合浦郡的蠻人紛紛起來響應，攻占六十五城。

之後，徵側一不做二不休，乾脆自立為王，建都麓泠。交趾刺史和各郡太守無力抵擋，僅能自守。

次年，也就是建武十八年（西元42年），劉秀派出了大漢全明星陣容上陣──伏波將軍馬援、扶樂侯劉隆、樓船將軍段志，領著長沙、桂陽、零陵、蒼梧各郡上萬人前去平叛。

這些將軍稱號大有來頭，漢武帝曾派伏波將軍路博德、樓船將軍楊僕等人滅掉南越國，建立九個郡。劉秀任命馬援為伏波將軍，顯然對他抱有極大的期望。與此同時，劉秀也派出了一位樓船將軍段志，可惜剛一出征就病死軍中，由馬援全權指揮。

征交趾，最大的困難不是對手，而是沿途的瘴氣。

漢軍千里行軍，跋山涉水，穿越嶺南地界時，正值盛夏，山林茂密，蔭可蔽日，瘴氣瀰漫。為了避開這些致命的瘴氣，馬援率軍沿海而行，逢山開路，遇水搭橋，一路上跨過高山和大海，長驅直入千餘里。史書上沒有記載馬援行軍之艱難，但是我們可以去想像。

漢軍突降浪泊，大敗徵側軍，斬首數千級，降者萬餘人。馬援乘勝追擊，在禁溪一帶數敗徵側，徵側部眾四散奔逃。

建武十九年（西元43年）正月，馬援斬徵側、徵貳姐妹，將二人的首級送回洛陽。劉秀封馬援為新息侯，食邑三千戶。

馬援非常高興，殺牛斟酒，慰勞軍士，大發感慨：

「從弟馬少遊，曾經感慨我慷慨多大志。他說人這一輩子，只要有吃有穿，出門有車馬，在郡裡混個小官，守住祖墳，同鄉提起這個人，說一聲『不錯』，也就可以了。如果還不滿足，非要追求更多的東西，那就是自

## 第三章　邊地烽煙

找苦吃了。當初我在浪泊、西裡間，賊眾未滅之時，下面是水，上面是霧，毒氣燻蒸，仰視鷙鷹墜落水中，回想少遊的話，真不知該作何想！如今幸賴將士們的共同努力，承蒙大恩，僥倖在諸君之前封侯晉爵，真是且喜且愧啊！」

人這一生該如何度過？是選擇做個知足常樂、無欲無求的普通人，還是勇敢打拚、挑戰極限的英雄？這個問題沒有標準答案，每個人都有自己的選擇。在馬援看來，人這一生不過短短幾十年，理應活得精采萬分，像馬少遊那樣畏畏縮縮、庸庸碌碌簡直就是對生命的浪費！

生命只有一回，如果不過得非常精采，那人生還有何意義？

發完感慨，馬援整頓兵馬，繼續追擊徵側的餘黨。

眼下，馬援這邊有大小樓船兩千餘艘，將士兩萬多人，可謂兵強馬壯。漢軍一路追擊，從無功到居風，斬獲五千多人，嶺南地區得以平定。

馬援深知，戰勝對手很容易，難的是維穩，如何守住這裡。為此，馬援為當地做了很多實事，每到一處，他都為郡縣治城郭、興水利、教民稼穡、懲治惡吏。為加強郡縣制度，馬援找出了南越法律與漢朝律法互相矛盾的地方，奏請朝廷作適當修改，然後開展「普法教育活動」，與越人約法共守之。從此之後，當地居民始終奉行馬援修訂的法律。

透過一系列安撫措施，馬援成功平定了交趾，在新的邊界上立起兩根銅柱作為標誌，柱上鐫刻有一句銘文：「銅柱折，交趾滅。」

越地土著居民不敢破壞，只敢在路過時撿瓦石投擲銅柱。天長日久，石塊堆成了一座小山丘。

由於在那兒待的時間比較長，將士們都感染上了疫癘之氣，性命危在旦夕，馬援憂心如焚。後遇當地老藥工獻方，說薏仁煎水服用可以利水勝溼、消除瘴氣。馬援大喜，暗暗留意此事。

## 伏波將軍馬援

建武二十年（西元44年），馬援整頓軍隊回京。然而這一路上，將士們又遇到了瘴氣，一個個手足麻木、全身浮腫，經瘴疫病死的十有四五。聽聞當地有一種叫薏苡的作物可以有效預防瘴氣，馬援回朝時順便帶回了整整一馬車薏苡種子，卻不知，這個舉動成了某些人攻擊馬援的利器，最終導致一代名將被誣告。

為了獎賞馬援穩定邊疆之功，劉秀賞賜了馬援很多東西，包括兵車一乘，並讓他上朝與九卿同列。

面對皇帝的尊寵與嘉獎，馬援不但沒有得意，心中反而有些不安。回到家後，不少親朋故舊相繼前來慰問，對他南征之功大肆頌揚吹捧。平陵人孟冀以有計謀著名，也來道賀。

馬援的頭腦很冷靜，他對孟冀說：「你可不能和他們一樣，跟我這裡簡單道個賀就完了，當年伏波將軍路博德開置七郡（一說是九郡），才封了數百戶；現在我立了區區小功，卻食邑三千戶，功小賞厚，何以能長久？還請先生教我！」

孟冀心道：「你從來都是個明白人，何必要我教你？」不過表面工作還是得做，於是道：「恕我愚鈍，沒想到這一層。」

馬援昂然道：「現在匈奴、烏桓還在北部侵擾，我想請戰去討伐，男兒當死於邊野，以馬革裹屍還葬，豈能安臥在功勞簿上，貪圖享樂？」

說這句話時，馬援的氣度有如神人，直把孟冀看呆了。

為國捐軀、馬革裹屍，這是一名老將最大的心願！

千百年來，這句名言激勵著一代代將士奮勇出征，血染疆場！

聞聽此言，孟冀大為感動，正色道：「將軍所言極是，真不愧是大丈夫！」

卻不料，馬援這句名言，一語成讖。

## 第三章　邊地烽煙

馬援回京後一個多月，恰逢匈奴、烏桓侵犯扶風，他立即請戰出兵，劉秀准許，讓百官為馬援餞行。

臨行前，馬援不改話多的毛病，對梁松、竇固大談自己的人生感悟：「一個人富貴以後，應當想到貧賤時的日子。如果你們不想再次貧賤，就要身居高位而謹慎小心。你們要牢記我的話！」

建武二十一年（西元45年）秋，馬援率三千騎兵出高柳，巡行雁門、代郡、上谷邊塞。烏桓一看漢軍主動出擊，立刻就閃人了，馬援繞了一圈，只好悻悻而歸。

馬援很鬱悶：「難道此生再無機會出征了？」

建武二十三年（西元47年），武陵郡蠻人首領相單程等反叛，東漢朝廷派武威將軍劉尚帶一萬餘人征討。劉尚沒把這幫野蠻人放在眼裡，沿沅水逆流而上，深入武溪，豈料武陵蠻人據險邀擊，以致劉尚全軍覆沒。

建武二十四年（西元48年）七月，武陵蠻人攻打臨沅，朝廷派謁者李嵩、中山郡太守馬成討伐。

馬成是名將，一生平江淮、定武都、伐羌虜、御匈奴，戰功赫赫，威震四夷，可如此名將，竟拿武陵蠻人一點辦法都沒有，慘遭敗北。

消息傳回洛陽，馬援坐不住了。

這一年，他已經是六十二歲高齡了，他不顧年邁，翻出之前的鎧甲兵器，要求出征。

劉秀讓人為馬援看座，眼前的馬援似乎蒼老了幾分，額頭的皺紋更深，頭髮已經全白了。

劉秀覺得老爺子上年紀了，就沒答應。馬援卻不服老，堅持道：「臣尚能披甲上馬！」

劉秀於是讓他再次領兵。

馬援讓人牽來自己心愛的白馬，那白色的馬鬃，正好配上他白色的頭髮，有種悲涼的美感。

再一次披掛上陣，馬援上馬疾馳，白色的馬載著白髮將軍，彷彿又回到了萬人廝殺的戰場。與此同時，馬援開始做些高難度的馬上動作，極其靈活，讓人目眩神迷。

這也許就是一位老將最大的心願吧。

馬援昔日的故吏朋友早已熱淚盈眶，他們已經很久未見馬援如此馳騁了！

這一刻，那個輕騎越溝塹、登丘陵、冒險阻、擊烏桓、斬強敵的將軍，彷彿又回來了！

劉秀看著馬援身後高高揚起的硃紅色大氅，神情也有些激動。

此情此景，和當年的老將廉頗何其相似！

## 何須馬革裹屍還

建武二十四年（西元48年）秋，劉秀任命馬援為南征軍總司令，率中郎將馬武、耿舒、劉匡、孫永等四副將，募中原甲士及罪囚共四萬餘人，南下平定武陵之亂。

馬援自不必說，我們來看看這幾個副將。

楊虛侯馬武，綠林好漢出身，雲台二十八將之一，歸順劉秀後隨其南征北戰，屢建奇功，後因殺軍吏獲罪。此次隨馬援出征，正欲重創輝煌。

牟平侯耿舒，耿況之子，耿弇之弟，幽州驍將，隨父兄歸順劉秀之後，曾擊退五校流民軍二十餘萬人，大破匈奴，蕩平彭寵。

## 第三章　邊地烽煙

劉匡，出身舂陵宗室，是劉秀的族父，為人謙遜，任朝廷宗正。

只有孫永，情況不詳。

馬援以六十二歲高齡領兵出征，怎麼說也算全軍楷模了，但是底下人可不這麼想。

這些功臣和權貴對馬援自告奮勇帶兵出征很反感：「你一個半路加入革命隊伍的涼州雜牌武將，論資格沒馬武老，論功勞沒有耿氏兄弟大，論親疏比不上劉匡，不老老實實待著，都一大把年紀了，動不動來兩句豪言壯語，逮著機會就教育年輕人，你想幹嘛？你不就是想顯擺自己的能力嗎？你這樣做，朝中其他武將會怎麼想？」

木秀於林，風必摧之。馬援的能力那是沒的說，唯一的缺點是太高調了，倚老賣老，結果就是不合群。

其實，對於這些風言風語，馬援早就知曉了，但是如今南方局勢危急，他只能置個人生死於度外，主動挑起大梁。

臨行前，馬援憂心忡忡地對前來送行的老友杜愔說：

「我受國厚恩，但是年事已高，去日無多，常常擔心不能為國事而死。今日能夠出征，得償所願，死可瞑目。我只是顧慮那些權貴子弟，或在陛下左右，或有流言蜚語，一想到要跟這幫傢伙打交道，我就頭皮發麻，這是我唯一的心病。」

說完，馬援帶著大部隊踏上了南下之路。杜愔看著馬援的身影越來越遠，心中悵然若失。

不知道那時的馬援有沒有預感，這次老友相別竟成永訣，相見無期矣！

建武二十五年（西元 49 年）春，馬援抵達臨鄉，正逢武陵蠻人攻城。馬援迎擊，大破蠻軍，斬獲兩千餘人，其餘散入竹林之中。

馬援大軍進抵下雋。與此同時，漢軍高級將領對接下來的行軍路線產

生了嚴重分歧。

當時漢軍有兩條路線可入蠻界：一條走壺頭山，路程近但是山高水險；一條走充縣，路好走但是距離太遠。

究竟從哪條路走，在大後方運籌帷幄的劉秀也拿不定主意，只吩咐諸將到時候臨機決斷。

軍事會議上，耿舒主張走充縣，這樣比較保險。馬援認為走充縣時間太長，後勤補給跟不上，不如進軍壺頭，扼住蠻軍的咽喉，則充縣之敵也就不攻自破。

兩種意見相持不下，兩人只得分別上書朝廷言其利弊，請劉秀裁決。

劉秀思慮再三，批准了馬援的策略。

三月，馬援率軍進駐壺頭。

蠻賊仗著地勢高，據險防守，水流湍急，漢軍無法乘船上行。加上山林溼熱，酷暑難耐，毒蟲橫行，瘴癘肆虐，很多將士水土不服，頭暈身重，上吐下瀉，渾身無力，不少士兵甚至染上了疫病身亡。就連馬援本人也身患重病，動彈不得。

大軍陷入困境，士氣低落，將士們只能在河岸邊鑿石窟棲身，以避暑熱。

雖然困難重重，但是馬援意氣自如，壯心不減。每當敵人登上高山，鼓譟示威，馬援都拖著重病之軀出來觀察敵情。手下將士看馬援都病成這樣了，依然壯志不減，又敬佩又哀痛，無不感慨流淚。

可有一個人一點都不感動，反而覺得馬援咎由自取，連累大夥兒。

這個人正是之前行軍路線未被採納而心有怨恨的副將耿舒，他寫了封信給哥哥耿弇：

「當初我曾上書建議先打充縣，儘管糧草難運，但是兵馬前進無阻，數萬大軍奮勇爭先。而今被困在壺頭，官兵憂愁憂鬱，行將病死，實在令

## 第三章　邊地烽煙

人痛惜！前些時候在臨鄉，蠻賊無故前來，如果乘夜出擊，一舉可以全殲。但是伏波將軍所到之處無不停留，導致失利。現在果然發生瘟疫，跟我之前的判斷一模一樣。」

耿弇看過耿舒的信後，上奏劉秀。劉秀看完信，大怒：「當初我就不同意讓你去，你非要去，現在大軍失利，你馬援難辭其咎！」

不得不說，劉秀變臉可真快。

劉秀派虎賁中郎將梁松去責問馬援進軍遲緩、坐失良機之罪，並令梁松代為監軍，主持前線大局。

梁松對馬援早就懷恨在心，如今終於找到了報復的機會，豈能放過？

那麼問題來了，馬援為何會和梁松結下梁子呢？

這裡要先說一下梁松的身分。他當年舉孝廉出身，選為郎官，後來迎娶劉秀之女舞陰長公主，拜駙馬都尉，遷虎賁中郎將。

馬援的姪兒馬嚴、馬敦，好議論他人的八卦，而且喜歡結交輕浮俠客。馬援當年南征交趾時，寫了一封信給兩個姪兒，這封信就是後來的〈誡兄子嚴敦書〉：

「我希望你們聞人過失如聞父母之名，耳朵可以聽，但是不可隨便議論。喜歡議論別人的長處和短處，胡亂評論朝廷法度，這些都是我最深惡痛絕的，我寧可死，也不希望子孫有這種行為。就像女兒出嫁前，父母一再告誡的那樣，我希望你們牢牢記住這一點。

龍伯高這個人敦厚誠實，對別人絕不說三道四，待人又不失威嚴，我敬重他，希望你們向他學習。杜季良是豪俠仗義的熱血漢子，好管閒事，愛打抱不平，在正邪是非面前絕不沉默，無論什麼人都願意與之結交。他父親去世的時候，弔唁的人來自四面八方。我也敬重他，但是不希望你們跟他走得太近。

至於原因,就算學不來龍伯高,還可以成為謹慎謙虛的人,所謂刻鵠不成尚類鶩,而一旦學習杜季良不成功,那你們就成了紈褲子弟,所謂畫虎不成反類犬。如今杜季良還不知曉,郡守一上任便咬牙切齒地痛恨他。州郡官員告訴我這情況,我常常為他惋惜,所以我不希望子孫向他學習。」

馬援誡姪,原本是希望姪兒能夠遠離是非,不要隨便議論別人,要謹言慎行,做好本分,卻不料這份誡姪書傳到了外面,將他捲入了是非之中。

杜季良時任越騎司馬,他的仇人以馬援此信為據,上奏章控告,理由是:杜季良行為輕薄,亂群惑眾,伏波將軍馬援從萬里之外寫信回來以他訓誡兒子,而梁松、竇固與之交往,將煽動輕佻虛偽,敗亂我大漢。

劉秀覽此奏章,把竇固、梁松召來狠狠地責備了一頓,並且拿給他們看奏章和馬援的信。二人叩頭流血,才免去罪過,最終杜季良被罷官,龍伯高則升任零陵太守。

這件事為馬援結結實實地拉了一把仇恨。

還有一次,馬援生病,梁松前去看望,在床邊向他行禮,馬援沒有還禮。梁松走後,馬援的兒子問其原因,馬援說:「我和梁松他爸是朋友,梁松雖然當了駙馬,也不能亂了長幼之序啊!」

梁松因此更加怨恨馬援。

梁松仗著自己是劉秀的女婿,平日裡趾高氣揚、目中無人。滿朝文武都對他點頭哈腰、畢恭畢敬,唯獨馬援對他不感冒。

想必大家還記得,當初馬援出兵邊塞時,梁松隨著百官前去餞行。馬援不但沒有對梁松表示謝意,反而以長輩的身分和口吻對梁松嘮叨:「一個人富貴了,應當想到貧賤的日子。如果不想使自己再淪入貧賤,就得潔身自好。我跟你們的父親是至交,才以此言相贈,希望你們牢記!」

馬援當著百官的面,語重心長地教育當朝駙馬,這讓梁松頓覺顏面掃

## 第三章　邊地烽煙

地。他雖然嘴上稱謝，但是心裡卻窩了一肚子火。

劉秀明明知道馬援和自己的女婿梁松之間的過節，卻還特意點名派梁松去前線調查，很顯然是故意為之。

這一次，梁松好不容易逮到機會，誓要將馬援置於死地！

可惜馬援等不到梁松了，就在梁松從洛陽出發時，這位為國征戰了一輩子的白髮老將已然病逝。

但是梁松依然偽造事實，誣陷馬援。劉秀大怒，下令追回馬援的新息侯印信。

牆倒眾人推，破鼓萬人捶，這個世界上永遠不缺落井下石的小人。很快，馬援的又一件陳年舊事被翻了出來，這就是歷史上著名的冤案——明珠之謗。

前面說過，馬援在征交趾的時候，發現當地的薏仁有除溼的效果，可以抵禦瘴氣，回去的時候特意帶了一車薏苡種子。卻不料，這車薏苡種子以訛傳訛，最後變成了馬援在當地貪汙受賄，搜刮了一大車明珠拉回家！

此事一經捅出，舉朝譁然，劉秀越發惱火，令其棺柩不得歸葬祖墳。

曾經的功臣一夜之間被萬人踩，成了朝廷的罪臣，馬援的家人惶惶不安，劉秀也沒有把那封舉報信公之於眾，馬家人根本不知道皇帝為何震怒，還以為是馬援作戰不利所致。

馬援的棺柩運回洛陽，家人不敢把他葬到祖墳，只好在城西隨便買了幾畝薄田，草草下葬。馬援昔日門下的那些賓客舊友無人敢前來祭弔，更沒有人敢為他說話。

無奈之下，馬援的姪兒馬嚴用草繩擰成鎖鏈，將自己和馬援的妻子藺氏、馬援的四個兒子、三個未出嫁的女兒一併捆繫在一起，跪在宮闕口請罪。

宮闕口乃百官上朝等候列隊的必經之路，一家人在大太陽下跪了大半天，劉秀才讓人把梁松的那篇奏章拿給他們看，馬援的家人方才得知他被誣陷蒙冤。

問題在於，所謂的明珠根本就是子虛烏有，捕風捉影！

家人回去後連忙上書鳴冤，前後共達六次，情辭哀切，但是劉秀都置之不理。

錦上添花易，雪中送炭難。滿朝公卿雖然大多都知道馬援是被誣陷了，但是馬援已死，那些精明的政客怎麼可能為了一個死人，去結怨當紅權貴梁家、頂撞盛怒的皇帝？

馬援的昔日同僚都在一旁看熱鬧，沒人願意站出來說一句公道話。

終於，有一個人看不下去了，挺身而出！

年已六旬的前任雲陽縣令朱勃風塵僕僕地趕到了洛陽，冒死與馬援的家人一起跪在皇宮闕口，呈了一封〈詣闕上書理馬援〉給劉秀：

「我聽說聖德的帝王理政，不忘人臣的功勞，採其一美，不求備於眾，故高祖赦蒯通，而以王禮葬田橫，大臣曠然而不自疑。

大將在外，讒言在內，小過必究，大功不計，這是朝廷應該極力避免的，故章邯畏懼讒言而投降項羽，燕將據聊城而不下。他們難道甘心出此下策嗎？怕的是讒言誣陷好人。

伏波將軍新息侯馬援，建武五年就已歸順朝廷，當此之時，公孫述在益州稱帝，隗囂擁兵於隴、冀，各地豪傑各自為政。馬援出自西州，欽慕陛下的聖德仁義，歷經艱險投奔陛下，孤立於群貴之間，奔深川，入虎口，哪有為自己打算過？難道他早知日後會飛黃騰達，欲封侯才追隨陛下嗎？

建武八年，陛下西討隗囂，國計狐疑，大軍尚未集中，馬援第一個提

## 第三章　邊地烽煙

議果斷進軍，最終擊破西州。隗囂之所以能被平定，馬援有大功勞。待吳漢從隴西撤回，進入冀縣的道路斷絕，豪強連城投敵，羌戎大殺官吏，唯獨狄道堅守不下，士民飢餓疲勞，只能煮弩和鞋的皮革充飢，命在旦夕之間。馬援奉詔出征，安撫邊地民眾，出沒於險關山谷之中，擊敗先零羌，召集豪傑，曉誘羌戎，謀如湧泉，解救了邊地的倒懸之急，儲存了幾乎敗亡的城池，部隊也因此得以保全。隨後他揮師擊敗對手，平定隴冀。

馬援雖然獨守空郡，但是他兵動有功，師進輒克。當初消滅先零羌，部隊一直追入山谷，馬援奮勇力戰，被飛矢射穿小腿；後又出征交趾，當地常有瘴氣，馬援與妻子兒女生死訣別，沒有絲毫悔恨之心，此後剿滅徵側，平定交州；不久再度南征，陷臨鄉，可惜出師未捷身先死，帳下士兵也患了病。戰爭或因持久而勝利，或因速決而失敗，果斷進攻未必就對，遲疑不進未必就錯，誰願意身處絕境？

馬援服務朝廷二十三年，北出大漠，南渡江海，遇上瘴氣，死於戰場之上，結果名譽毀敗、封爵被奪。海內不知其過，百姓未聞其罪，只因幾個人的片面之詞就被汙衊，家人不敢出門，屍體不敢葬入祖墳，怨隙並興，宗親戰戰兢兢。死者不能為自己的冤屈昭雪，活著的人不願為他辯白，臣竊傷之。

明主重於用賞，輕於用刑。高祖皇帝曾給陳平黃金四萬兩以離間楚軍，不問他如何使用，難道會懷疑他把錢糧私吞了嗎？以孔父的忠誠而不能免於讒言傷害，這是鄒陽之所悲。希望陛下能夠留意我這個無知儒生的話，不要讓功臣懷恨於九泉之下。臣聞《春秋》之義，罪過可用功勞來抵消；聖王的祭祀禮儀，臣子做到五儀就配享祭祀了。馬援就是死於勤王之事的人，請陛下重新評判馬援的功罪，該斷的斷，該續的續，以遂天下人之心願。

我今年已經六十了，常隱居民間，竊感欒布哭彭越之義，冒陳悲憤，

戰慄闕庭。」

大家一定還記得，朱勃和馬援是扶風同鄉，和馬援的大哥馬況關係很好。朱勃自幼是神童，十二歲時就能背誦《詩》、《書》，經常拜訪馬況。

那時的馬援才開始讀書，看到資優生朱勃，自愧不如。馬況察覺到馬援的心情，親自斟酒安慰他說：「朱勃是小器，早成，聰明才智僅此而已，他最終將從學於你，不要怕他！」

也許馬況真有識人之明，朱勃不到二十歲就被試用渭城宰，開啟了自己的仕途生涯，而此時的馬援還在北地郡過著流亡生活。

此後，兩人的命運開始走向兩個截然不同的方向。在後來長達數十年的歲月裡，昔日的資優生朱勃一直在縣令的位置上摸爬滾打，兢兢業業，在雲陽令上一做就是四十年；自愧弗如朱勃的馬援卻混得風生水起，拜將封侯，威震海內。

對於朱勃而言，無論馬援是顯貴還是落難，他都是自己的朋友。為了故舊知交，這位白髮蒼蒼的老人毅然上書，其心之誠，其意之切，值得後人欽仰！

看完朱勃的上書後，劉秀怒氣稍解，最終恩准馬家人將馬援的靈柩運回扶風老家安葬，沒有繼續追查，當然也沒有為馬援平反。

故事講到這裡，想必大夥兒一定有一個疑問：「為什麼劉秀偏偏要跟伏波將軍馬援過不去？」

馬援和劉秀兩人的性格迥然不同，劉秀低調謹慎，馬援則鋒芒畢露。和其他從南陽就追隨劉秀的功臣相比，馬援屬於半路入夥，所以劉秀永遠無法像信任鄧禹一樣無條件信任馬援。更何況，馬援出身涼州豪族，這是劉秀最為忌憚的。

此外，馬援的人際關係一直挺差勁，他的高調張揚和好為人師幾乎得

## 第三章　邊地烽煙

罪了整個功臣集團，就連他的副將耿舒也對他心懷怨恨。如果說在之前的一系列戰事中，馬援屢次獲勝還能讓大夥兒閉口不言，那麼這一次，由於他的輕敵冒進，導致大軍在武陵遭遇慘敗，大夥兒總算有了藉口，於是集中火力向他開炮。

面對洶洶群意，那車從交趾拉來的東西是薏苡種子還是明珠已經不重要，劉秀也只能順著大夥兒的意思，徹底打倒搞臭馬援。

馬援死後，馬家失勢，地位一落千丈，屢為京師權貴所輕侮，小女兒本已許配竇家，此時也被迫退婚，只能進宮去碰碰運氣。

一代名將最終淪落至此，豈不悲哉！

多年以後，漢明帝劉莊為紀念追隨老爸打天下的功臣，在洛陽南宮雲台畫上二十八位將領的畫像，這就是歷史上鼎鼎有名的「雲台二十八將」。奇怪的是，這二十八將中連馬援的副將劉隆、馬武之輩都赫然在列，卻偏偏沒有馬援的名字。

這下連皇弟東平王劉蒼都看不下去了，他問皇帝劉莊：「伏波將軍功勞甚大，何故不畫影像？」

劉莊當然明白其中黑白顛倒的原委，但是為了維護父親，只能笑而不答。直到漢章帝劉炟繼位，馬援的冤情才得以平反昭雪，不過這已經是他死後二十九年的事情了。

馬援為帝國征戰了一生，即使在花甲之年也未曾稍減豪情，最後病死沙場，用自己的一生詮釋了什麼是「馬革裹屍」。明代謝詔有詩云：

天遣英雄佐國優，君王薄義信讒謀。
十年苦戰功勞沒，一旦翻嘟薏苡仇。
青史漫勞書將略，重泉不復見宸遊。
詩成忍向荒墳弔，月色寒波總是愁。

再說南方武陵郡的戰事，馬援死後，武陵蠻人首領相單程等人飢餓窮困，請求投降，南蠻由此平定。

## 棄絕西域

南方平定，再來看看北方勁敵匈奴的情況。

匈奴作為百蠻大國，東西萬里，與兩漢爭鬥貫穿著兩漢歷史全過程。雙方恩怨日久，你來我往，衝突持續時間之長，歷史少有。

西漢開國初年，新生的王朝承秦末的戰爭虛耗，國力不足，根本不是匈奴人的對手。劉邦御駕親征，卻被困在白登山七天七夜，顏面大失，只能採取守勢，屈辱和親，這種狀況持續了六十年。

漢武帝時，一改保守的國策，對匈奴轉為全面進攻，經二十餘年的戰爭，重創匈奴。可問題在於，匈奴不是一兩場戰爭就能消滅的，更何況衛、霍去世後，漢武帝用錯了將領，與匈奴的戰爭屢戰屢敗，喪師十數萬，差點將衛、霍早年的勝利全輸回去。

直到晚年，漢武帝才幡然悔悟，下輪臺詔，與民休養生息，暫停對外戰爭。而漢朝在西域的駐軍也通通被撤回，放棄經營西域，給了匈奴人重返那裡的機會。

昭、宣時代，帝國繼續對匈奴用兵，匈奴內部出現分裂，五單于並立。內憂外患之際，呼韓邪單于率部歸降，匈奴分裂為「北匈奴」與「南匈奴」。

帝國並未給北匈奴機會，很快就在輪臺、烏壘一帶設定了西域都護府，都護南北兩道，統諸邦軍馬，派軍隊屯田駐守，保持強大的軍事力量，直至

## 第三章　邊地烽煙

漢帝國滅亡。

王莽新朝時，中原再次陷入大亂，繼劉玄稱帝後，王郎、公孫述、劉秀、劉盆子等人先後稱帝，一時間國家四分五裂。匈奴人也想渾水摸魚，撈取資本，於是立了一個漢人皇帝，名叫盧芳。

盧芳，安定郡三水縣人，此人頗有政治野心。王莽末年天下大亂，群雄紛爭，盧芳見天下人心思漢，便編造了一個自己原是漢武帝曾孫劉文伯的傳奇故事。

據他說，當年漢匈和親，漢武帝曾迎娶匈奴谷蠡渾邪王的姐姐為皇后，生了三個兒子。後來遭遇「江充之亂」，長子被誅，皇后連坐而死；次子叫次卿，逃到長陵；三子叫回卿，逃往三水縣境內的匈奴屬國。大將軍霍光平定內亂後，打算把劉回卿接回長安，劉回卿拒絕，在左谷定居，生了個兒子叫孫卿，孫卿又生了個兒子叫文伯，而自己正是劉文伯。

這個離奇的故事經過盧芳多年的包裝宣傳，在北地、安定等郡和北方各少數民族間廣為流傳，邊民和匈奴部落無不信以為真。

王莽末年，赤眉、綠林紛紛起義，野心勃勃的盧芳打著「皇族」和恢復漢室的旗號，趁機揭竿而起，號召三水地區的屬國羌人、胡人一起舉兵討伐王莽。

後來劉玄入主長安，徵召盧芳做騎都尉，讓其鎮守安定郡以西地區。劉玄敗亡後，三水地區的豪傑擁立盧芳為上將軍、西平王，為了鞏固自己的勢力，盧芳與西羌、匈奴和親。

單于一思索：「這是個機會啊！」於是對身邊人說道：「匈奴本來與漢朝互約為兄弟，後來匈奴衰落，呼韓邪單于歸附漢朝，漢朝因此派兵予以保護，匈奴則世世代代向漢朝稱臣。如今王莽被滅，劉氏有復興的跡象，如果能像當年漢宣帝扶立呼韓邪那樣，扶立盧芳，讓漢朝給我稱臣，那就爽了！」

打定主意後，單于命句林王率領數千騎兵迎接盧芳到匈奴，立他為大漢皇帝，任盧芳的弟弟盧程為中郎將，讓他們帶著匈奴騎兵駐紮在安定郡。

既然是大漢皇帝，光有匈奴支持顯然不夠，還得有漢人承認，單于就開始為盧芳奠定群眾基礎。

當時，五原人李興、隨昱，朔方人田颯，代郡人石鮪、閔堪同時起兵，自稱將軍。建武四年（西元28年），單于派遣無樓且渠王進入五原塞，與李興等結親通好，打算把盧芳送回中原當皇帝。

在匈奴人的幫助下，李興與閔堪等人從匈奴迎回盧芳，盧芳稱帝，定都九原，攻占五原、朔方、雲中、定襄、雁門五郡，設郡守、縣令，和匈奴軍隊一起侵擾、掠奪北方邊境地區。

幾年後，盧芳政權出現內訌，先是賈覽擊殺代郡太守劉興，後盧芳又以其他理由誅殺了五原太守李興兄弟。

這件事引起了北方軍閥們的強烈不滿，最終導致眾叛親離，朔方軍閥田颯、雲中軍閥喬扈一怒之下叛離了盧芳，率部歸降劉秀。

在搞定了其他各路軍閥後，劉秀開始將目光對準了盧芳。建武九年（西元33年），大司馬吳漢率四位將軍，共計五萬人，開始對盧芳發起強大的攻勢。

盧芳派賈覽、閔堪在高柳一帶防禦漢軍，匈奴單于也調集大批騎兵南下參戰。經過一番血戰，漢軍抵擋不住，不得不撤退。

吳漢脾氣火暴，豈能輕易嚥下這口氣。建武十年（西元34年）正月，吳漢再次率領六萬大軍，第二次征討盧芳。匈奴人派遣數千騎兵南下參戰，會合盧芳部將賈覽，共同抵擋吳漢大軍。雙方在平城展開一場大戰，漢軍最終擊潰匈奴人，實現了逆襲。

此後，吳漢被調往西南戰場，劉秀派驃騎大將軍杜茂屯駐北方要塞，

## 第三章　邊地烽煙

重新修建碉堡與烽火臺，抵禦匈奴與烏桓的入侵。杜茂與匈奴、烏桓打了大大小小數百仗，卻一直無法取得決定性勝利。

建武十三年（西元37年），盧芳仗著匈奴人的支持，想要武力奪回雲中郡。不料，盧芳手下大將隨昱計劃脅迫盧芳投降東漢。盧芳得知消息後大驚失色，倉皇帶了十幾名親信出逃匈奴。隨昱得到了盧芳的全部人馬，親自趕赴洛陽投降，劉秀任命隨昱為五原太守，封鐫胡侯。

幾年後，逃到匈奴的盧芳又返回內地，與閔堪之兄閔林遣使請求歸降。劉秀封盧芳為代王，閔堪為代相，閔林為代太傅，賜繒兩萬匹，令他們鎮守邊疆。

盧芳上書謝恩：「臣芳託為先帝遺體，被棄在邊陲，大漢朝毀在王莽手裡，這是劉氏子孫的憂慮，應當奮起共誅國賊，所以我西連羌戎，北懷匈奴。單于不忘舊德（指宣帝、元帝對匈奴的支持），權且立我為皇帝並加以救助。當時兵戈四起，到處都是草頭王，並不是我貪婪覬覦大位。我心中渴盼宗廟復興，社稷重建，十多年來僭越稱帝，真是罪該萬死！

陛下聖德高明，統率群賢，海內歸服，恩惠及於遠方，又以肺附之故（肺附即肺腑，指親戚），赦免我的罪過，加以仁恩，還封我為代王，令我守衛北疆。我一定傾我全力，處理好與匈奴的關係，守衛北疆，不負聖恩。謹奉獻天子玉璽，希望有機會能到闕庭朝拜。」

劉秀下詔，讓盧芳次年正月來朝見。

當時從北疆到中原交通不便，盧芳在冬天冒著風雪南行至昌平縣時，劉秀突然改變主意，詔令他明年再來。

盧芳因此疑慮重重，害怕劉秀秋後算帳，索性再度反叛，由數百匈奴騎兵護送出塞。盧芳滯留在匈奴十多年，最終病死。

盧芳這張牌雖然廢了，但是匈奴人並未停下進攻的腳步，頻頻入侵北

方州郡。大漢軍民傷亡極重，邊疆百姓陷入水深火熱之中。

建武十五年（西元39年），劉秀從憐恤百姓的角度考慮，將雁門、代郡、上谷等地軍民共計六萬餘人，全部遷徙到居庸關、常山關以東，以避開匈奴人的兵鋒。

如此一來，北方邊地成了無人區，匈奴人遂越過長城，湧入塞內。

建武二十二年（西元46年），正當匈奴人磨刀霍霍，準備與漢朝大戰一場時，卻遇到了一場前所未有的黑災，草木盡枯。

草原有三災：白災、黑災、黃災。白災是大雪覆蓋草原，狂風呼嘯，暴雪肆虐，致畜群無處放牧；黑災的性質卻與之完全相反——下雪太少，其實就是發生在冬季至初春的一種旱災。

幾個月不降雨，牲畜缺水也活不下去，家家皆有牲畜倒斃，哀鴻遍野，看似強大的匈奴，在面對災荒時卻顯得無能為力。

匈奴之俗貴壯健、賤老弱，每當災害降臨，老人只能被拋棄，留在荒地裡等死，或是被狼和禿鷲吃掉。若剩下的牛羊還是不夠養活全家，女人也得做出犧牲，她們會被賣給牲畜還充裕的富人。

放眼望去，各個帳落內，人畜餓斃，屍堆如山，因無人清理，又引發了巨大的瘟疫，死者什三，畜產什五，匈奴大虛弱，諸國羈屬者皆瓦解。

烏桓與匈奴的關係本來就十分緊張，見匈奴遭了災，烏桓趁機出兵，匈奴正是衰弱之際，怎敵得過烏桓騎兵？一潰千里，匈奴向北部與西部大撤退，一時間漠南地區成為真空地帶。

此時呼都單于已經去世，新上臺的是蒲奴單于，他怕東漢會藉此機會對匈奴發動報復性攻擊，派使節出使中原，希望與漢朝和親。

滿朝文武在朝會上討論此事。「和親？那是不可能的，這輩子都不可能。不如趁他病，要他命！」

## 第三章　邊地烽煙

　　大將軍臧宮第一個站了出來，向劉秀請戰：「給我五千騎，必定可以踏平匈奴，橫掃單于庭，勝利歸來！」

　　劉秀笑道：「匈奴乃百蠻大國，不可小覷，即便是常勝將軍恐怕也不能保證一定打贏匈奴，此事須從長計議。」

　　劉秀不想再啟戰端，但是在朝中武將看來：「這可是徹底擊敗匈奴的大好機會啊，錯過這村可就沒這店了！」

　　臧宮見自己一人說服不了劉秀，於是拉上馬武寫了一封聯名信：「匈奴人貪利，沒有禮節信義，困窘時向人低頭，安定時縱兵搶掠。現在匈奴境內瘟疫流行，戰鬥力下降，他們的命運就掌握在陛下手中。機不可失，時不再來，豈能固守文德而荒廢武事？請陛下派人開赴邊疆，命高句麗、烏桓、鮮卑攻其左，發河西四郡、天水、隴西羌胡擊其右，不出幾年，匈奴必能被消滅。臣恐陛下仁恩不忍，謀臣狐疑，令萬世刻石之功不立於聖世！」

　　臧宮和馬武都是能征慣戰的大將，他們提出的「乘虛進軍」確實很有道理，以此時帝國的實力，完全有把握打贏這一仗。

　　遙想當年，漢武帝屢次調兵遣將，大將衛青、霍去病數度出塞，雖然對匈奴多有殺傷，但總是功敗垂成，最後不了了之。而現在，一旦能平滅匈奴，就能完成漢朝幾代人的心願，堪稱萬世刻石之功！

　　然而，面對這消滅匈奴的千載難逢之機會，劉秀卻出人意料地拒絕了。他下了一份詔書，其中寫道：

　　「〈黃石公記〉中說，柔能克剛，弱能勝強，柔好比德，剛好比賊，弱者仁之助也，強者怨之歸也。故有德之君以所樂樂人，無德之君以所樂樂身。樂人者其樂長，樂身者不久而亡。捨近謀遠者，勞而無功；捨遠謀近者，逸而有終。逸政多忠臣，勞政多亂人，故曰務廣地者荒，務廣德者強，有其有者安，貪人有者殘，殘滅之政，雖成必敗。

今國無善政，災變不息，百姓驚惶，人不自保，還想用兵國境之外嗎？孔子說：吾恐季孫之憂，不在顓臾。況且北狄尚強，而屯田警備傳聞之事多為失實。若真能舉天下之半以滅大寇，這也是我的心願；如果時機不成熟，不如讓百姓休息。」

作為一位常年帶兵出征的人，劉秀深知一場戰爭的成本和帶來的影響，他還是堅持順天心，悅民意，不願輕啟戰端。

建武二十四年（西元48年），匈奴爆發權力之爭，統領匈奴南方八部的右薁鞬日逐王比自立為呼韓邪單于，與蒲奴單于南北對峙。

為了獲得南邊漢帝國的支持，新上任的呼韓邪單于派遣使者主動與東漢通好，自稱藩臣，願意成為漢帝國在北方的屏障。

這件事完全出乎東漢君臣意料。劉秀特意召集文武百官，專門研究南匈奴之事。

底下人議論紛紛，都認為天下剛剛安定，中原空虛，夷狄情況真假難知，不能接受南匈奴的請求。

眼見眾人都不支持，劉秀也有些猶豫了。

就在此時，中郎將耿國站了出來：「我認為應當按漢宣帝時的舊例答應他們，令東扞鮮卑，北拒匈奴，帶領四夷保衛邊郡，使塞下無晏開之警，此乃萬世安寧之策。」

這裡要介紹一下耿國，他是「雲台二十八將」之一耿弇的弟弟，受家庭影響，耿國也對行軍打仗頗有心得，經常和劉秀談論邊疆軍事。

劉秀當即採納了耿國的建議，接受了南匈奴稱臣的請求，派使臣冊封呼韓邪單于為南單于。從此之後，匈奴再度分裂為南、北兩部分。

漢朝正式冊封南單于後，呼韓邪單于為了表示誠意，主動進擊北匈奴，並派自己的兒子到洛陽當人質。北匈奴大敗，向北遷移一千餘里。烏

## 第三章　邊地烽煙

桓一看形勢不對，也主動向漢朝稱臣。

再來看西域。

自從天鳳三年（西元16年），王莽遣五威將軍王駿、西域都護李崇討焉耆失利之後，西域實際上就已經脫離了漢朝的掌控。此後趁著中原內亂之際，匈奴人捲土重來，重新奪回了對西域的控制權。

西域西部有個地方叫莎車國，位於南北兩道要衝，屬於四方通衢之地。莎車王延當過漢朝的留學生，不肯歸附匈奴，率領鄰近各國反抗。他經常告誡兒子：「我們應該世世代代歸附漢朝，不可違背。」

天鳳五年（西元18年），莎車王延去世，其子康繼位，繼續聯合周邊小國抵抗匈奴。

為了名正言順，建武五年（西元29年），在莎車王康的請求下，河西大將軍竇融以朝廷名義封其為西域大都尉。康死後，其弟賢繼承王位，因為得位不正，建武十四年（西元38年），莎車王賢派使者到洛陽進貢，打算申請個名號。

使者表示，西域各國忍受不了匈奴的壓迫，都願意歸附漢朝，希望朝廷重新在西域設都護。

劉秀卻不願意再起戰事，沒有答應。

建武十七年（西元41年），莎車王賢又派使者前來進貢，再次請求設西域都護。在時任大司空竇融的支持下，劉秀賜莎車王賢西域都護印綬。卻不料，使者返回至敦煌時，有人提出了不同意見，敦煌太守裴遵向朝廷提議說，朝廷不應該將大權交給夷狄。

劉秀於是詔令收回莎車王賢的西域都護印信、綬帶，改為頒賜漢大將軍印信、綬帶。莎車使者不肯，裴遵強行奪回。

使者回國報告，莎車王由此對東漢朝廷心生怨恨，可他仍然假冒漢朝

西域都護的名義，向西域各國頒發照會，獨斷專行，先後殺害了蔥嶺一帶的西夜國王、子合國王，掃蕩蔥嶺以西的大宛國、媯塞國、驪歸國。

莎車王的行徑引發了西域各國的強烈不滿。

建武二十一年（西元45年），車師、鄯善、焉耆等十八個小國偷偷派王子入侍漢廷，他們哭著對劉秀說：「莎車王賢的賦稅太重，誰不按時交就打誰，大夥兒的日子過得都很艱難，懇求漢朝另派一個西域都護。」

劉秀再次拒絕，還把各國送來的人質全部遣返。

西域諸國使者走到敦煌後，想出了一個緩兵之計，呈送公文給敦煌太守裴遵：

「希望您留下我們的人質，然後告訴莎車，漢朝的都護不久就會西出邊關，命令莎車暫停軍事行動。」

裴遵請示朝廷，劉秀批准。

可實際上，劉秀並沒有向西域派都護的意思，所以西域諸國派到漢朝充當人質的王子在敦煌滯留了一年，也沒等到新都護。

有的王子因為盤纏耗盡，無以為生，只得逃回國去。莎車王賢由此確定漢朝不會派都護來，於是放開膽子攻鄯善國，殺龜茲王。

鄯善王安迫不得已，再次上書漢廷：「懇請陛下允許我再次派世子入朝，派遣西域都護。如果陛下不答應，我們只有投降匈奴了。」

話都說到這份上了，劉秀還是不答應。他說：「你們的心情我很理解，但是朝廷現在也很困難，實在是愛莫能助。我這裡實在派不出使者和軍隊，如果你們力不從心，東西南北，何去何從，自己選擇吧！」

這話徹底寒了西域諸國的心。

這些從萬里之外風塵僕僕來到漢朝的使團不得不正視一個事實：眼前的漢朝已經不是昔日那個兵強馬壯、威服四夷的大漢了！

## 第三章　邊地烽煙

兩百年前，冒頓單于派遣右賢王和烏孫獵驕靡西征，夷滅月氏，定樓蘭、烏孫、呼揭及其旁二十六國，大軍所向披靡，逼得西域各國不得不歸降匈奴。

自那以後，西域便猶如匈奴之妾，任匈奴予取予求，單于使者持令諷喻諸國，諸王莫不匍匐相迎。

而如今，隨著漢朝放棄西域，西域各國也將迎來匈奴的報復。

儘管既不甘心也不情願，迫於壓力，西域諸國不得不再次歸附匈奴，忍受匈奴的剝削、壓迫、欺凌。

至此，漢帝國延續了近百年的經營西域的事業功虧一簣，漢朝在西域的影響力也大幅度倒退。

為什麼劉秀寧願放棄西域，也不願意與匈奴開戰？

仔細分析劉秀的過往經歷和表態，我們不難看出，劉秀其實一直有深深的厭戰情緒。

自二十八歲起兵到四十三歲一統天下，十五載的戎馬倥傯、鞍馬勞頓，使劉秀滋生了厭戰心緒。這種厭戰心緒在天下初定時迅速轉化為偃武的決策。

晚年的劉秀，愛惜民力和財力，反戰厭戰，一心只想修孝文明政，示以儉約寬和，大臣和他談論軍事的，多觸霉頭。為此，他專門下了一道詔令：「邊關將士以守為主，不宜出擊敵人，追虜料敵，不拘以逗留法。」

皇太子劉強（又稱劉彊）對父親行軍打仗的經歷很有興趣，跟很多青少年一樣，把父親當成自己的偶像崇拜。有一天，他向父親請教攻戰之事。

劉秀大為生氣，斥責道：「往昔衛靈公向孔子請教征戰之事，孔子不答，這不是你要考慮的！」

# 棄絕西域

《漢書》的作者班固盛讚劉秀放棄西域之舉，說西域與漢隔絕，道路遙遠，得之不為益，棄之不為損。盛德在我，無取於彼。故自建武以來，西域各國思念漢朝威德，都願意內屬，數次送人質來漢，願請都護。聖上遠覽古今，因時之宜，辭而未許，不同意派西域都護，亦遣回各國人質。雖然大禹劃定西戎之區域，周公不收越裳氏之白雉，漢文帝不收千里馬，都是古聖賢之美事，但是光武帝之所為都兼有此義，沒有比這更高明的了。

班固為劉秀的做法大加讚賞，但是在我看來，此舉卻是劉秀的極大失策！

西域有多重要？

從武帝晚年開始，幾次遠征漠北討不到好後，漢、匈間的對抗從直接交鋒轉變為對西域的爭奪。只有將西域牢牢攥在掌心裡，才能將「斷匈奴右臂」的策略貫徹到底！

在很多人眼裡，對外擴張征伐確實讓人熱血沸騰，但是問題在於，西域距離大漢太過遙遠，對大漢也談不上貢獻。以當時的生產力和交通條件，雖能兼之，卻不能凝之。要想維持對西域的控制，大漢錢糧人丁的損耗必定不在小數，這是個需要不斷填入人力物力的大窟窿。

可問題在於，作為一個國家，卻不能短視到拋棄所有暫時不能創造利潤的地區！

西域是貧瘠廣袤不假，也距離中原遙遠，但是它卻有一點大漢其餘郡國都沒有的利好，那便是通外國。如果搞定匈奴，打通西域南北兩道，西域絕不會帶給大漢負擔，這條通往外國的絲綢之路若是經營好了，會源源不斷地帶來好處！

從這一點來看，劉秀的策略眼光確實遠不如漢武帝。

# 第三章　邊地烽煙

# 第四章
## 光耀雲台

## 第四章 光耀雲台

# 東宮易主

建武十七年（西元41年）十月，劉秀發布了一份詔書，廢黜郭皇后，立陰麗華為皇后。詔曰：

「郭皇后心懷怨懟，多次違反教令，不能關懷教育其他皇子、教誨引領側室。她在宮闈之內就像凶殘的鷹鸇，不但沒有〈關雎〉中提倡的賢淑之德，反而有呂后、霍后之風，豈可託付幼孤、奉祀祖先？現派大司徒戴涉、宗正劉吉持符節，收其皇后璽綬。陰貴人，鄉里良家女，在我微賤時就跟了我，自我不見，於今三年。陰貴人宜奉祀宗廟，可為天下母。有司要認真研究前代的典章制度，及時獻皇后尊號。」

當年在長安求學時，劉秀就發過一個宏願：仕宦當做執金吾，娶妻當娶陰麗華。在他最艱難的時候，陰麗華來到他身邊，給了他一個完整的家。

為了獲得真定王劉楊的支持，劉秀違心迎娶了劉楊的外甥女郭聖通。毫無疑問，這是一場政治婚姻，但是劉秀沒有其他選擇。

此後一年，劉秀憑藉這十萬精兵南征北戰，最終在河北立住了腳，正式登基稱帝，並且將陰麗華從新野老家接了回來。

接下來就面臨一個問題：誰來當皇后？

陰麗華是劉秀的夢中情人，也是他的髮妻；郭聖通則陪伴他南征北戰，還為他生下了一個孩子。要說他與郭聖通沒感情，那也說不過去。

如何抉擇？

劉秀很矛盾：按理，郭聖通對他的事業和家庭幫助很大，且母以子為貴，理當為中宮；但是按情，陰麗華是劉秀的初戀與原配，且在老家苦等了劉秀三年，這份情意不能被辜負。

劉秀糾結了一番，打算立陰麗華為皇后，但是陰麗華認為郭聖通已經有兒子，始終不肯接受這個封號。

無奈之下，劉秀只得立郭聖通為皇后，冊封她的兒子劉彊為皇太子，陰麗華為貴人。

此後十七年間，郭聖通陸續為劉秀生了五個兒子、一個女兒，可劉秀依然對陰麗華有很深的愧疚感，感情上更偏向於陰麗華。每次外出平亂，劉秀總會把陰麗華帶在身邊。

建武四年（西元 28 年），劉秀征彭寵，陰麗華相隨，後來在元氏縣生下了長子劉陽（後改名劉莊）。

據說，劉陽相貌不凡，跟古代賢君堯相似，可見劉秀對劉陽的期待很高，這也暗示了郭聖通的命運。而且，陰麗華在生下劉陽後，恩寵日盛，又相繼生育了四子：東平憲王蒼、廣陵思王荊、臨淮懷公衡、琅琊孝王京。

如此一來，郭聖通誕育皇嗣的優勢稍弱。

此外，郭聖通雖然貴為皇后，但是郭氏外戚的封賞遠不及陰氏外戚。當然，這也是因為陰氏外戚一個個都是本分人，做事謹小慎微，讓劉秀頗為放心。

陰識，陰麗華的異母兄，初封為騎都尉、陰鄉侯，之後以軍功增封。陰識推辭不就，叩頭謙讓說：「天下剛剛平定，各位將軍有許多人都立下功勞，臣依託陰貴人的親戚關係，現在又被增加封邑，如何為天下作表率？」

劉秀頗為讚賞，仍封陰識為關都尉，鎮守函谷關。

陰興，陰麗華同母弟，齊力過人。建武二年（西元 26 年），陰興任黃門侍郎、期門僕射，率領騎兵隨劉秀征伐四方，平定了許多郡國。陰興每

## 第四章　光耀雲台

次隨從劉秀出入，常常親自持傘蓋，為劉秀遮蔽風雨。只要劉秀新到一地，陰興必定先行清理乾淨，頗受劉秀的信賴。

建武九年（西元33年），陰興改任侍中，賜爵關內侯。劉秀召請陰興，準備繼續封賞他，把關內侯的印綬都擺出來了，陰興卻堅決不接受，說：「臣沒有衝鋒陷陣的功勞，但是宗族的不少人都蒙恩受封，讓天下人傾慕嚮往，這實在是過於滿溢了。臣蒙陛下及貴人（陰麗華）的恩寵，富貴已經到頭，不能再增加了，懇請陛下不要再加封。」

劉秀讚賞他的謙讓，只得遂了他的意。

陰麗華後來問他為何不受侯爵之位，陰興道：「您沒有讀過書嗎？亢龍有悔，越是在高位越易遭災難，這外戚之家苦於自己不知進退，嫁女就要配侯王，娶婦就盼著得公主，如此貪心不足，豈是長久之道？臣心下實在不安。富貴有極，人當知足啊！誇奢耀侈之家，縱然不顧後福，眼下豈不懼天下洶洶公議？」

陰麗華對這番話深有感觸，在宮中安分守己，再不為宗族親友求爵位。劉秀得知後，對陰麗華以及陰家好感倍增。

反觀郭氏外戚，郭聖通的弟弟郭況最初為黃門侍郎，郭氏被封皇后，郭況被封綿蠻侯，並無任何實權。

兩相對比，郭氏與陰氏的地位孰輕孰重，一目了然。

曾有人說，一個男人在得到自己的愛情前，內心會永遠處於不安分的折騰狀態。劉秀雖然娶了陰麗華，可是後宮的安排卻非他本心所願，他心心念念想把陰麗華扶上皇后的位子。

建武九年（西元33年），陰麗華娘家被強盜洗劫，母親和弟弟被強盜殺害。

為了安慰悲痛萬分的陰麗華，劉秀特意頒發詔令：

「朕當年貧賤時娶了陰麗華，因統兵征伐，各自別離，幸得安全，脫離虎口。陰貴人有母儀之美，應立為后，但是她堅決推辭，只躋身於媵妾之列。朕欽佩她的謙讓之義，曾許諾分封她的弟兄們，但是還沒有來得及授爵封土，就遭患逢禍，母子同命，令我十分悲痛。詩經〈小雅〉曰：將恐將懼，唯予與汝。將安將樂，汝轉棄予。風人之戒，可不慎乎？」

之後，劉秀追封了陰麗華的父親和弟弟。

這裡要解釋一下《詩經》中的這句話。從劉秀的角度講，意思是：「想當初，我性命危在旦夕，唯有陰麗華不離不棄，陪在我身邊，如今我打下了江山，怎麼能忘了陰麗華呢？」

劉秀用詔書直白地告訴世人，陰麗華才是他心目中皇后的唯一人選，他為她所做的一切都是她應得的，但是這一紙詔書卻讓郭皇后如坐針氈。「如果陰麗華是你心目中的皇后，那我算什麼？備胎嗎？」

劉秀對陰麗華各種偏袒維護，使得郭聖通醋意大發，此後和劉秀的關係日益僵化。

建武十三年（西元37年），劉秀抱著年僅十歲的劉陽，摸著他的頭，稱他為「吳季子」，更讓人產生無限遐想。

建武十七年（西元41年）十月，劉秀終於下定決心廢后，立陰麗華為皇后。

但是，廢后不是皇帝說廢就能廢的，得有個理由，比如犯了大罪，巫蠱或謀反等。劉秀在明面上給出的理由是郭聖通怨氣太大，無關雎之德，卻有呂、霍之風，不可託以幼孤。

但是，這種理由豈能服眾？

郭聖通的呂、霍之風見於何處？查無實據；即便她已成為一名怨婦，那也是拜劉秀所賜。

## 第四章　光耀雲台

大概劉秀也覺得這理由有些牽強，隨即下令，這次廢立皇后不想大張旗鼓地宣揚，只想悄悄辦了這件事。

消息一出，朝野上下寂寥無聲。

有反應的就兩個人：一個是當時的太子太傅張湛，一個是時任太子侍講的郅惲。

兩個人的反應也各有不同：張湛直接稱病退朝，甚至不惜以尿失禁來逃避做官；郅惲則主動求見劉秀，希望他能保全郭皇后：「我聽說夫妻之間的事情，兒子不能干涉父母，臣下更不能干涉皇上。有些話我是不該說的，但還是請陛下能夠恰當處理此事，以免被天下人議論。」

這一席話說得滴水不漏。

劉秀對郭聖通還是有感情的，雖然這是樁政治婚姻，但是郭聖通陪伴劉秀那麼多年，為他育有五子一女，這種夫妻感情豈能一朝抹殺？

也許是劉秀對郭聖通有愧疚，郭聖通被廢後，劉秀封她的次子劉輔為中山王，還給了她一個中山王太后的身分，對其娘家諸人也封了侯，賞了一大筆錢。

但是不管再怎麼彌補，在天下人看來，皇后、太子無罪被廢，劉秀這件事做得太絕情了。後世學者如袁宏、司馬光等紛紛對此吐槽，認為這是劉秀一生最大的汙點。清人蔡東潘評價此事道：「光武帝能容功臣，獨不能容一妻子，廢后之舉，全出私意，史家多譏其不情。」

郭皇后被廢，太子劉強坐不住了，整日戰戰兢兢，如臨深淵，如履薄冰。他雖然比不上劉陽聰明，但是也沒有蠢到對自己的處境一無所知的地步。

母憑子貴，子憑母貴，母親郭聖通既然被廢，他的太子之位被撤也是遲早的事。要是自己不主動請辭，等到劉秀主動提起此事，到時候就尷尬

了。更主要的是，太子的位置，父親早就物色好人選了，那就是陰麗華的兒子劉陽。

郅惲做了多年太子的老師，自然懂得劉強的心思，他提了個建議給劉強：「主動辭掉太子之位，回家專心奉養母親。」

劉強思慮良久，仰天長嘆：「何苦生在帝王家啊！」

他多次託老爸左右親信和能說得上話的宗室、諸侯表達誠意，希望能夠辭去太子，退居藩國。

太子主動請辭，為劉秀出了一個大難題，他沒辦法直接廢掉太子，因為太子沒有過錯，貿然廢立太子，別人會怎麼想？

為此，一向愛惜羽毛的劉秀開始了在王公大臣面前的「表演秀」：劉強幾次上疏請辭太子之位，劉秀一再打回去，如此來回拉鋸，磨了差不多兩年時間。到最後，劉秀覺得火候差不多了，大筆一揮，批了「同意」兩個字。

建武十九年（西元43年）六月，劉秀正式下詔：

「《春秋》大義，選立繼承人，以身分高貴為標準。東海王劉陽是皇后之子，理當繼承皇位；皇太子劉強，堅決謙讓，願退居藩國，出於父子之情，我不願違背他的願望。今封劉強為東海王，立劉陽為皇太子，改名劉莊。」

這個劉陽可不簡單，他是陰麗華的長子，從小就聰明無比。這裡我舉幾個劉陽的例子：

「度田」運動中，劉陽對那張「潁川、弘農可問，河南、南陽不可問」紙條的解釋讓劉秀對他刮目相看，大為讚賞。

建武十九年（西元43年），河南原武縣的單臣、傅鎮自稱將軍，煽動民眾聚眾造反。劉秀派太中大夫臧宮帶大軍征剿，但是由於原武城堅固，士兵死傷很多，遲遲攻打不下。

## 第四章　光耀雲台

　　劉秀組織召開軍事會議商討對策，大夥兒都提議提高賞格，唯獨東海王劉陽卻另有建議。他說：「這群人都是被巫師所脅迫的，肯定不能長久。這中間肯定有許多人心裡後悔，想逃出來，只是因為外面包圍得太緊，沒有辦法脫身，這才拚命死守。不如我們稍稍放鬆攻勢，製造逃跑的機會給他們，賊眾一散，那些帶頭的就孤立了，到時候哪裡用得著臧宮將軍出馬，派個亭長就解決了。」

　　劉秀認為此計可行，讓臧宮撤圍。

　　果然，造反的流民一看外圍出現了缺口，紛紛逃亡，原武不日平定。

　　建武二十八年（西元52年），北匈奴派使者來到武威郡，想透過武威太守上疏劉秀，與漢朝和親。

　　自西漢立國以來，和親一直是朝廷的一項基本國策。劉秀重建漢朝後，由於國力不足，在對外戰爭中一直處於被動防禦狀態。此時的匈奴也早已分為南、北兩部，南匈奴主動攀附，跟朝廷正處於蜜月期；北匈奴看到東漢和南匈奴和親，也想跟漢朝搞好關係，主動要求和親。

　　劉秀召集公卿在朝堂商議，準備答應與北匈奴和親，不少人紛紛舉手贊成，而已成為太子的劉莊卻持不同意見。他說：「北匈奴之所以想跟我們和親，是因為看見南匈奴與我們和親了，他們擔心我們會出兵協助南匈奴攻擊他們。實際上，我們既不能為南匈奴出兵，也不能與北匈奴走近。一旦和北匈奴做了親戚，南匈奴就會生出二心，而聲稱投降的北匈奴也不會再來了。」

　　一語驚醒夢中人。

　　劉秀嚇出了一身冷汗，打消了與北匈奴和親的念頭，告知武威太守不要接待北匈奴使者，專心和南匈奴搞好關係。

　　這就奠定了東漢政府對匈奴聯南打北的基本國策。

凡此種種，都表現出了劉莊過人的才華。

劉莊順理成章當了太子，主動退出競爭的劉強此後表現得越發謹慎小心。建武十九年（西元43年），劉強被封為東海王後，一直待在洛陽，直到建武二十八年（西元52年），劉強才被允許回到封地。

脫離了父親的掌控後，沒有了朝堂上的爾虞我詐，劉強總算過上了安心日子，真正做了一個閒散王爺。

由於劉強在太子廢立一事上很有眼色，主動退位讓賢，劉秀對他也頗為優待，將東海郡和魯郡劃給了他，合二十九縣。不僅如此，劉秀還給予了他很高的禮遇，賜虎賁旄頭，宮殿設鍾虡之縣（懸），擬於乘輿。

回到封地的劉強發現西漢魯恭王營建的靈光殿尚存，也不新建王宮了，乾脆就住在裡面，上疏請求歸還東海郡。

這次還是老方法，劉強幾次上書歸還東海郡，劉秀全部打了回去，還在朝堂之上將劉強的奏書遍示群臣。

正是因為這份恭敬、謙讓，劉秀對他十分放心。劉秀封禪泰山時，特意召劉強入朝隨行，第二年開春，劉秀去世後，劉強又自覺返回了封國。

# 泰山封禪

在妥善解決帝國繼承人的問題後，劉秀一生的大事已經完成。作為一位皇帝，如果說還有什麼未了的心願，那就只剩一件事：封禪。

所謂「封禪」，其實應該分開來講，叫做封泰山、禪梁父。五嶽之中，泰山為首，在泰山上築土為壇祭天，報天之功，稱為封；在泰山下的小山梁父山闢場祭地，報地之功，稱為禪。說白了就是帝王向天地報告自

## 第四章　光耀雲台

己重整乾坤的偉大功業，同時表示接受天命而治理人世。

天以高為尊，地以厚為德，古代的帝王都認為，只有去泰山拜祭天地才算獲得上天的認可，皇位才坐得心安理得。

《左傳》曰：「國之大事，在祀與戎。」對國家而言，最重要的只有兩件事：打仗和祭祀。這其實也很好理解，打仗是確保帝國安穩不被他人欺負，百姓能夠安居樂業；而祭祀則是透過祭拜祖先、天地及鬼神來提升國家凝聚力，在百姓心中建立起對君主的信仰和崇拜，為君主的統治正名。

泰山封禪昭示著君權神授，有穩固皇權、歌功頌德、名垂青史之作用，是古代帝王普遍追求的最高理想。在劉秀之前，真正如願舉行了泰山封禪大典的皇帝僅有兩位，一個是秦始皇嬴政，另一個是漢武帝劉徹。

既然泰山封禪可以享受如此萬世榮光，為什麼西漢十二位皇帝中，只有漢武帝一人成功登頂呢？

那是因為，泰山封禪是有嚴格標準的，不是隨便什麼皇帝都有資格的。

皇帝要想泰山封禪，有三個苛刻的條件：必須是賢明君主；在位期間要做到國泰民安、海清河晏；要有祥瑞出現。

這三個條件看似簡單，實際上卻很難達到，只有那些真正功勳卓越的帝王才有底氣封禪泰山，否則必將被人恥笑。為了不在史書上留下罵名，大多數皇帝都不敢輕易泰山封禪。

春秋時期，齊桓公在管仲等人的輔佐下九合諸侯，一匡天下，成為春秋五霸之一。在以盟主身分組織了葵丘會盟後，齊桓公志得意滿，野心膨脹，竟突發奇想，要去泰山封禪。

這個想法把周圍人嚇了一跳，因為泰山封禪只有周天子才有資格。在此之前，最近的一次封禪大典是周成王舉行的，此後數百年，沒有一個周天子敢封禪，因為功業不夠。齊桓公身為諸侯，卻想僭越禮教而行封禪，

# 泰山封禪

此乃大逆不道之舉，會被天下人罵為僭越，遭萬世唾棄，齊國作為霸主的地位也會動搖。

管仲當然要阻止，他先是陳述了一番自古以來封禪的案例，然後指出只有「受命」的君主才能封禪，希望藉此打消齊桓公的念頭。

但是齊桓公認為，自己北伐山戎、西伐大夏、南伐至召陵，九合諸侯，一匡天下，功業非凡，即便與三代相比，也相差無幾，為何不能封禪？

君臣二人精誠合作了四十來年，臨到老了，管仲可不想傷了和氣，於是只好改變策略，換了一種說法：

「封禪不是那麼簡單的，古時封禪，必須用鄗上的黍米、北里的禾穀來做祭祀的貢品，江淮之間特產的三脊茅草做草墊，還需要東海送來比目魚，西海送來比翼鳥，還有很多上天降下來的祥瑞，林林總總共要出現十五種祥瑞才行。如今鳳凰、麒麟不現，農作物長得不是很好，雜草倒是噌噌地往上長，凶鳥也經常在天上盤旋，這種情況下怎麼能夠封禪呢？」

被管仲這麼一糊弄，齊桓公只好打消了封禪的念頭。

秦始皇橫掃六合，統一中原，自認為功勞蓋過了三皇五帝，開始思索在泰山舉行封禪大典。封禪雖是儒家搞出來的一套說辭，但是如何舉行封禪儀式，儒生們卻各執一詞。

儒生們號稱封禪源遠流長，古代有七十二位帝王在泰山封禪，但是封禪禮儀和流程，卻無人知曉。

沒辦法，儒生們只能從《尚書》、《周官》等書中尋找依據，結果吵了半天，還是沒有共識。

秦始皇乾脆將儒生們全都轟下山，自己決定封禪儀式的流程。結果是，專門研究禮儀的儒生，卻無一人能參與封禪典禮的設計。

到了漢武帝時代，劉徹擊敗匈奴後，覺得自己也有資格在泰山舉行封

## 第四章　光耀雲台

禪大典。而他之所以迷戀封禪，除了向天地誇耀功德之外，更想透過封禪成仙。

漢武帝迷信神仙，追求長生，身邊聚集了很多方士，這些人經常跟漢武帝提起黃帝封禪昇仙的故事。一次，一個叫公孫卿的方士為漢武帝帶來了黃帝的消息，他獻了一本《鼎書》給皇帝，漢武帝大悅，於是親自召問了公孫卿。

公孫卿為漢武帝講了一個故事：

當年黃帝在首山採銅，在荊山下面鑄造了一隻大鼎。鼎成之後，天上出現了一條龍，把鬍鬚垂到地面上。這條龍來做什麼的呢？原來是天帝看到黃帝功成名就，派他來接黃帝上天的。黃帝於是順著龍鬚爬上了龍背，跟隨黃帝一起騎上龍的還有他的大臣、後宮等七十多個人。剩下很多身分比較低的小臣也想搭這趟便車，紛紛順著龍鬚往上爬，結果龍鬚一斷，這些小臣全都掉了下來。

公孫卿又跟漢武帝說，漢代注定得有一個皇帝，能上泰山封禪、登仙。這個皇帝也早有定數：「漢之聖者，在高祖之孫且曾孫也。」

掐指一算，此人不就是漢武帝嗎？

漢武帝聽完這個故事，無限嚮往，說了這麼一句話：「如果能像黃帝一樣成仙而去，那我對人世間的富貴還有什麼牽掛？」

此刻的漢武帝再也抑制不住埋藏在心中許久的封禪願望，開始準備封禪事宜。

元封元年（西元前 110 年），漢武帝正式到泰山封禪。

他根據古代典禮作了些修正，確立了一套封禪流程。因泰山草木尚未萌芽，他令人先上山立石，自己則跑到東海旅遊，之後回到泰山，先於梁父山禪地，又在泰山之東舉行了封禮，其封臺高九尺，闊一丈二尺，下面

祕埋了禱神的玉牒書。封禮之後，漢武帝只帶了霍去病之子霍嬗上了泰山，再行封禮。第二天，漢武帝自岱陰下山，再禪泰山東北的肅然山，開創了「兩封兩禪」的先例。

此後，漢武帝似乎是封禪上了癮，在前後二十一年的時間裡，共到泰山封禪八次，大大超過了「古者天子五年一巡守，用事泰山」的古制。

遺憾的是，直到第八次封禪典禮結束，漢武帝也沒實現自己的長生夢。

這一次，輪到劉秀了。

劉秀從頭收拾舊山河，再續漢室天下，其功勳足可與秦皇漢武媲美，絕對有資格封禪泰山，向天報功，光耀後世。這不僅是皇帝的榮耀，也是臣子們的榮耀。

建武三十年（西元54年）二月，劉秀車駕東巡，視察民情。太尉趙熹、司空張純先後上奏，建議劉秀在即位三十週年之際封禪泰山。奏曰：

「自古受命而帝，治世之隆，必有封禪，以告成功。《樂動聲儀》上說：『以《雅》治人，《風》成於《頌》。』有周之盛，成康之間，郊配封禪，都有史實可見。《書》中說：『歲二月，東巡狩，至於岱宗，此示。』則封禪之義也。

臣伏見陛下受中興之命，平海內之亂，修復宗廟，撫存百姓，天下曠然，咸蒙更生，恩德雲行，惠澤雨施，黎元安寧，夷狄慕義。《詩經》云：『受天之祐，四方來賀。』今年正是寅年，倉龍甲寅，德在東宮，應趁大好時光，遵唐帝之典，繼孝武之業，封禪泰山，明中興，勒功勳，復祖統，報天神，禪梁父，祀地祇，傳祚子孫，此萬世之基也。」

劉秀雖然內心很想封禪泰山，但是表面上總得謙虛一下，當即下詔道：「朕登基三十年，百姓尚有滿腹怨氣未能消解。誠如孔子所言，吾誰欺，欺天乎？難道泰山的神靈會輕易受騙嗎？難道要讓朕去玷汙七十二代

## 第四章　光耀雲台

聖賢封禪的記載嗎？昔日齊桓公欲封禪泰山，管仲極力阻止。以後再有借封禪、賀壽等名義來歌功頌德的，一律處以髡刑（削去頭髮），責罰屯田！」

劉秀的斷然拒絕，實出張純等人意外。此後一段時間內，請求封禪的言論暫時消停了下來。

然而就在兩年後，六十二歲的劉秀還是在泰山舉行了聲勢浩大的封禪儀式。

這又是為何？難道是劉秀自信自己的功業已經可與秦皇漢武相提並論了？

其實，劉秀由拒絕封禪到舉行封禪的轉變，只因為一本書、一句話。

建武中元元年（西元56年）正月的一個夜晚，劉秀批閱奏章倦怠之際，隨手取過一本《河圖會昌符》來翻閱，卻不料這隨手一翻，竟成了封禪的誘因。

躍入眼簾的，是這樣一句話：「赤劉之九，會命岱宗。不慎克用，何益於承！誠善用之，奸偽不萌。」

意思是說，劉氏第九代皇帝將會封禪泰山，如果不封禪，不足以表明得到了漢室正統；而封禪之後，則可以確保奸偽滅跡，天下大安。

對於讖緯重度發燒友劉秀來說，大臣的話可以不聽，讖書上的話卻不得不聽。

不過孤證難立，劉秀又令虎賁中郎將梁松等人翻檢所有的讖書，尋找其他的封禪依據。這一查，居然查出多達三十六處，都提到九世封禪之事。

讖書即是天意，見天意如此，劉秀這才「不得已」著手封禪一事。

皇帝批准後，帝國臣民迅速動員起來，封禪大典進入了倒數計時：

## 泰山封禪

正月二十八日，劉秀自洛陽出發，諸王、諸侯、文武百官、郡守州牧等帝國高官悉數隨行。

二月九日，一行人抵達魯國，劉秀接見了孔子後人，賜給他們酒肉。

二月十二日，一行人抵達泰山郡的奉高縣。奉高是個小縣城，突然到來的百官、王侯及護衛完全超出了它的容納能力，皇帝和諸王被優先安頓在郡太守府上，其餘人只能逐級安頓在郊區。在這裡，劉秀正式開始齋戒，做封禪前的準備。

與此同時，各級官員也開始忙碌起來，有一個叫馬第伯的人，事後寫了一篇〈封禪儀記〉，詳細記錄了此次盛大活動的諸多細節。

二月二十二日，封禪大典正式開始。

一大早，劉秀一行燎火祭天於泰山之下，隨後登山。劉秀是皇帝，自然不用步行，早有為他準備的御輦。其他人就慘了，雖然負責接待的官員也準備了三百副車輦，但是遠遠不夠用，只能優先供給大官，低一級的官員只能靠雙腳步行了。

中午時分，劉秀率先到達山頂，換上正式禮服。山頂上有一塊相對平曠的小廣場，當年秦始皇和漢武帝封禪所立的石碑和門闕仍在，一南一北，相對無言。中間是一圓形祭臺，直徑約三丈，高九尺，東、西各有石階通往臺上。圓形祭臺上建有方形祭壇，一丈二尺。

這祭臺和祭壇是秦始皇、漢武帝封禪時就加工好了的，省去了許多麻煩。下午，待諸大臣陸續登上山頂，眾人開始舉行祭天儀式。

每次讀到這一幕，我的眼前都會浮現出一幅畫面：泰山絕頂，空曠肅穆，無限江山盡收眼底。年邁的劉秀在山巔絕頂，恭敬嚴肅，祭祀天地。

眼前是寂寥的天地，周遭是烈烈山風，在五嶽至尊泰山絕頂，劉秀「一覽眾山小」，豪情萬丈！

## 第四章　光耀雲台

問蒼茫大地，誰主沉浮？

這是獨屬於劉秀的風光時刻！

這是天子與天的對話！

在泰山之巔，劉秀要將帝國的強盛呈報給上天，就像是兒子拿著成績單，向父親彙報一樣。

在劉秀之前，天下黯淡無光、昏悖混亂，蝗災、旱災、饑荒紛至沓來，流民群盜四處掠食。在他之後，兵火散盡，四海安寧，帝國和它的子民們告別了戰爭，告別了折磨。從此之後，天下將進入光明的新階段！

這份功業，足夠向上天彙報了吧？

身著玄端冠冕的劉秀拾級登臺，群臣自覺地在祭臺前止步。尚書令捧玉牒而上，劉秀以一寸二分皇帝玉璽封之，然後撬開壇上巨石，將玉牒藏於石下，再用五寸印封石檢。

玉牒上的內容無人知曉，因為這是劉秀和老天爺的私密對話。群臣面目肅然，跟在皇帝身後，在禮官的吆喝下，朝封土一次次作揖下拜，告成於天。

事畢，劉秀向天而拜，群臣齊聲高呼「萬歲」，聲動山谷，久久迴盪。

## 好皇帝

劉秀如願以償，成為繼秦始皇、漢武帝之後第三個到泰山封禪的帝王，向天地訴說自己的功業。

至此，他的人生再無遺憾。

好皇帝

回到洛陽後，劉秀將尚健在的開國功臣請到宮中，大擺筵席，喝酒聊天。同袍們興致頗高，頻頻舉杯，開懷大笑，暢談舊事，回憶往昔的崢嶸歲月，從昆陽之戰聊到收編銅馬軍，從平定赤眉說到得隴望蜀。

酒過三巡，劉秀看著同袍們的醺醺醉態，問了一個問題：「倘若當初天下不曾大亂，諸卿身處太平盛世，自以為爵祿如何？」

鄧禹先答道：「臣自幼學習儒家經典，可以在南陽郡中當個文學博士。」

劉秀笑道：「高密侯太謙虛了，以你的志向和學問，就算做不了兩千石的太守，也可以做個六百石的掾功曹嘛。」

其餘人也都依次作答，劉秀一一評論，最後輪到了馬武。馬武性格大大咧咧，藉著酒勁答道：「我雖然不如鄧禹有學問，卻比鄧禹勇武。我可以做到兩千石的都尉，專管抓捕盜賊。」

劉秀大笑道：「你自己不做盜賊就不錯了，依我看，你最多也就是個當亭長的料。」

眾人哄堂大笑。

這是歷史上最溫情的一幕。

在經歷多年的出生入死、征戰四方後，劉秀和他的功臣們仍如最初那樣其樂融融，開懷暢飲。功臣們謹守著臣子的本分，而劉秀也對功臣們善待有加。

對此，王夫之曾讚嘆道：「劉秀不任命開國將帥為輔政大臣，而這些開國功臣也都安於現狀而不作非分之想。自古以來，開國君臣之間保持這樣善始善終的美好關係的，只有東漢做得最好。」

作為一名從基層走出來的皇帝，劉秀深知民生之艱難，如果說他對功臣集團還經常使一些權術，那麼對百姓，就純是一片赤誠了。為了撫平戰後創傷、恢復生產，劉秀上臺後實行輕徭薄賦，改為三十稅一，山林川澤

## 第四章　光耀雲台

不再徵收「假稅」，也就是出租、借貸所徵的稅。

建武十九年（西元43年）秋，劉秀南巡路過汝南郡南頓縣，設宴招待當地官員，下令免除南頓縣田租一年。

南頓百姓還不滿足，趨前叩頭說：「陛下的父親曾在這裡居住，陛下也熟悉此地，每次來都給我們很多賞賜。請陛下免南頓縣田租十年吧。」

面對得寸進尺的鄉親父老，劉秀非但沒有生氣，反而和他們討價還價：「治理天下責任重大，我經常擔心不能勝任，一天天地過還擔心出問題，怎敢預期十年之久呢？」

南頓百姓道：「陛下就是捨不得減免，何以說得這樣謙遜呢？」

劉秀大笑，將免租的期限加了一年。

劉秀以柔道待人，在歷代皇帝中，他是真正發自內心將「為人民服務」踐行到底的帝王。

《後漢書》記載，劉秀是個特別勤政的皇帝，他每天早上很早起床上朝，到天黑以後才下班。這還不算完，下班後要讀書，要批閱奏摺，要跟手下大臣討論國家大事，還要抽出時間來跟儒家學者講經論道，每天一直忙到深夜才睡覺。

太子劉莊不忍心看父親太過操勞，進諫道：「陛下雖有禹湯之明，但失黃老養性之福，願頤愛精神，頤養天年。」

劉秀擺擺手，道：「朕自樂於此，不為疲倦。」

由此還衍生了一個成語：樂此不疲。

建武十七年（西元41年），一統天下五年後，劉秀回了一次老家舂陵，修葺先人墓園舊宅，巡視田地農舍，隨後擺了一桌酒宴，賞賜鄉鄰。

宴會上，劉秀和同族宗親舉杯暢飲。趁著酒酣耳熱之際，看著他長大的伯母們聊起了他的童年趣事，其中一個說：「文叔年少時謹慎老實，與

好皇帝

人打交道也不懂殷勤應酬，只知待人坦率柔和，不承想如今竟然能當上皇帝！」

劉秀一聽，大笑道：「我治理天下，也要推行柔和之道。」

儘管邊患未平，匈奴、烏桓、鮮卑等部落還在不斷騷擾著帝國的邊境，但是在劉秀看來，那只是一些小打小鬧罷了。國家長期動亂，戰禍連年，就像一個飽受病痛折磨的病人，要想康復，只能慢慢調養，絕不能再折騰了。

春陵是他的家鄉，也是他一生事業的起點。他稱帝後，為提高春陵鄉的建制，改春陵鄉為章陵縣。他曾無數次離開，又無數次歸來，但是這次，可能是最後一次離開，而再無歸來的機會。

掀開車簾，看著身後越來越遠的故鄉，劉秀感覺像是一個相處多年的熟人，在向自己揮手道別。

別了，老友。

別了，春陵。

建武中元元年（西元56年）夏，群臣拍馬屁，競言祥瑞。有的說京師有醴泉湧出，有的說水崖上有赤草生長，地方官員也紛紛上報天降甘露。

群臣為此還聯名寫了封奏書：「地神有靈而朱草萌生，孝宣帝時每當有祥瑞出現便會改元，神爵、五鳳、甘露、黃龍列為年號，蓋以感致神祇，表彰德信，是以化致昇平，稱為中興。今天下太平，靈物迭降，陛下謙虛退讓，豈可使祥符顯慶，沒而無聞？應當讓太史撰寫彙集，以流傳後世。」

此時劉秀雖已年老，頭腦卻仍很清醒，下詔堅決不許。

十月，劉秀派司空祭祀高廟。

祭文曰：「高皇帝與群臣相約，非劉氏子孫不得為王。呂太后殘害趙

## 第四章　光耀雲台

幽王劉友、趙恭王劉恢、趙隱王劉如意，專任呂氏為王。賴天地靈應，呂祿、呂產伏法受誅，天命不墜，社稷轉危為安。呂太后不宜配享高廟，同享至尊；薄太后母德慈仁，孝文皇帝賢明治國，子孫受福，國家命脈得以延續至今，應上薄太后號為高皇后，配食地祇。遷呂太后神主牌位於塋域園寢，四時祭祀。」

《後漢書》在這裡還補了一句：「尊薄太后為高皇后，呂太后為高后。」

用一句話來概括就是，劉秀幫他的老祖宗劉邦換了老婆。

要知道，這一年已經是劉秀生命中的最後一年，為什麼他要在生命接近尾聲的時候做這樣一件事呢？劉恆、劉啟這些親兒子親孫子都不著急把自己的親媽親奶奶扶正，你一個七世孫瞎忙什麼？

我們有必要深度剖析這個事件。

劉秀的政治生涯中，後期最重要、影響最大的一件事就是廢皇后、廢太子。可以說，在此後的十幾年間，他一直在為消弭這件事所引起的惡劣影響努力著。

我們先來看一下十五年前廢郭皇后的詔書：

「皇后郭聖通滿懷怨恨，屢次違背我意，不肯善視非她所生的孩子，宮廷之中，誰看見她都像看見鷹鷙一樣。郭氏既無關雎之德，而有呂、霍之風，豈可託以幼孤，恭承明祀？現派大司徒戴涉、宗正劉吉，代朕去收繳她的皇后璽綬。貴人陰麗華是鄉間良家女子，在我微時就嫁給了我，如今已三年沒有見過面，宜奉宗廟，為天下母。」

前面說呂后不聽劉邦之言，肆意妄為，專王呂氏，殘害三位趙王，以至於國家險些滅亡；後面說郭皇后「懷執怨懟，數違教令」，不聽皇帝話，又不能善待非親生子。

仔細對比一下這兩份詔書，會發現二者的措辭和理由幾乎一模一樣！

好皇帝

一句話，她們都不配做皇后，都應當退位。

參照呂后的前車之鑑，劉秀之所以做這件事，是想再一次重申陰氏母子的正統地位，再一次強調自己的廢立標準，並且告誡郭聖通的兒子們：「不要有非分之想！」

這一年，劉莊已在太子之位上坐了十三年，按理說地位應該早已穩固，為何劉秀還不放心身後事？

那是因為，劉彊雖然主動讓賢了，但是劉莊的太子之位坐得並不安穩，諸王在背後暗潮湧動。

先來說一件事：

往前翻四年，建武二十八年（西元52年）夏，郭聖通去世。就在郭聖通的靈前，發生了一起令人驚駭的事件：一群衙役突然衝進靈堂，對參加弔唁的賓客大肆搜捕，甚至當眾動刀，死傷多人，劉秀的次子、沛王劉輔也被捕入獄。緊接著，一場大搜捕迅速展開，數千人被處死！

前皇后靈前屠殺賓客，這種事史上絕無僅有，到底是怎麼一回事？

事件的起因，跟劉鯉殺人案有關。

劉鯉是更始帝劉玄的兒子，劉秀登基後不僅沒有傷害劉玄的家人，還將他的三個兒子都封了侯。劉鯉被封為壽光侯，後來成了沛王劉輔的賓客，深得其寵幸。

劉玄當初被劉盆子的部下謝祿殺害，劉盆子的大哥——對劉玄忠心耿耿的劉恭為了替劉玄報仇，親手殺了謝祿。

雖然劉恭沒能保護好劉玄，但是他對劉玄也算做到了仁至義盡。劉鯉不知道哪根筋搭錯了，竟然將父親的死歸咎於劉盆子和劉恭。他結識了劉輔身邊的豪強，透過豪強之手殺了劉恭。

事實上，劉鯉事件不是個案，其背後是諸王大肆招攬賓客，導致犯罪

## 第四章　光耀雲台

事件屢屢發生，甚至超過了劉秀的容忍度。尤其是郭聖通的五個兒子，為了禮聘名士，往往一擲千金。大臣們此前曾多次上疏奏請劉秀遣諸王就藩，劉秀一直沒有理會。

陰麗華的弟弟陰就，曾經利用五王渴望禮聘隱士井丹的急迫心理，從北宮騙走了一千萬錢，被朝野傳為醜聞。

如果僅僅是治安問題，劉秀或許還能容忍，問題在於，諸王暗戰此後逐漸變了味。當時，有人上了一道奏疏給劉秀，引起了劉秀的警覺：

「王肅這些前朝權貴大肆招攬賓客，跟王爺們打得火熱，我擔心賓客因事生亂，出現貫高、任章之變。」

王肅是王莽的姪子王磐的兒子，東漢建立後，王磐、王肅父子倆富貴依舊，王肅跟劉秀的兒子們打得火熱。

貫高是漢初趙王張敖的國相，因為劉邦對張敖無禮，貫高在柏人縣布下埋伏，準備謀刺劉邦，虧得劉邦改變行程才躲過一劫。

任章是魏桓子的家臣，曾經獻計聯合趙韓，謀害了智伯。

這封奏疏讓劉秀不得不重新審視諸王勢力，此前他一再輕視諸王胡鬧，而如今，他終於意識到，如果再繼續放任下去，諸王之間，以及諸王與皇權之間，必然會爆發內鬥！

這封奏疏正好撩撥到了劉秀最敏感的神經，他決定，全力打壓北宮五王勢力！

這年六月，隨著廢后郭氏去世，在劉秀的指示下，上演了血濺靈堂、劉輔被捕和全國大捕殺事件。死者數千，牽連過萬，諸王辛苦延攬的勢力被一掃而空。

這次行動，劉秀將追捕對象放在郭系勢力這邊，郭聖通的四個兒子及許美人的兒子劉英，被要求全部離京就藩，而陰麗華的兒子們則全部留在

了京城。

劉秀用拉偏架的方式打擊了郭系皇子，為皇太子劉莊清除了潛在威脅，但是同時也埋下了禍根。劉秀駕崩後，十一個兒子中除了早夭的劉衡，有四人牽扯進謀反案，至於具體情形如何，先賣個關子，後面我會講到。

回到建武中元元年（西元56年）。

這一年，已是花甲之年的劉秀完成了平生最後一個夢想：興建三雍——明堂、靈臺、辟雍，以及北郊兆域。

明堂本是古代帝王宣明政教的地方，凡朝會、祭祀、慶賞、選士、養老、教學等大典，都在此舉行；辟雍原是周代為貴族子弟所設的大學，後多用於藏書；靈臺在兩漢都是觀測天象之所。所謂北郊兆域，是建於洛陽城西北郊的一個祭壇。

早年在長安讀書時，劉秀曾聽老師許子威先生說過，先王祭天郊祀之時，必建明堂、靈臺、辟雍，可惜其樣式早已失傳。

劉秀是儒生出身，恢復明堂也是他的夢想之一。

這年夏天，劉秀親自召集了天下名儒高士會商，經過一番詳細、周密的討論，終於確定了設計方案，隨後立即動工。

這年十一月，明堂、靈臺、辟雍等三座建築終於聳立在了平城門外。

做完這件事，劉秀病倒了，一連幾個月，都臥床不起。

劉秀老了，多年的戎馬生涯，留下了一身的傷病，個中滋味只有自己能體會。他時而清醒，時而昏睡。清醒的時候，他常常想起那些崢嶸歲月，是他，結束了新莽末年的混亂與無序，將土崩瓦解的帝國重新拼接起來，讓漢家宮闕重新屹立在中原大地之上！

十一年後，國內復安，民眾安居樂業，疆域盛於新莽時。

縱是劉玄、劉盆子，他們在這個位置上，真的就能比自己做得更好嗎？

## 第四章　光耀雲台

那自己還有什麼不足，還有什麼不捨呢？

劉秀再無牽掛了，迷迷糊糊睡了過去，再次醒來時，他說了一句話：「我夢到哥哥了。」

在夢中，劉秀確實看到了兄長劉縯，他身披金甲聖衣，騎著矯健龍駒，馬蹄踏著七彩祥雲，飛也似的馳騁而至，來到身邊審視自己。

彷若在老家南陽時一般，大英雄笑問羞澀緘默的劉秀：「為何總低著頭？上馬，我帶著你！」

劉秀掙扎著坐起來，伸手想要拉住大哥。

但是劉縯卻至而復去，大氅翻飛，劉秀只能跟著馬蹄印跑，而大哥的身影卻越來越遠，終於消失在一片迷霧中。

看著那模糊的身影，劉秀的淚水奪眶而出。

他年輕時的願望，不過是追隨在大哥身邊，做一個小跟班而已，那沉甸甸的天下，怎麼就砸到自己這個普通人的肩上了呢？

轉眼就到了建武中元二年（西元57年）。

遙遠的南方冰雪初融，但是帝國的大部分地方依然一片嚴寒，洛陽城中，料峭的春寒還沒有散去。

二月初五，劉秀駕崩於洛陽南宮前殿，享年六十三歲。

## 士大夫的進化

彌留之際，劉秀留下了一份遺詔：「朕無益於百姓，後事都照孝文皇帝制度，務必儉省。刺史、兩千石長吏都不要離開自己所在的城邑，不要

派官員或透過驛傳郵寄唁函弔唁。」

很快，朝中大臣為劉秀擬定了諡號：光武。

諡號是帝王、諸侯、卿大夫、大臣等死後，朝廷根據其生前事蹟及品德，給予的一個評定性稱號，是對死者的蓋棺定論。按照諡法的解釋，能紹前業曰光，克定禍亂曰武，用這兩個字概括劉秀的一生，再恰當不過了。

早在多年前，劉秀就為自己選好了長眠之地。歷代皇帝選擇陵墓葬地，皆是背山面河，以開闊通變之地形，象徵其襟懷博達，駕馭萬物之志。劉秀則不同，他的墓地選擇顯得十分隨意，選了黃河之灘。

對於皇陵的規格，劉秀也專門下達了指示：「古代帝王的隨葬之物都有陶人、瓦器、木車、茅馬等，讓後世之人不知其處。文帝識終始之義，景帝能述孝道，遭天下反覆，而霸陵儲存完好受其福，豈不美哉！現在設計的陵墓地不過兩三頃，不要山陵陂池，只要不積水即可，使陵墓在改朝換代之後，與丘隴合為一體。」

很多人說，劉秀是中興之主，是他延續了漢室的江山。如果沒有他，漢帝國早在王莽代漢自立時就已經覆亡，是他讓漢帝國再次重整旗鼓前進了兩百年，所以也有人把東漢開國稱為「光武中興」。

但是我不這麼看。

與其說劉秀是中興漢室，不如說是再造漢室。

劉秀雖然是皇族出身，但是家族到他這一代時已經沒落，離漢室已經非常遠了。西漢的國祚早在西元 8 年就已被王莽終結，此後又經歷了十七年的新莽王朝。劉秀沒有任何繼承，完全是白手起家，於新朝末年亂象中挽狂瀾於既倒，建再造漢室之奇功。

縱觀歷史，開創綿延兩百年的大一統的復辟王朝，唯有劉秀一人耳。「中興」這個詞可不是隨便就能用的，南宋也號稱中興，但是事實上只是

## 第四章　光耀雲台

在南方站穩了腳跟而已。如果非要找，我認為，中華歷史上唯一一次中興，其實是在晚清。

當時的晚清在經歷了兩次鴉片戰爭、太平天國、捻軍以及西北的大規模叛亂後，正陷入內憂外患之中，元氣大傷。關鍵時刻，以曾國藩為首的一批人站了出來，不僅拯救朝廷於水火，還讓帝國平穩執行了幾十年，這段波瀾壯闊的歷史才能配得上「中興」二字。

王夫之在《讀通鑑論》中說：「光武之得天下，較高帝而尤難矣！三代而下，取天下者，唯光武獨焉，而宋太祖其次也。自三代而下，唯光武允冠百王矣。」

很多人都喜歡比對，劉秀和劉邦，到底誰更勝一籌？

曹植曾寫過一篇評論劉邦和劉秀的文章——〈漢二祖優劣論〉，專門討論此事，我們一起來看一下：

有人向我請教：想那漢朝二帝，高祖劉邦、光武帝劉秀，都是受命撥亂的君主，如果比較當時形勢的難易程度，評論二人的優劣，誰更出色？

我答道：當初漢朝興起之時，高祖因秦的暴政而起兵，官不過一亭之長，身為亡命之徒，召集英雄，誅滅強楚，據有天下。功齊湯武，業流後嗣，誠帝王之元勳，人君之盛事也！但是同時，高祖名不繼德，行不純道，缺少完人的美稱，鮮有君子的風采。惑於美色不出秦宮，困於項羽坐而不起。在酈生的問題上失策，對韓信做得太過分，不顧太公生死，於孝道有悖，敗古今之大教，傷王道之實義。他去世之後，呂雉這個凶婦掌了權，戚夫人被她處以人彘的酷刑，趙王被囚，禍及骨肉，諸呂專權，社稷幾傾。凡此種種，難道不都是高祖缺乏深謀遠慮導致的嗎？高祖雄才大略、瀟灑倜儻，確實是當世豪傑，手下文臣武將都是古今鮮有的人才。高祖能放手任用他們，聽其言，察其行，所以能一統天下登上帝位，要不然他最終還是個鄉野匹夫。

光武帝則不一樣,他通達而多識,仁智而明恕,重慎而周密,樂施而愛人。正值《易經》所說的陽九無妄之世,他如雷霆發作,赫然舉兵,以武力來反抗暴政,興義兵以掃滅殘敵,閃電為前驅,颶風為先導。大軍未出南陽之際,王莽已斃命於洛陽,隨後破二公於昆陽,斬阜、賜於漢津。當是時也,九州鼎沸,四海波湧,稱帝者二三人,稱王者四五人,一個個鷹視狼顧,虎躍龍騰。光武帝滌蕩凶穢,剷除醜類,如順疾風縱烈火,出白日掃烏雲,東克齊地難勝之寇,降服赤眉無數俘虜。彭寵因有異心而敗亡,龐萌因叛變而受誅,隗囂因背信而斃命,公孫因離心而授首。這些都是廟勝而後動眾,計定而後行師,所以攻無不克之城,戰無逃跑之卒,是以群下歡欣,心悅誠服。

光武之用兵,計出於主心,勝決於廟堂。所以竇融聞聲而影附,馬援一見而讚嘆,股肱有濟濟之美,元首有穆穆之容。敦睦九族,有唐虞之稱;高尚純樸,有羲皇之素;謙虛納下,有吐握之勞;留心庶事,有日昃之勤。是以論功業則突出,比興隆則事蹟奇異,講德行無短處,說行為無穢跡,論力量勢力小,論輔助則臣弱。而他最終能應孟子的「五百年必有王者興」之讖文,掌握乾坤,創造不可磨滅之奇蹟,金石銘刻其業績,詩書記載其殊勳,所以我認為光武帝更優秀。

漢之二祖,都是布衣出身。高祖乏於微細,光武熟知禮法。高祖鮮有君子之風,溺尿於冠是不尊重儒生的表現。《詩》、《書》、《禮》、《樂》,是帝堯治理天下所用,高祖卻輕視;濟濟多士,是文王獲得安寧的原因,高祖卻蔑視而不用;偏愛於戚姬的妖媚,導致了呂后的暴虐。光武其將難與韓信、周勃相比,謀臣則遜於張良、陳平。

總之一句話:劉秀完勝劉邦。

諸葛亮對曹植的觀點完全贊同,但是對於文中所說的光武的將領難與韓信、周勃相比,謀臣遜於張良、陳平的觀點並不認同,專門寫了〈論光武〉一文來表達自己的看法:

# 第四章　光耀雲台

　　曹子建論光武帝，認為他麾下的武將難跟韓信、周勃相比，謀臣不敵張良、陳平，現在的人談論這事，也認為是這樣。我以為這種說法確實是想讚美、光大光武帝的德行，卻抹殺了一代俊傑。為什麼呢？回顧一下光武帝的二十八將，下至馬援等人，忠貞智勇，無所不有，確切而論，不比高祖時的人差。張良、陳平之所以在以前能顯露出來，正是因為高祖謀事行動多有疏略，所以張良、陳平得以發揚忠誠和信義，彭越、周勃得以在外面充分施展軍事才能。

　　有句話說：「勸人趁早把煙囪改彎、搬開柴草的好人總被遺忘，而救火時燒得焦頭爛額的被當作上賓。」這句話雖然簡單，卻頗合於漢高祖和光武帝時的情形。光武帝神機妙算，源於他本人的天賦，所以出謀劃策不用別人多慮，韜略奇計也不用從別人那裡借取，只是因為眾人智謀投合、意見相同，從而共同成就了帝王之基業。光武帝稱讚鄧禹說：孔子因為有了顏回，師生之間就更親密了。他還為吳漢嘆息說：「將軍可以振奮我的意志，在武力上有人及得上你，而在忠誠方面無人能及。」他和群臣商議事情時，經常讓馬援最後發言，因為馬援的意見常和自己的意見一致，這就是明君了解臣僚的明察之處。

　　光武帝麾下將領不亞於韓信、周勃，謀士不比張良、陳平遜色，原因在於光武帝深謀遠慮，能充分採納臣下的高見，有「曲突徙薪」的英明；而漢高祖智謀粗疏，所以陳平、張良、韓信、周勃才能建立焦爛之功。

　　諸葛亮和曹植這兩位的筆戰，兩人雖然立論不同，卻都認可劉秀穩穩強於劉邦。

　　雖然劉秀在歷史上評價很高，但是在普通讀者眼中，東漢好像沒有什麼存在感，猛一提起，連有趣的故事都很少，連帶劉秀的生平也有些平淡。那麼問題來了，除了文治武功外，劉秀最大的貢獻是什麼？或者說，我們該如何評價劉秀？

　　我不想人云亦云，只想聊點自己的見解。

## 士大夫的進化

我們都知道，傳統管理國家的人叫做「士大夫」，自漢代以後的政治形態可以稱為「士大夫政治」。「士大夫」最大的特徵，就是他們擁有雙重身分，既是文吏，又是儒生。作為文吏，他們要協助皇帝擔負起國家的日常行政管理工作；作為儒生，他們肩負著傳承儒家文化的重任。

要知道，東漢以前，「儒生」和「文吏」原本是截然不同的兩種人。戰國時期文明的發達、社會的分化和複雜化，導致了文吏群體和儒生群體的分立和分離。儒生崇尚儒家，主張「禮治」，強調從人心入手進行教化，認為法只能處罰人，雖有恫嚇之用，但是不能從根本上解決問題。只有透過教化，把外在的行為規範化為內心的一種習慣信仰，即使沒有法律也能秩序井然；文吏崇尚法家，主張「法治」，主張嚴刑峻法、賞罰分明，注重法的作用。

兩者的分歧其實就是儒法之爭。

有歷史學家曾說，儒家之傳本於周，而法家之術大行於戰國而極於秦，則儒法之爭者為新、舊兩時代思想之爭。由此，儒家與法家之爭也被稱為「周政」與「秦政」之爭。

秦始皇完全用「文吏」來治理國家，對儒生很鄙夷，結果二世而亡；王莽則完全相反，他是一個特別虔誠的儒家信徒，上臺後重用儒生，實施「託古改制」，結果儒家的烏托邦理想在現實中完全不適用，逼得地方豪強起來反抗，推翻了新莽王朝。

很顯然，純用文吏或純用儒生，都不是最優解，在這方面，漢宣帝就做得比較好。太子劉奭見漢宣帝多用文法吏，以嚴法治理國家，建言道：「陛下持刑太深，宜重用儒生。」不料漢宣帝當場就生氣了：「漢家自有制度，本以霸王道雜之，奈何純任德教，用周政乎？」

在這裡，漢宣帝說出了自己最隱祕的治國心得：我漢家制度是霸王道雜之，既用霸道又用王道，既用文吏又用儒生。漢宣帝作為裁判，將二者

## 第四章　光耀雲台

放在同等重要的位置上，可不要小看這一點，儒法之爭不僅關係到帝國的施政綱領，還關係到繼承人問題。譬如，始皇帝尚法而扶蘇崇儒，漢武帝用酷吏而衛太子守文，多少皇帝都未能解決這個問題。

但是問題在於，即便漢宣帝和稀泥，霸王道雜之，這還不是最優解，因為儒生和文吏的矛盾依然存在。儒生越來越好高騖遠，文吏越來越鄙俗勢利，而且這兩夥人還互相看不起。

這個難題最後襬在劉秀面前，他會怎麼做呢？

他的辦法是，讓儒生和文吏合流，成為同一種人，簡稱儒法合流。

具體怎麼做呢？

劉秀做了兩件事，第一件事是「尊儒」。

劉秀從小接受儒學教育，在征戰的間隙也不忘儒學，每到一處就蒐集典籍，拜訪當地著名的儒學大家，請他們當官或者給予封賞。即位後不久，他就在洛陽城南開陽門外建立太學，學校有宿舍樓二百四十棟，宿舍一千八百五十間，太學生最多時有三萬人。學生在大教室上課，教室可同時容納三百人聽課。

劉秀經常在太學裡親自講學，和儒生們一起辯論，旁聽的有幾萬人，盛況空前。劉秀對儒生這麼親近，讓天下人都非常眼紅，那些文吏也不得不拿起書本，學習他們原本鄙夷的儒家經典，這就讓官僚主動向儒生靠攏了。

劉秀做的第二件事，叫「吏化」。

所謂「吏化」，簡單來說就是讓儒生主動學習律令，熟悉政務。

先說一個大背景。

東漢建立之初，儒生們剛經過王莽的復古改制，頭腦清醒了過來，意識到百分百恢復周禮是天方夜譚，法律儒家化比恢復周禮更為現實。在這

種形勢下，主張法律儒家化的《公羊傳》重新登上歷史舞臺。

劉秀曾經召見過一位名叫鍾興的公羊學家，向他請教《春秋》大義，還請他做太子的老師，這等於公然表示自己推崇《公羊傳》的立場。

我們都知道，漢朝選拔人才主要靠的是察舉制，由地方官向中央推薦人才。劉秀在察舉制的基礎上又增加了一條，規定地方官如果看上了一個人才，必須先讓他做一個小官，讓他熟悉一下政務工作。等過了試用期，考核合格，確定能夠勝任了，再向朝廷推薦。

儒生當了官後，無論是出於個人仕途升遷的考慮還是其他考慮，都不得不學習文法律令，進而向職業文吏的角色靠近。你說你就是不想學法律，不好意思，不懂法，如何參與司法討論？如何定罪量刑？如何開展審判聽訟工作？如何透過試用期的考核？

只要考核合格，儒生們自然不會再反對法治，高唱德治、人治的迂論。

這就使得當時的儒生們為了有更好的前途，只能一邊學習經術，一邊捏著鼻子學習律法。

這樣的好處是顯而易見的，其中一點就是儒生們從只會誇誇其談的「鍵盤俠」迅速成長為沉穩的行動派，變得更加務實。

這不是我說的，是一位歷史學家說過的。他說過這樣一句話：「中華文化在西漢和東漢之間發生過一次大的轉變，西漢時能聽到讀書人攻擊社會政治的聲音，東漢時這種聲音就漸漸聽不到了。」

如果用更準確的詞來總結劉秀的做法，那就是這八個字：吏服訓雅，儒通文法。

當然，儒法合流是一個長期演進的過程，早在西漢就已經開始了，但是中間經歷了漫長的衝突和鬥爭。西漢時雖然也有儒生參與政治，但是當時還有一個與之並立的文吏群體，且後者才是帝國政務的實際承擔者。

## 第四章　光耀雲台

直到東漢，儒生與文吏才加速了融合。到了東漢中期以後，儒和吏就你中有我、我中有你，很難分得清了。

由此也誕生了一個新的階層：士大夫。

士大夫一出現，便展現出了旺盛的生命力，此後延續了兩千多年。有了士大夫這個階層，社會的穩定性大大提高，由此也衍生了一種特殊類型的官僚政治 —— 士大夫政治。

在我看來，這才是劉秀對中華歷史最大的貢獻。

# 第五章
## 帝王權謀

## 第五章　帝王權謀

## 皇子不安分

回到劉秀的葬禮上。

儘管劉秀要求一切從簡，但是皇帝的大喪依然隆重而繁雜。太子劉莊換上了一身斬衰孝服，將治喪事宜交由太尉趙憙全權負責。作為託孤大臣，趙憙遇事不慌，經驗豐富，司徒李欣、司空馮魴協助操辦喪儀。

在趙憙的安排下，治喪事宜有條不紊。宮人為皇帝沐浴、含珠玉，穿上珠襦玉押的斂衣，隨後將皇帝放入棺裡，由三公九卿親自扶棺抬到前殿。

當時藩王都在京城，自從王莽代漢，舊的典章制度不復存在，劉莊和幾個兄弟夾雜同座，雜亂無序。趙憙把劉莊拉到宮殿臺階上，讓藩王們站到下面，以明尊卑上下。

一套煩瑣的流程結束後，趙憙橫劍站在殿階前，讓藩王們回到各自在洛陽的辦事處，只在早晚進宮。近臣中黃門持兵，虎賁、羽林、郎中署皆嚴宿衛，宮府各警，北軍五校繞宮屯兵，黃門令、尚書、御史、謁者晝夜行陳。

幾天後，太子劉莊正式即位，年號「永平」。

這一年，他三十歲。

在一個新生的王朝中，第二代領導者的作用很重要，往往直接決定了這個王朝的延續長度。秦始皇滅六國，統一海內，然而繼承人胡亥卻胸無大志，在政治上過於天真，結果二世而亡，可謂前車之鑑。

好在劉莊自幼聰穎，也受過名師指點。他在做太子時，就顯現出了非凡的魄力和手腕，在「度田」事件中能指出劉秀都看不明白的政治暗語，支持老爸嚴打貪官豪強，可見其政治手腕不一般。

> 皇子不安分

父親劉秀以布衣起兵,再造漢室,功比高祖,這樣的偉大功勳,他劉莊無論怎樣努力也是無法企及的。劉莊卻絕非庸碌之輩,雖然比不了父親,但是他不想一輩子活在父親的光芒下。他雄心勃勃,豪情萬丈,想開創屬於自己的一番事業。

劉秀一生雖然妃嬪不多,但是子嗣繁茂,一共生下了十一個兒子。前任皇后郭聖通生了五個:東海王劉強、沛王劉輔、濟南王劉康、淮陽王劉延、中山王劉焉;現任皇后陰麗華也生了五個:太子劉莊、東平王劉蒼、山陽王劉荊、臨淮懷公劉衡、琅琊王劉京。許美人生了一個:楚王劉英。除了臨淮懷公劉衡早早夭折外,其餘十個兒子都健在。

前面說過,劉秀的眾多兒子明爭暗鬥、拉幫結派,關係比較微妙。劉莊登基不久,就發生了這麼一件事。

劉秀去世後,皇子們每天要按時入宮哭喪。有人發現諸位皇子中,有一個人哭得並不怎麼賣力,似有點敷衍了事的意思。

這個人正是劉莊的同母胞弟——山陽王劉荊。

劉荊很有才華,文章寫得不錯,可惜人品不行,為人苛刻,心理陰暗,一門心思想著造反。

劉荊的哭戲演得比較假,是有原因的,他在密謀造反。他寫了一封信,詐稱是時任大鴻臚的郭氏外戚郭況寫給廢太子東海王劉強的,內容當然是為劉強的際遇抱不平,建議趁此機會舉兵起事,大意如下:

君王無罪,卻受到排斥廢棄,兄弟也被束縛關進牢獄。太后被廢,被另遷到北宮,及至年老,遠斥居邊,海內深痛,觀者鼻酸。太后靈柩擺在靈堂時,洛陽官吏逮捕斬殺賓客,甚至一家之中有三人在靈堂上被殺,這是何等慘痛!

今天下有喪,弓弩完備,近來梁松對虎賁史說:「吏因便宜之事而有非者,當即行之,勿拘常制,因為封侯的機會難得啊!」王府的郎官們暗

## 第五章　帝王權謀

地裡悲傷不已，都為王爺的遭遇而寒心嘆息。天下人心思變，其潛力不可估量，如果聚集沛國、東海兩國之兵，起碼有兩百萬以上，此湯武之兵也！有了這樣一支部隊，何愁攻不下洛陽？

今軒轅星有白氣，星象家及好事之人都說白氣代表有喪事。又有太白星先出現在西方，至午兵當起；又太子星色黑，至辰日變赤。黑為病，赤為兵，希望您順應天命，努力奮起，為奪回皇位而搏一把！

高祖起亭長，陛下興白水，何況您是陛下的長子，是以前的儲君啊！上以求天下事必舉，下以雪除沉沒之恥，為母報仇。精誠所至，金石為開，應當成為秋霜而不是柵欄中的羔羊。一旦太子登基，雖欲為檻羊，又可得乎？

臣竊見相師、卜者們說，大王命中當大貴，有真龍天子之氣。人主崩亡，人心不服太子，閭閻之伍尚願為盜賊，都要揭竿而起，何況大王？自古受命之君，天之所立，不可謀也。而今新立之帝，哪個不是眾人所擁立的？強者為王！但願大王效法高祖、聖上，千萬不要像公子扶蘇、將閭（二人皆秦始皇之子）那樣，最終落一個呼天搶地的下場！

劉彊看到這封信，頓時就嚇壞了。「這太子是那麼好當的嗎？如果不是形勢所迫，誰願意把太子之位讓出去？如今我早已不是帝國的繼承人，你現在攛掇我起兵造反，是何居心？」

劉彊二話不說，命人綁了送信的「快遞員」，連同這封信一起火速送往洛陽，送至皇帝劉莊處。

諸王造反，這可是大事，無論是鼓動造反的劉荊，還是在地方上當東海王的劉彊，必定會受到皇帝的猜忌。好在劉莊是個聰明人，他太清楚這些弟弟們了，劉秀前腳剛走，如果後腳就收拾弟弟們，必然會引起輿論風波。為此，劉莊壓住此事，祕而不宣，大事化小，小事化了，只將弟弟劉荊打發到了河南宮，監視居住。

## 皇子不安分

不料，劉荊非但不領情，反而越發囂張。永平元年（西元58年）羌人造反，劉荊想渾水摸魚，跟一夥人密謀，結果還沒動手，就被劉莊知道了。

劉莊又一次高抬貴手，將他封為廣陵王，遣他去了封地廣陵國，算是放虎歸山了。

可是劉荊仍不安分，到封地後又私下問相士：「我長得像先帝，先帝三十歲當皇帝，我今年也三十歲，可以起兵嗎？」

相士嚇壞了：「您要造反？對不起，我可不想陪著送死。」於是向郡國的官員打了小報告。

劉荊知道後，害怕劉莊問罪，把自己關進了監獄。

劉莊一看，劉荊有主動認罪伏法的意思，倒也沒有為難他，只裁減了他的衛隊、隨從，將其軟禁，沒有繼續追究。

一而再、再而三地謀逆，都被皇帝哥哥寬大處理了，也該消停了吧？不！沒多久，劉荊又作死了，他找了個巫師，用巫術詛咒劉莊，結果皇帝馬上又知道了。

劉莊下詔，讓長水校尉樊儵和羽林監任隗調查考核。調查結束後，樊儵等人上書，建議處死劉荊。

劉莊很生氣，說：「你們只因為廣陵王是我弟弟就要殺他，如果是我的兒子，看你們誰敢！」

樊儵昂起頭來，正色道：「天下是高皇帝的天下，不是陛下的天下。根據《春秋》大義，君王至親不得有弒逆圖謀的行為，有則必殺。所以周公誅殺弟弟，季友毒死兄長，而《經》、《傳》高度讚揚他們。因為廣陵王是陛下同母弟，陛下對他惻隱有加，所以我們才向陛下請示。如果是陛下的兒子，我們根本不會彙報，直接就砍了。」

一番話駁得劉莊啞口無言。

## 第五章　帝王權謀

這一次，劉荊自己都覺得不好意思了，自殺謝罪，封國撤除，劉莊賜諡為思王。

再說劉強，自從回到封地，他就斷絕了參與政治的念頭，只想關起門來過自己的小日子。面對劉荊的拉攏，劉強第一時間向皇帝舉報，主動澄清自己。

劉強的識大體、知進退讓劉莊頗為放心，可惜的是，此時的劉強得了重病，生命垂危。

劉莊雖然跟劉強是異母弟，但是畢竟承蒙劉強「讓儲」的大恩，對劉強的病情非常重視，不斷地派出使者和太醫前往探訪劉強，往來車馬絡繹不絕。同時，他還下令劉強的三位同母胞弟劉輔、劉康、劉延親赴東海國探望。

然而，這一切並沒有挽回劉強的生命，這位當了十幾年太子的藩王在新天子登基的第一年便去世了。臨終前，他上書叩謝皇恩，書曰：

「臣蒙天恩得備蕃輔，特受二國，宮室禮樂，事事與眾不同，大德崇高無量，一直沒有報答，而自己修身不謹，連年生病，被朝廷憂念。蒙皇太后、陛下哀憐，臣內心很是感動，陛下幾次派使者太醫令來為臣診治，臣每想到這些厚恩，不知該說什麼好。臣內自檢查，氣力羸弱，日夜漸困，不敢奢望再見朝廷宮闕，奉承帷幄，孤負重恩，啣恨於九泉之下。臣短命孤弱，又使皇太后、陛下憂慮，的確悲慚慚愧。兒子劉政，本是小人，狠當襲臣之後，不是好事，所以我想送還東海郡。天恩同情臣下，以臣無男之故，安排臣的三個女兒為小國侯，此臣宿昔常計。今天下新罹大憂，唯陛下加供養皇太后，數進御餐。臣強困劣，言不能盡意，願並謝諸王，不意永不復相見也。」

在這封奏疏中，劉強把自己的姿態放得很低，還說自己的兒子劉政年幼，不堪大任，懇請天子不要讓他繼承東海國，而將封國恢復為東海郡。

經歷過大起大落的劉彊對權力看得很淡。權力是一把雙刃劍，既可以為我所用，也可能割傷自己。為了保全家族，他寧可交出這一切，讓自己的兒子當個普通人，好好活下去。

然而，他的願望終究不可能如願，劉莊看完他的奏疏，很是感傷，下令以極高的規格為劉彊舉辦了葬禮。

漢代有兩個廢太子，一個是漢景帝長子劉榮，一個是光武帝長子劉彊。在成為廢太子之後，兩人的人生截然相反，一個被迫自殺，另一個卻子孫綿延不絕，到曹魏代漢時，仍被封侯。兩相對比，讓人頗為感慨。

劉秀下葬之後，劉莊下了一封詔書，以「方今上無天子、下無方伯」的理由提拔了兩個人，一個是開國功臣之首的鄧禹，擔任太傅之職，一個是他的同母胞弟東平王劉蒼，擔任驃騎將軍，二人都位列三公之上。

有趣的是，當時的鄧禹年事已高（當了一年太傅就去世了），所以這封詔書的目的其實是提拔劉蒼。至於原因，想必大家也能猜到，劉莊想透過提拔胞弟劉蒼，進一步掌控朝政大權。

如果我們仔細分析劉莊與兄弟之間的關係，不難發現，在對待兄弟上，儘管表面上顯得都十分友愛，實質上厚此薄彼是一脈相承的，對陰皇后所生的兄弟明顯袒護，對郭皇后所生的兄弟則表現出政治上的警惕與暗中壓制。

比如，劉莊對同母弟東平王劉蒼極盡尊崇之能事；琅琊王劉京儘管生活奢華，仍受寵愛；廣陵王劉荊先後四次謀反作死，都被赦免，最後自裁身亡。

而在對待郭皇后諸子上，劉莊就沒這麼大度了。

濟南王劉康因為在封地不遵守法度，交往賓客，被人舉報圖謀不軌，後來劉莊削五個縣作為懲處。

## 第五章　帝王權謀

淮陽王劉延生性驕橫，極其奢侈。有人向朝廷舉報，說劉延同小老婆的哥哥謝弇，以及姐姐館陶公主的老公──駙馬都尉韓光，找了一幫奸猾之徒，編造圖讖，祭祀詛咒。劉莊派人調查考核後，處死了謝弇、韓光和司徒邢穆，受牽連而被處死或流放者眾多。

有司奏請處死劉延，但是劉莊認為劉延之罪輕於楚王劉英（後面詳講，楚王謀反，未判死刑），將劉延改封為阜陵王，封地減為兩個縣。

中山王劉焉也因過錯被削了一個縣的封地，唯獨沛王劉輔始終謹慎度日，得以善終。

除了這幾位倒楣的郭氏皇子外，楚王劉英謀反一案也在當時引發了軒然大波。

## 楚王謀反

劉英是劉秀庶出的兒子，母親是許美人，因為母親不受寵，所以他在九個封王的兒子中（劉秀十一個兒子，一個太子，一個早夭）最沒存在感。根據《後漢書》記載，劉英在建武十五年（西元39年）被封王，建武二十八年（西元52年）才赴國就任。

劉英從少年時起就喜好與游俠往來，家中賓客盈門。他興趣廣泛，除了熟讀儒家經典，也深諳黃老之學，還是中華歷史上最早的佛教信眾之一。

永平十三年（西元70年），楚王劉英被告發與王平、顏忠等製作圖讖，編造符讖之書，有謀逆企圖。

朝廷即刻派人查驗考核，結果發現還真有其事，劉英找了一幫方士製

作了金龜、玉鶴，並刻文字當符瑞。

這就犯了朝廷的大忌。

調查組上奏天子：「劉英招聚一批奸猾之徒，製作圖讖，擅自制定官秩，王公、將軍、兩千石等級的官職，編制齊全，實屬大逆不道，請誅之。」

劉莊卻顧念兄弟親情，不忍殺劉英，而是廢了他的王位，讓其遷往丹陽郡涇縣，賞賜五百戶賦稅；劉英的兒子、女兒，當侯、當公主的，待遇依舊不變；劉英的母親許太后也不必上交璽印、綬帶，依然在楚國王宮居住。

結果劉英還被皇帝赦免，按理說該老實點了，卻不料，一年後，劉英竟然自殺了。

劉莊聞訊，派光祿大夫持節弔祭，加賜列侯印綬，以諸侯之禮葬於涇縣。之後，他寫了一封信給許太后：

「我聽聞劉英的事後，也不希望那是真的。調查結果報上來後，我深感悲痛，本想保全劉英，讓他能夠終老，但是沒想到他竟然不念太后，自尋短見。這是天命，無可奈何！希望太后保重身體，注意飲食，老許家的人希望楚王富貴，這是人之常情。我已下發督辦通知給有司，除了直接參與謀逆的，其餘不再追究，讓他們回家好好過日子。」

楚王劉英自殺，皇帝安慰許太后，你以為這事就這麼結束了嗎？

事實是，楚王劉英之死，剛剛拉開劉莊大興「楚獄」的序幕。

在安撫好劉英的家人後，劉莊再次成立了調查組，徹查劉英謀反一案。

這是漢明帝在位時最大的一起案件，其牽涉之廣、罪名之多、耗時之長，史無前例，朝野上下人心惶惶。

調查過程中，只要在供詞中出現的人，一律先抓後審，嚴刑拷問。許多人扛不住大刑，只能胡亂指認栽贓。這麼幾輪下來，從中央到地方，從

## 第五章　帝王權謀

州郡豪傑到參加審案的官吏紛紛被牽連進去，被處死、流放的數以千計，而關在各地監獄中的還有幾千人，只有告發楚王的燕廣被封為折奸侯。

在此期間，調查組還發現了一份花名冊，上面都是一些與劉英關係密切的人。劉莊見花名冊中有吳郡太守尹興的名字，立即下令把尹興及其屬官五百多人抓到洛陽廷尉受審。

尹興等人被扔進廷尉的大獄裡，幾輪拷打下來，一半沒能扛住，死在了獄中。剩下的又有一大半承認罪狀，但是還有幾個人死扛著不承認，其中有一個人叫陸續。他雖然被打得皮開肉綻，但是始終不改口供。

陸續是會稽吳縣人，世代為名門望族，只是到了他這一代，家道中落，後來在郡府謀了個戶曹史的差事。有一年郡裡鬧饑荒，太守尹興派他為百姓分發稀飯，陸續一一詢問流民們的姓名。

賑災結束後，尹興問他能夠吃到稀飯的人有多少，陸續不假思索地回答說有六百餘人，還逐一說出他們的姓名，無一錯漏，當場就嚇到尹興了，隨後向上面推薦了此人。

此後刺史到基層巡視工作，召見陸續，徵召其為別駕從事。後來陸續因病辭官，回到郡裡混了個門下掾。

在獄中，陸續、梁宏、駟勳等人受到各種酷刑拷打，皮膚潰爛，但就是不肯認罪。

陸續的母親趕到洛陽打聽消息，見不到陸續，只能做好飯菜，請獄卒轉送。陸續雖遭拷打，毫無懼色，但是在看到這一籃子飯菜後，突然放聲大哭，不能自制。

審案官問是何緣故，陸續哭道：「母親來看我，而我卻無法與她相見！」

審案官大怒，認為是獄卒暗中幫忙傳遞消息，要召來審訊。

陸續道：「不關獄吏的事，我看到這飯菜，就知道是我母親做的。」

審案官問他：「你怎麼就知道這飯菜是你母親做的？」

陸續道：「母親切肉，無不方方正正；切蔥，全是一寸長短。今天一看這飯菜，我就知道是她來了。」

審案官回頭細查，得知陸續的母親果然來了，心想，這不就是孔子所說的「割不正不食」嗎？於是把這個情況上報了劉莊。

劉莊一思索，陸家的規矩這麼多，應該不會出亂臣賊子，於是赦免了陸續、尹興等人，但是終身禁止做官。

雖然陸續此後與仕途無緣，但是陸家世世代代為會稽郡的大姓，家風很好，在兩漢三國長盛不衰，人才輩出。陸續的三個兒子中，長子陸稠官至廣陵太守，政績卓越；二兒子陸逢是樂安太守；小兒子陸褒力行好學，不喜歡做官，官府幾次徵召都被他拒絕了。此外，陸家還出過一個家喻戶曉的後人，就是三國時期吳國大都督陸遜。

放了陸續等人，並不代表事情就此結束了。前面提到的與劉英一道製作圖讖的顏忠、王平等人還牽連出了一大批人，包括隧鄉侯耿建、朗陵侯臧信、濩澤侯鄧鯉、曲成侯劉建等人。

不過耿建等人被抓後表示，自己在此之前根本不知道顏忠、王平是誰，更別說和他們見面了，實在是冤枉啊！

但是劉莊此時已經失去理智了，辦案人員哪管這些，只要有人告發就抓起來定罪，管它是真是假。

眼看著一場波及全國的冤假錯案就要鑄成，一個叫寒朗的侍御史多留了個心眼。他在仔細翻閱了卷宗和口供後，感覺耿建等人可能真是被冤枉的，於是單獨審問顏忠和王平，讓他們描述耿建等人的形貌特徵。

這下子，顏忠和王平兩人傻眼了，支支吾吾不能應對。

案子審到這裡，事實已經很明瞭了，這是一場屈打成招的冤假錯案。

## 第五章　帝王權謀

　　寋朗於是上書劉莊，說耿建等人沒罪，純屬被誣陷，不知道天下還有多少人像這樣蒙冤受屈。

　　劉莊問道：「既然他們清白無辜，顏忠、王平為什麼要栽贓陷害他們？」

　　言外之意，蒼蠅可不叮無縫的蛋。

　　寋朗心想：「這還不是你鬧的！」但是這話卻不敢說出口，只答道：「臣懷疑顏忠、王平自知罪孽深重，故意胡亂揭發，想要立功贖罪。」

　　劉莊又問道：「既然如此，你為什麼不早點向我稟報？」

　　寋朗心想：「在這種大環境下，誰不膽顫心驚啊？」明面上卻解釋道：「臣這裡雖然查出他們沒有事，但是擔心其他辦案點查出他們有事，所以不敢及時上報。」

　　劉莊心想：「跟我玩心眼，你還嫩了點！」於是就責備寋朗首鼠兩端，命人把寋朗拖下去打死。

　　侍衛們一擁而上，拉起寋朗就要走，寋朗大喊一聲：「臣還有一句話要對陛下說，不然死不瞑目！」

　　劉莊讓人放開寋朗，又問道：「你和誰一起寫的奏章？」

　　寋朗趕緊回答：「臣一人寫的，沒和別人商量。」

　　劉莊問：「為什麼不和三府（太尉府、司徒府、司空府）商議？」

　　寋朗答：「臣知道可能會被滅族，所以不敢牽累他人。」

　　劉莊問：「你怎麼知道是滅族之罪？」

　　寋朗答：「臣審案一年多，到現在還沒調查清楚，反而替犯罪嫌疑人鳴冤，所以該當滅族之罪，但臣還是要說，是希望陛下覺悟。臣看到審案的官吏們眾口一詞，都說對叛逆就應同仇敵愾，判他們無罪不如判他們有罪，判無罪有可能事後被清算，但是判有罪則肯定不會被追究。這樣，官員審訊拷打，審一人便牽連出十人，審十人便牽連出百人。

另外，公卿上朝時，陛下詢問此案處理是否得當時，所有大臣都長跪回答：舊制，大罪禍及九族，陛下大恩，只誅殺罪犯一人，天下幸甚！而等他們散朝回家之後，口雖不言，卻仰望著屋頂嘆息，莫不知其冤，但是沒有一個人敢跟陛下說。臣今天坦陳其言，死而無悔！」

劉莊怒氣稍解，命寒朗退下。

兩天後，劉莊親臨洛陽監獄，對涉及本案的囚犯挨個甄別，當場釋放了一千多人。

馬皇后也認為，楚王謀反案中存在大量濫捕濫殺的現象，找了個適當的機會，向劉莊進言，讓他不要再擴大化了。

劉莊聽完，心中有所觸動。

與此同時，任城縣令袁安被擢升為楚郡太守。到達楚郡之後，袁安不進太守府，而是先去處理楚王謀反案，凡是查無實據的，一律登記造冊，上報朝廷準備釋放。

郡裡的大小官員都嚇壞了，跪倒一片，哀求道：「袁爺你可不能這麼做啊，放了反賊，我們都會被同罪論處啊！」

袁安大手一揮：「朝廷如果怪罪下來，由我袁某一人承擔罪責，絕不牽連你們！」

隨後，袁安獨自上了一份奏書陳述案情。而此時，劉莊已經不再糾結這起案子，便准了袁安的奏書，又有四百多人得以釋放。

至此，在審理了一年多後，這場驚天動地的楚王謀反大案總算告一段落，但是仍有數千人被關押在獄中不得釋放。直到劉莊的兒子漢章帝劉炟即位，在司徒鮑昱等人的諫言下，這些人才得以釋放，此案才最終宣告完結。

案子算是結了，但是在我看來，楚王謀反一案仍然迷霧重重，疑竇叢生。

## 第五章　帝王權謀

先來思考一個問題：楚王劉英謀反的動機在哪裡？

根據史書記載，劉英謀反的證據是與方士製作金龜、玉鶴，刻上文字，用作將為皇帝的憑證。一個叫燕廣的人告發劉英與漁陽人王平、顏忠等編造符讖之書，蓄謀造反。至於劉英謀反的動機是什麼，史書語焉不詳，沒有人知道。

回過頭來，我們重新認識一下楚王劉英這個人。劉英做了近二十年的楚王，他沒有像大多數王爺那樣聲色犬馬、荒淫奢侈。年輕時的他喜好游俠，結交賓客，後來喜好黃老，還學佛教徒吃齋念佛。

更何況，劉莊還是太子時，劉英就與他關係非常好，劉莊也特別喜歡這個兄弟，他上臺後，也對劉英多有賞賜。永平六年（西元63年），劉莊又特封劉英舅舅的兒子許昌為龍舒侯，以示尊寵。

從這裡不難看出，劉英和皇帝之間沒有矛盾，也不存在要拉他下馬的情況。以劉英的性格和政治敏銳性，他是不可能邁出造反這一步的。

再問一個問題：劉英有實力謀反嗎？

答案是：沒有。

劉英是許美人所生。我們都知道，劉秀一生只鍾愛陰麗華，對許美人自然有些冷落，所以劉英最初的封地在幾個兄弟中最小。後來劉秀將取慮縣、須昌縣劃歸楚國，情況才有所好轉。但是整體來看，其實力也就這麼回事，要人沒人，要錢沒錢，根本不具備謀反的實力。

這一點，不光我們清楚，皇帝劉莊看得更清楚。

既然知道劉英的為人，那麼一向維護兄弟之情的劉莊為什麼還要大動干戈，追查楚王一案？

很顯然，這是劉莊有意為之，他要鞏固自己的皇位，清除一切潛在威脅。

# 竇氏的恩怨

當初劉秀設想的權力格局是劉氏皇族與南陽陰氏外戚集團、河北郭氏外戚集團共存，但是劉莊顯然不這麼想，他出身南陽陰氏外戚集團，自然要打擊郭氏集團的勢力，連帶著扶風竇氏和梁氏這兩個靠婚姻加入郭氏集團的外戚家族也要遭到毀滅性打擊，兩家均有多位駙馬被下獄處死，家族成員被發配邊疆。

在全力打擊郭氏集團的同時，劉莊對自己的靠山陰氏集團卻格外高抬貴手。就在他嚴打竇、梁兩家時，陰氏集團外戚也鬧出了大事：駙馬陰豐殺了酈邑公主。但是劉莊寬大處理，僅僅是陰豐被誅，其父母自殺，其餘再無牽連。

## 竇氏的恩怨

劉莊在位十八年，他繼承了父親劉秀的治國之道，嚴防外戚、嚴苛馭下、打擊宗室、限制豪強，文治武功都不差。作為一位皇帝，劉莊最難得的是拒絕馬屁，保持著難得的清醒，這在官場上可不多見。

永平六年（西元 63 年）二月，有人在王洛山挖到了一個寶鼎。古人迷信祥瑞之說，在地下挖出了這樣的寶物，理所當然地認為是祥瑞，馬屁精們興沖沖地把這個寶鼎獻給了劉莊，藉機稱頌劉莊的偉大。

卻不料，劉莊並不買帳，下詔：

「祥瑞這種東西是與德行相感應的，如今政治並不清明，乖張邪僻之事常有，怎麼可能引來祥瑞？《易經》說，鼎是三公的象徵（鼎有三足，與三公對應）。這次寶鼎出現，莫非是因為公卿們盡職盡責？現賜三公每人五十匹帛，九卿和兩千石官員每人二十五匹。先帝曾下詔，禁止臣下上書

## 第五章　帝王權謀

時稱頌聖明，而近來奏章中拍馬屁之語越來越多，從今以後，如果再有溢美之詞，尚書一律不許受理，朕可不想因為愛聽馬屁被別人私下取笑！」

永平八年（西元65年）十月三十日，日全食。

一般來說，出現這種天象，皇帝按照慣例都會下詔，自責一番。這一次劉莊也不例外，他專門下發通知，鼓勵百官指責朝政，不要有所顧忌。

接到通知後，官員們也沒有藏著掖著，大肆吐槽，直抒胸臆。劉莊看過奏章後，不但作了深刻的反省，還將奏章向百官公布，並下詔說：

「群臣指責之事，都是朕的過錯。百姓冤屈不能昭雪，貪官汙吏不能查禁，卻輕率地使用民力，營建宮室，開支與徵稅並無節制，朕的脾氣喜怒無常，這些都是朕需要反思的地方。回顧古人的鑑戒，朕十分恐懼，只怕品德寡薄，日久生怠！」

劉莊繼承了父親劉秀身上優秀的政治基因，政治手腕頗為高明，或者說是狠辣，遠不是他展現出來的那麼寬厚，這裡我們來看一個例子。

劉莊有個堂姪叫劉睦，封北海王。劉睦自幼好學，博覽群書，許多達官貴人都以結交劉睦為榮，深得劉秀的喜愛。當時還是皇太子的劉莊對這位堂姪也十分欣賞，兩人經常一起探討學問。

劉莊即位後，聰明的劉睦突然感到陣陣寒意，於是謝絕賓客，整天陶醉於音樂、舞蹈之中。有一次，劉睦派一名官員進京朝賀，出發之前他問這名官員：「如果皇帝問到我，你打算怎麼回答？」

官員答：「大王您忠孝仁慈，敬賢愛士，我當然得據實回答。」

劉睦說：「你這麼說是要害死我啊！你應該說，自從大王襲爵以來，意志消沉，行為放蕩，整天聲色犬馬，吃喝玩樂。你這麼說，才是愛護我啊！」

劉睦善於守拙，從他的這個表現中我們有理由相信，劉莊對王爺們還

是有所防範的，堂姪如此，對親兄弟們管控則更嚴。

魏文帝曹丕曾經為明帝和章帝作過這樣的評價：「明帝察察，章帝長者。」也就是說，明帝劉莊對臣子和自己要求嚴苛，章帝則為政寬和，有點像老好人。范曄在《後漢書》中說，明帝性情褊狹猜疑，喜歡廣設耳目打聽別人的隱私，並且把這種行為視作自己聖明的表現。所以時常有小人在明帝面前詆毀朝堂上的重臣，而關係比較近的左右侍臣和尚書一類的官員沒少被明帝責罰。

劉莊對屬下嚴苛是出了名的。一次，西域使者前來覲見，劉莊很高興，下令賞賜給使者十匹細絹，卻不料，負責記錄的尚書郎誤記成一百匹。

事後劉莊向大司農索要帳本檢視，發現了這一處錯誤，當場就火了，命人將那個尚書郎按在地上，親自抄起大棒，捋手臂挽袖子痛打了一頓這個馬虎的傢伙。

尚書檯最高長官鍾離意比較護犢子，聞訊後急匆匆跑進大殿，一邊磕頭認錯一邊求情，劉莊才悻悻然收手。

還有一次，郎官藥崧不知因為什麼惹怒了劉莊，劉莊抄起一根棒子砸向藥崧。藥崧比較機靈，不敢還手，一矮身躲到了床底下。

劉莊沒辦法跟著鑽到床底下，那太有失身分，可棒子短，又搆不著藥崧，氣得大罵道：「藥崧，你小子給我出來！」

藥崧在床底下道：「陛下，您是皇帝啊，您得注意身分啊！身為皇帝，您應該莊重肅穆，現在拿根棒子，追打我這個小小的郎官，成何體統？」

劉莊這才扔掉木棍，道：「你出來吧，饒你這一回。」

劉莊不僅對身邊人嚴厲，對三公九卿這些重臣的監督也很嚴格，每有過錯，當面訓斥。

在治國方面，劉莊也延續了劉秀的政策，對功臣外戚以控制和防範為

## 第五章　帝王權謀

主,嚴令后妃之家不得封侯、不得干政。

閻章才學出眾,工作突出,在尚書的位子上已經待了很長時間,按照慣例應該予以提拔。但是因為他有兩個妹妹是後宮嬪妃,劉莊為防止外戚參政,硬是不提拔閻章,最後僅任命他為步兵校尉而已。

終漢明帝一朝,外戚的身分壓根就不是什麼政治資本,反而是個沉重的包袱,劉莊的好幾位舅舅都因為外戚這個身分而導致仕途中斷,位不過九卿。

更慘的是駙馬,劉秀有五個女兒:舞陽長公主、涅陽公主、館陶公主、淯陽公主與酈邑公主,五個駙馬當中只有一位得到善終,其他幾個皆死於非命。

先說舞陽長公主,駙馬是梁松。梁松自幼博覽經書,孝廉出身,後來被選為郎官。迎娶公主後,梁松拜駙馬都尉,遷任虎賁中郎將。因為熟悉禮儀制度,深受劉秀信任,劉秀臨終遺詔令其輔政。

這時的梁松可謂是位極人臣,但是他跟馬援有矛盾。馬援死後,梁松構陷馬援搜刮民財,此後還多次私自推薦郡縣官員,不久被人告發。梁松被免官後,心生怨恨,寫匿名信誹謗朝臣,結果被下獄處死。

涅陽公主,駙馬是竇融之姪竇固。竇固迎娶涅陽公主後被封為黃門郎將,他生性溫和,自幼熟讀兵法,之後襲父親竇友的爵位。劉莊即位後,竇固因堂兄竇穆獲罪牽連,被禁錮在家十餘年,此後被起復,在西域大放異彩。

館陶公主,駙馬是韓光,韓光與淮陰王劉延十分要好。劉延對待下屬嚴苛暴烈,大概韓光為人也不怎麼樣。永平年間,韓光參與了劉延的謀反活動,詛咒劉莊,後被賜死。

淯陽公主,駙馬是外戚郭璜,兩人育有一子郭舉,郭舉後來娶了竇憲

之女為妻。後來竇憲謀反被誅，郭璜父子也被下獄處死。

酈邑公主，駙馬是外戚陰豐。這對夫妻的婚姻生活相當不和睦，酈邑公主自幼嬌生慣養，飛揚跋扈，妒忌心極強；陰豐作為官二代也好不到哪去，不僅好色，而且脾氣火爆。兩人都是火爆脾氣，吵架打鬧是家常便飯，結果有一次，兩人發生爭吵，陰豐一怒之下捅死了酈邑公主。事發後，陰豐本人被處死，父母被逼自殺。

劉莊的妹妹館陶長公主想替兒子求個郎官做，劉莊寧可送給外甥一千萬錢也不答應。他說：「郎官與天上的星辰相應，主管方圓百里內的民眾和事務，如果不是合適的人選，則當地百姓要受其禍害。因此任命誰，不能隨隨便便。」

不難看出，劉莊對外戚、大臣以及宗室諸王控禦極嚴，一旦犯法，必定從嚴治罪，絕不因其官職高、地位親近而網開一面。於是群臣震恐，朝廷肅然。

這裡有必要講一下劉莊與竇氏家族的恩怨。

我在上一本書中提到過，竇融可以說是一個精明的政治投機者，先是投靠王莽，又改投更始政權的大司馬趙萌，後來見更始帝劉玄難成大事，便將經營多年的河西獻給了劉秀，由此青雲直上。

竇融在世時，竇氏家族備受榮寵。據史書記載，竇氏先後出了一公、兩侯、三公主、四二千石，自祖及孫，府邸相望京邑，奴婢以千數，朝中無人能比。

一公就是大司空竇融，位列三公；兩侯指安豐侯竇融和弟弟顯親侯竇友；三公主指竇融的長子竇穆娶了內黃公主，孫子竇勳娶了沘陽公主，竇友的兒子竇固娶了涅陽公主；四個兩千石官員指竇氏子弟做過衛尉、城門校尉、護羌校尉和中郎將。

## 第五章　帝王權謀

儘管竇融做事十分謹慎小心，但是他的後輩卻沒有這份政治覺悟。

竇融有個姪子叫竇林，曾任護羌校尉。永平二年（西元59年），燒當羌滇岸向竇林聲稱將率部來降。竇林大喜過望，沒有經過調查，以為滇岸就是羌人的最高首領，立即將這個消息上報朝廷，請劉莊封滇岸為歸義侯，加號漢大都尉。

第二年，滇岸的哥哥滇吾來降，原來他才是燒當羌的一把手。竇林只得把這個消息如實上報朝廷。

劉莊得知消息，就問竇林：「剛封了一個羌人首領，現在又冒出來一個，你逗我玩呢？」

竇林一時語塞，答道：「滇岸就是滇吾，是同一個人。隴西的方言很難懂，各地發音不一樣，我們翻譯錯了。」

劉莊火了，立刻罷免竇林，之後有人彈劾竇林貪贓枉法，劉莊索性將其下獄處死。

皇帝下詔責備竇融對後輩約束不力，嚇得年邁的竇融趕緊交了辭職報告，提前退休回家。

竇林案後，竇融之子竇穆也遇上了大事。

竇融的封地在安豐，與之相鄰的是六安國。竇穆膽大妄為，貪圖六安國的地盤，想透過聯姻控制六安國。他假冒陰太后的詔書，責令六安侯劉盱休掉妻子，另娶竇氏家族的女子。

劉盱信以為真，不敢抗拒朝廷命令，只好休了髮妻，改娶竇穆的女兒。

劉盱妻子的娘家人不服，覺得陰皇后居然以權勢逼別人休妻，實在毫無道理，直接告到了皇帝那裡。

劉莊正愁逮不著機會，得知此事後大怒，將竇穆等在朝為官的竇氏親屬全部罷免，趕回原籍。

竇融當時已經七十多歲了，為了保全家族，只能硬著頭皮去找劉莊求情。劉莊看在他的面子上，又讓竇氏族人回到了洛陽。

竇家的不肖子孫不止竇穆一個，竇融的孫子竇勳也是驕縱不法，獲罪身死。

劉莊雖然把竇穆召回洛陽，但是覺得這傢伙不安分，肯定要出問題，於是派了一個謁者監視竇穆，一晃就是好幾年。大概竇穆跟這位謁者關係不好，對方向劉莊彙報說：「竇穆父子失勢之後，經常口出怨言，妄議朝政。」

劉莊一聽就很火大，下令讓竇家人全部滾回老家去，只有竇勳因為是沘陽公主的丈夫，可以留在京城。

竇穆到了封地，仍不消停，因為賄賂官員，被舉報後遭逮捕下了大獄，與兒子竇宣死在平陵監獄，另一個兒子竇勳死在洛陽監獄。

竇氏家族再次陷入谷底，不過不用為他們太過擔心，因為他們沒有在谷底中待太久。很快，竇氏家族再一次崛起，牢牢占據了帝國舞臺的中央，主導帝國未來的走向。

## 治理黃河

接下來說說劉莊的正牌老婆——馬皇后。

馬皇后是伏波將軍馬援的小女兒，當年父親病死於征討五溪蠻的途中，因為結怨權貴，遭人誣陷，被劉秀削去爵位，含冤而死。馬援的家人甚至不敢將馬援的靈柩運回原籍，只在洛陽草草安葬，親朋故舊也少有人弔唁。

## 第五章　帝王權謀

遭此鉅變，馬援的姪子馬嚴上書劉秀，懇請他在馬援的三個女兒中為太子劉莊選妃，十三歲的馬氏被選入太子宮。年幼的她繼承了父親的智慧，又比父親更懂為人處世，懂規矩知禮儀，深得陰皇后和劉莊的寵愛。

劉莊繼位後，馬氏被封為貴人。大臣們奏議劉莊立后，太后陰麗華一錘定音：「馬貴人德冠後宮，就她了！」

由此，沒有生育皇子的她成了漢帝國的皇后。

馬氏雖當了皇后，但是其為人越來越低調，不喜聲色犬馬，穿著依舊素雅得體，沒有過多浮誇的裝飾。她喜歡讀書，沒事時便沉浸在《易》、《春秋》、《楚辭》、《周禮》等書籍的海洋中。

有一次，劉莊的兄弟子姪來到洛陽朝覲，劉莊請他們吃飯。酒酣之際，有人提議：「今天自家人喝酒團圓，要不把皇后也請過來吧！」

劉莊說：「皇后不喜歡這些，要是她來了恐怕要掃大家的興。」

有一次，馬皇后穿著一身樸素的衣服，別人看見後對她說：「你都是皇后了，怎麼還這樣穿呢？」

馬皇后淡淡地答道：「這種布料容易染色，而且染上以後不會掉色，平日裡穿最合適不過了。」

馬皇后還有一項貢獻，她為丈夫劉莊編撰了一部《顯宗起居注》，這是歷史上最早專門記錄皇帝日常言行的著作，為後世開創了「起居注」這個新的史書體例，由此她被稱為中華第一位女史家。

其實，無論是楚王大案還是竇氏之禍，不過是肉食者的內部鬥爭，對普通老百姓來說，也就是朝廷裡死了一個王爺、撤掉了幾個官罷了，和自己沒有關係。真正和天下普羅大眾息息相關的，其實是下面這件事情──治理黃河。

人類文明的進步史其實就是和各種自然災害的抗爭史。黃河，這位偉

# 治理黃河

　　大的母親河脾氣可不太好，一言不合就改道，甚至有一次奪淮入海，幾乎竄到長江裡，相當「任性」。

　　為了馴服這隻「水怪」，歷代治水大家嘔心瀝血，進行了無數次大規模的治水運動。據統計，從西元前 602 年至 1985 年這兩千多年間，黃河下游共發生一千五百九十次決溢，而黃河下游河道也經歷了從北到南，又從南到北的大擺動。

　　遠的不說，就說漢武帝時期，黃河決口，梁、楚一帶十六郡受災。根據《漢書‧地理志》記載，僅僅是黃河決口所在的東郡，受災戶數和人口就有四十萬一千二百九十七戶、一百六十五萬九千零二十八人。十六郡受災，難民人數可想而知。

　　漢武帝得知災情後，命鄭當時為大農令，前往黃河決口處視察，讓他盡快動身。

　　鄭當時接到聖旨後，向漢武帝請求五天時間準備。

　　漢武帝心急如焚，聽到鄭當時竟然需要五天時間準備，當即說道：「我聽說你年輕時行俠仗義，遠行千里都不帶糧食，如今為何這般磨蹭，還要留出時間準備行裝？」

　　鄭當時見漢武帝生氣了，這才立即出發趕到黃河決口處，主持治水工作。

　　可惜的是，這一次黃河決口比較嚴重，這邊剛剛堵好，那邊又決口了，根本堵不住。

　　當時的丞相武安侯田蚡家在黃河以北，而決口處在南部。反正自家的田產不受黃河決口的威脅，田蚡對修復黃河一事興趣不大，他向漢武帝進言：「江河決口乃是天意，不應以人力強行改變。」

　　當時漢匈之間的戰爭剛剛拉開帷幕，國家財政吃緊，漢武帝索性放棄

## 第五章　帝王權謀

了治理黃河，只是賑濟災民，任由黃河氾濫。從匈奴人手中奪回河套後，漢武帝甚至將部分災民遷到新設立的朔方等地，充實邊郡。

此後二十年，黃河氾濫一直威脅著梁、楚之地的百姓。〈鹽鐵論〉中這樣描繪當時災區的慘況：「黃河氾濫為中國害，梁、楚之地城郭壞沮，蓄積漂流，百姓木棲，千里無廬，令孤寡無所依，老弱無所歸。」

元封二年（西元前109年），漢武帝封禪過後，終於開始治理黃河，命汲仁、郭昌率領數萬人堵塞決口。他還親自向河中放置白馬玉璧以祈求河神保佑，更令群臣自將軍以下者皆負薪填決口。

在堵住黃河的決口後，漢武帝在黃河以北修了兩個河渠，重新立起大禹的像，梁、楚之地的百姓終於過上了安穩的生活。

時間一晃就到了平帝年間。當時黃河有個支流汴渠被沖垮，河水氾濫，一發不可收拾，只是由於時局混亂，朝廷一直顧不上修復。

建武十年（西元34年），劉秀曾動過治水的心思，當時陽武令張汜向劉秀打報告說：「黃河決堤積時已久，日月侵毀，濟渠所漂數十許縣。如國費充足，則治理不難，宜改修堤防，以安百姓。」

劉秀本打算好好整治一下，不料浚儀令樂俊卻極力阻止此事，說：「昔日武帝元光年間人口繁盛，百姓沿河岸開墾種植，一個瓠子河段決堤就足足修了二十餘年。如今兩岸居住的人口稀少，其他地方的田地很多，即使不治理黃河，也可以維持現狀。眼下國家戰亂剛息，再興徭役，勞怨既多，民不堪命，宜須平靜，更議其事。」

劉秀一聽「勞民傷財」這四個字，不得不放下了治河的念頭，此事就此擱置。

隨著時間的流逝，汴渠日漸東侵，沿岸百姓深受其害。劉莊從即位那天起，就一直想好好治理黃河，只是治水是一門專業性極強的工作，該由

# 治理黃河

誰來負責呢？

有人推薦了一個人給他：王景。

王景是一個奇才，他出生在現在的北韓半島，當時屬於樂浪郡。王景從小就是個好學生，對《周易》、《山海經》及天文曆法、算術都很有興趣，尤其對水利頗有研究。劉莊在位時，王景被司空伏恭看中，納入門下。

機會總是留給有準備的人。劉莊召見了王景，兩人聊起了治水一事。

劉莊問：「先帝聽取浚儀縣令的意見，認為不修汴渠也沒什麼大的損失，你怎麼看？」

王景答道：「陛下請想，汴渠流域接近洛陽，對京城威脅甚大，附近十幾個縣，產糧豐富，不可不顧。雖然治河耗費巨大，役使的民眾成千累萬，必有怨言，但是修成之後受益的仍是民眾與國家，尤其是洛陽。所以我認為，汴渠不能繼續放任不管，必須好好治理。」

劉莊又問他：「那你有什麼辦法？」

王景侃侃而談：「歷來治理黃河無外乎兩種方法，要麼堵，要麼疏。但是在我看來，堵不如疏，建議認真勘察黃河兩岸的地形，改變黃河河道，將黃河水引到地勢低窪的地方，流入大海，並在沿岸修築堤壩，如此才能根除水患。」

劉莊御筆一揮，給了他一份委任狀：「就你了！」

王景被欽點為工程總監，還獲得了皇帝賜的《山海經》、《河渠書》、《禹貢圖》等治河專著，和王吳共同主持一線工作。

接到任務後，王景與王吳立即展開實地考察工作，規劃出一條從滎陽到千乘海口長千餘里的堤線，隨後徵召民工幾十萬人，由他們二人率領，開始了疏通河道、修渠築堤的浩大工程。

施工過程中，作為總指揮，王景每天起早貪黑，親臨一線檢視地勢，

## 第五章　帝王權謀

監督工程。汴口的地勢較為複雜，王景設計了好幾種方案，經過一番比較，決定用十里立一水門的方法，交替從黃河中引水入汴渠，做到了黃河與汴渠分流，極大地減輕了汴渠的壓力。

黃河岸邊，幾十萬人在堤岸上揮汗如雨，經過整整一年的施工，到次年夏天，長達一千餘里的工程終於全部完成。持續了幾十年的黃河水患終於被平息，滾滾黃河水順利流入汴渠，曾被淹過的幾十個縣的土地都變成了良田，老百姓紛紛為他豎起大拇指。

儘管王景厲行節儉，處處節約，竭力為朝廷節省專案開支，不過這次治水工程耗資還是相當驚人，總費用達百億，堪稱世紀大工程。但是從歷史的角度來看，這一百多億投資很值得，因為在這之後，黃河歷經八百多年沒有發生大改道，決溢也為數不多，甚至有「王景治河，千年無患」之說。

劉莊得知工程完成後，非常激動，親自到新修的河堤處檢查工作，對王景採取的築堤、修渠、絕水、立門、分流等一系列措施讚不絕口。為了維護、保養新修的河堤，劉莊下令：「黃河兩岸土地給貧者耕種，地方官和豪門不得干涉攪擾；按照西漢的建制，沿河的郡國設定專職河長。」

永平十五年（西元 72 年），王景跟著劉莊東巡，來到無鹽。一路上，劉莊看到治水卓有成效，又封王景為河堤謁者。

除了治水，劉莊在位期間還有一件大事不得不提，那就是佛教東傳，具體故事還要從一個夢說起。

有一次，劉莊夢見一個金人，有一丈六尺那麼高，渾身金色，項上有日月光輝，在金鑾殿上各處飛行。次日醒來，劉莊問管天文的太史官：「這是什麼預兆？」

太史傅毅答：「傳說西方有佛，陛下您夢見的應該就是佛。」

劉莊於是派了蔡愔、秦景、王遵等十八人到天竺去請佛。

一行人走到大月氏國時，正好遇到了在大月氏國傳教的天竺高僧迦葉摩騰、竺法蘭。蔡、秦二人於是邀請兩位尊者到漢講佛，還用白馬馱載回了一批佛經、佛像。

劉莊見天竺高僧應邀而來，非常高興，在洛陽城仿天竺式樣修建了一座寺院，作為兩位尊者翻譯經典的場所。而他們最初翻譯的經典就是《四十二章經》，這是由印度文翻譯成中文的第一部經典。

由此還誕生了中華歷史上第一座寺院──白馬寺，劉莊這段求佛故事此後也被稱為「永平求法」。

不過佛教並沒有在東漢時發揚光大，畢竟儒家思想觀念根深蒂固，豈能一夕一朝改變？直到晉朝時，佛教才廣泛傳播開來，而那又是另一個故事了。

# 第五章　帝王權謀

# 第六章
## 征程萬里

## 第六章 征程萬里

## 開戰匈奴

在穩定國內政局後，劉莊將目光投向了北方，那裡有一個漢帝國的宿敵：匈奴。

劉秀奉行休養生息的政策，拒絕發兵攻擊匈奴。劉莊繼位後，基本上延續劉秀的政策，不過在對外關係上卻有自己的想法。

此時的匈奴早已分裂為南、北兩部，南匈奴歸附東漢，所以帝國的主要敵人是北匈奴。雖然經歷了分裂和天災，但是北匈奴時常騷擾、搶掠帝國邊境，攪得百姓不得安生。

不過，匈奴的生產力十分低下，老是靠搶掠成本太高。永平七年（西元64年），北匈奴派出使者抵達洛陽，希望與漢帝國開通邊境貿易，互通有無。

劉莊也希望透過貿易減少與北匈奴的軍事衝突，於是答應了匈奴人的請求。

但匈奴是個信奉實力的民族，一向欺軟怕硬。貿易重開，對匈奴來說是漢帝國闇弱的象徵，反而助長了他們的驕狂情緒。

永平八年（西元65年），漢帝國派越騎司馬鄭眾出使北匈奴。

這裡要介紹一下鄭眾，他十二歲時就在父親鄭興的教導下學習《春秋左氏傳》，由於學習刻苦，成年後通曉《三統曆》、《易經》、《詩經》，並寫了一本專著《春秋難記條例》，才華橫溢，名揚當世。

劉秀上臺後，因鄭眾通曉經義，還是皇太子的劉莊和山陽王劉荊曾命虎賁中郎將梁松拿著財物聘請鄭眾，讓他出入宮殿，隨時聽用，但是被鄭眾以太子無外交之義和藩王不宜私下結交賓客為由拒絕。

開戰匈奴

梁松告訴他，這是太子和山陽王的意思，不可違逆，但是鄭眾義正詞嚴，堅守法規，寧死都不願犯禁，太子和山陽王這才不再強逼。

鄭眾千里迢迢來到北匈奴王庭，見到了北單于，但是匈奴人卻給他來了個下馬威，齊聲大喝，要求鄭眾叩拜北單于。

鄭眾一看這架勢，就知道匈奴人想藉機侮辱漢朝。事關國家的尊嚴和榮譽，哪能輕易低頭？他胸脯一挺，振振有詞：「我乃大漢天子使節，豈能拜你小小匈奴？」

匈奴人拔刀威脅，鄭眾堅決不從，反而把匈奴人怒斥一通。北單于大怒：「這是我的地盤，豈能容你撒野！」

鄭眾被關進了一個空蕩蕩的帳篷裡，沒有飯吃，也沒有水喝。

他想起了當年蘇武在匈奴的經歷，置身大窖，抓起一把雪與氈毛一起吞下充飢，強撐幾日，這才活了下來。

北單于顯然不希望鄭眾渴死、餓死，兩天後，為他送來了食物，但是有一個條件：「只要你向我叩拜，便能出去。」

鄭眾拔出佩刀，大聲說道：「君子不食嗟來之食，志士不飲盜泉之水！我寧肯死於刀下，也絕不會向你們下拜！」

這下輪到匈奴害怕了。如今的形勢是北匈奴有求於東漢，萬一鄭眾有個三長兩短，必將招來漢帝國的報復。

之所以這麼說，是有先例的。漢朝對漢使被截殺十分敏感，當年蘇武滯留匈奴時，就曾對匈奴單于揚言：「南越殺漢使者，屠為九郡；宛王殺漢使者，頭懸北闕；北韓殺漢使者，即時誅滅。獨匈奴未耳！」

當年蘇武被困匈奴時，最初打算自殺，便是欲令兩國相攻，匈奴之禍從他而始。衛律匆忙將蘇武救下，也是擔心真引發了戰爭，對匈奴人沒半點好處。

## 第六章　征程萬里

而現在，北單于也忌憚這一點，鄭眾的勇武和血性不亞於當年的蘇武，萬一鄭眾真死在匈奴，自己根本解釋不清楚，何況他也不想和漢帝國開戰，只是想在氣勢上壓倒對方罷了。

北單于權衡利弊，只好下令解除軟禁，熱情款待鄭眾。宴席之上，北單于轉怒為笑，寬慰鄭眾。為表誠意，北單于還派使者隨同鄭眾返回漢帝國的首都洛陽。

在此期間，鄭眾還打探到一條重要機密，當時南匈奴得知東漢與北匈奴有使者往來，心生仇怨，認為東漢政府靠不住，打算投降北匈奴，於是派人到北匈奴聯繫。

回到洛陽後，鄭眾提了一條建議，朝廷應該派遣大將屯駐南匈奴的居地，以防止南、北匈奴之間祕密往來。

劉莊採納了鄭眾的建議，在南匈奴附近設了「度遼營」與「虎牙營」兩個軍事基地，以監視南匈奴。

與此同時，鄭眾也向劉莊彙報了出使北匈奴的成果，但是並沒有透露自己在北匈奴寧死不受辱的英雄之舉。

這之後，朝廷準備派使者再次出使北匈奴。

鄭眾上書反對，他在奏章中說：「北匈奴之所以要漢帝國派遣使者，是為了離間漢帝國與南匈奴的關係，並且藉此更好地控制西域三十六國。現在北匈奴在西域諸國大肆宣傳，聲稱要與漢帝國和親，這使西域中想要擺脫匈奴、歸附漢室的國家深感絕望。如此一來，南匈奴將人心動搖，烏桓亦會離心矣。南匈奴久居漢地，對帝國的山川地勢瞭如指掌，一旦產生反叛之心，將是帝國的心腹大患。」

但是此時的劉莊只想羈縻匈奴，不僅聽不進鄭眾的勸諫，反而點名讓鄭眾再次出使匈奴。

**開戰匈奴**

鄭眾不服氣，再次上書：「臣之前奉旨出使匈奴，不拜匈奴單于，結果單于派兵扣押臣，今日再度出使，必定再次受辱，臣誠不忍手持漢節向匈奴人叩拜。此行若匈奴再次逼臣下拜，會有損東漢國威。」

劉莊仍然聽不進去，逼著他出使。鄭眾沒辦法，只得啟程，但是半路上仍然繼續上書皇帝，據理力爭。

這下子劉莊火了，下令追回鄭眾，扔到廷尉的監獄中。

好在鄭眾運氣好，過了一段時間遇上大赦，他被釋放，回到了家鄉。

後來，劉莊在接見北匈奴使者時，問到鄭眾與北單于爭執的情形。使者說，匈奴人很佩服鄭眾，他寧死不向單于叩拜，就連蘇武也難以相比！

劉莊聽罷感慨不已，差人打聽鄭眾的下落，將其召回朝內，擔任軍司馬一職，與虎賁中郎將馬廖共同進擊車師國。到敦煌後，鄭眾又被任命為中郎將、都護西域，此後回到朝中升任大司農，功績卓著。

蘇武持節牧羊，鄭眾拔刀盟誓，兩個人都用自己的方式維護了大漢的尊嚴，贏得了對手的尊重與讚賞。

說回北匈奴，雖然漢帝國與匈奴恢復了邊關貿易，但是邊境上的軍事衝突始終存在，匈奴人沒事就南下打秋風，焚燒城邑，殺戮百姓，以致帝國北部邊關白天都要緊閉城門，以防止匈奴人偷襲。

事實證明，對付匈奴人，和親、通商、羈縻都是行不通的，只有以戰爭來結束戰爭，將匈奴徹底打倒、打服，才能換來真正的和平與安寧！

劉秀當年不願與匈奴開戰，換來了國內數十年的和平發展機遇。而如今，經過劉秀、劉莊父子數十年的努力，帝國百姓富足，府庫充實，國力強盛，足以與匈奴人一戰！

永平十五年（西元 72 年），謁者僕射耿秉上書朝廷請求北伐匈奴，以保北疆安定。

## 第六章　征程萬里

耿秉乃名臣之後，其父耿國是文武雙全的名將。耿秉天生將才，武略過人，史書記載他體魄強健，腰帶八圍，是個彪形大漢，卻不是四肢發達、頭腦簡單之輩。每次出征，耿秉都是身先士卒，頂盔摜甲，走在隊伍的最前面。耿秉博聞強識，精通《司馬兵法》，富有韜略，熟悉邊境事務，在朝中屬於堅定的主戰派。

記住這個人，他將在接下來的漢匈戰爭中大放異彩。

考慮到竇固自幼隨伯父竇融征戰河西，熟悉邊疆事務，劉莊於是安排竇固、耿秉、太僕祭肜、虎賁中郎將馬廖、下博侯劉張、好畤侯耿忠等人召開軍事會議，討論出兵北匈奴事宜。

會議很快達成一致意見，耿秉隨後提出了自己的策略計畫：

「昔日匈奴有周邊其他部落的援助和依附，所以沒法制服它。孝武皇帝時得了武威、酒泉、張掖、敦煌等河西四郡及居延、朔方，匈奴失去富饒的養兵之地，斷絕了羌、胡關係，勢力範圍只剩下西域，而西域不久也歸附了漢朝。所以呼韓邪單于到邊塞請求歸屬，乃是大勢所趨，如今的南匈奴單于情形與呼韓邪單于何其相似！

但是目前西域尚未依附漢朝，而北匈奴也沒有挑釁作亂。我認為應當先出擊白山，控制伊吾，擊破車師，然後與烏孫等國互派使節，斬斷匈奴右臂；伊吾地區駐有匈奴的南呼衍兵團，如果擊敗他們，就等於折斷匈奴人的左角；斷匈奴右臂，復折其左角，然後就可以對匈奴本土發起正面進攻了。」

耿秉的上書得到了劉莊的認同與支持，東漢開國以來，父子二人隱忍了這麼多年，終於可以主動反擊，揚眉吐氣一把了。

有人補充了一條意見：「如果大軍進攻白山，匈奴必定集合部隊救援，還應當在東邊留一支部隊，分散匈奴兵力。」

劉莊大手一揮：「同意！」

此次北伐匈奴是東漢開國以來第一次對匈奴大規模用兵，戰前要做的事太多了，糧草、輜重、兵器、戰馬、兵員招募，每一項都不能落下。接下來的一年內，整個帝國被高度動員起來，而其中最重要的莫過於招募兵卒。

大漢的兵制是徵兵與募兵相結合，如果要論帝國哪裡的騎兵最為精銳，六郡良家子要是排第二，沒人敢排第一！

自西漢以來，隴西、天水、安定、北地、上郡、西河等河西六郡就是漢軍騎兵的主要來源地。六郡良家子修習戰備，高上氣力，經常被選為羽林、期門，以材力為官。有句俗語叫「山東出相，山西出將」，故六郡出的名將最多。

從武帝朝至今，六郡良家子可謂將星雲集，中層軍官更數不勝數，我們可以列一個長長的名單：李蔡、李息、公孫賀、公孫敖、李廣、上官桀、趙充國、傅介子……

六郡子弟大概是對進取西域、攻滅匈奴最熱心的一群人，他們鑽研經術文章比不過關東士人，只能用手中的弓刀謀富貴。在這裡，普遍認可的是馳騁沙場，立功邊疆。

得知朝廷要對匈奴用兵，不少伉健習騎射者紛紛參軍，六郡良家子報名最為積極！

眼下，劉莊正站在一幅地圖前，目光停留在帝國的北方。父親劉秀韜光養晦，帶給大漢數十年和平，如今到了他主政，終於要發揮武力的作用了。

永平十六年（西元 73 年）春，在經過一年多的準備後，四路北伐大軍集結完畢。簡短的兵禱儀式之後，太史令將旗幟往正北方一指，這是所伐

## 第六章　征程萬里

國的方向：匈奴！

在與漢朝糾纏了數百年後，匈奴屢沒屢起，至今仍是百蠻大國。強悍囂張的匈奴持續向南壓迫，造就了忍辱負重、逆勢而起的大漢，也讓漢帝國保持著一種昂揚向上的奮鬥精神！

全體將士皆拔出環首刀，與令旗指向同一方向：

「誓掃匈奴！」

鼓點橫吹奏響，盡是馬上之曲，四路大軍陸續開拔。

第一路由奉車都尉竇固任總司令，耿忠為副將，率酒泉、敦煌、張掖三郡的衛戍部隊以及盧水羌部落等胡人武裝，共計一萬兩千人，從酒泉出發，目標天山，殲滅匈奴在西域的力量。

第二路由駙馬都尉耿秉為總司令，騎都尉秦彭為副將，率武威、隴西、天水所招募的士卒以及羌人胡騎，共計一萬人，出居延塞，目標是匈奴本土的匈林王部。

第三路由騎都尉來苗任總司令，護烏桓校尉文穆為副將，率太原、雁門、代郡、上谷、漁陽、右北平、定襄七郡的衛戍部隊，以及烏桓、鮮卑的軍隊，共計一萬一千人，佯攻匈奴左翼，分散其注意力。

第四路由太僕祭彤擔任總司令，度遼將軍吳棠為副手，率領南匈奴騎兵及河東、西河羌胡部落的騎兵，共計一萬一千人，出高闕，越陰山山脈，向匈奴中部發起攻勢。

四路大軍合計四萬餘人，在數千里的戰線上同時發起進攻，這點兵力顯然太少了。既然如此，為什麼還要分四路？

那是因為，在茫茫草原上與匈奴人作戰，最難的不是與匈奴騎兵正面廝殺，而是找到對手。

數萬大軍千里遠征，意外太多，很多時候空手而歸還是大捷報歸，運

氣成分很大，若是每個人都能像霍去病那樣，匈奴早滅亡幾十回了。

比如元光六年（西元前 129 年）對匈奴的首戰，武帝派遣車騎將軍衛青、騎將軍公孫敖、驍騎將軍李廣、輕車將軍公孫賀四路出擊，共計十餘萬騎，然而最終只有衛青斬首七百，燒了龍城，其餘皆敗北或撲了個空。

這一次，劉莊也存了同樣的心思，四路大軍同時出發，至於能不能找到匈奴，有多大的斬獲，就全憑各自的造化了。

從武帝時起，帝國高層就已經看清了一點，要徹底擊敗匈奴，必須斬斷匈奴與西域的聯繫，將西域牢牢攥在掌心裡，奪匈奴之府藏，這就是當年張騫提出的「斷匈奴右臂」計畫。

## 竇固戰天山

這次率軍西征，登上西域舞臺的是竇固。

前面說過，竇固出身名門望族，父親竇友當過城門校尉，但是很早就去世了，伯父是大名鼎鼎的「河西王」竇融。

更難得的是，作為一名「官二代」，竇固沒有沾染紈褲子弟的那些惡習，他喜歡讀書，研究兵法，為人謙和，名聲不錯。竇固後來娶了劉秀的女兒涅陽公主，成了乘龍快婿，曾以監軍身分隨捕虜將軍馬武平息西羌造反，在戰場上表現突出。

但是竇固的仕途並非一帆風順，中間曾因堂兄竇穆犯法受牽連，被劉秀禁錮了十多年。

不過，隨著漢廷開始籌劃西域事務，竇固終於盼來了出頭之日。

竇固、耿忠帶著大軍從酒泉出發，一路風塵僕僕，在長途跋涉一千多

## 第六章　征程萬里

裡後，終於看到了一道若隱若現的巍峨雪線，那便是天山，西域人稱之為白山。

西域的景象與中原大為不同，一邊是戈壁荒漠，一邊是綠洲河流，再往北就是肥沃草原，那裡是匈奴人的地盤。

北匈奴呼衍王就駐守在東天山南麓的伊吾，得知漢軍來襲，呼衍王大驚，立即帶著部眾迎戰。

漢軍雖然勞師遠征，但是訓練嚴格，裝備精良，戰鬥力極強，幾乎人人著甲，手持鐵製的長鈹和長矛，腰掛精鐵環首刀，強弩是標配，軍中常有「一漢當五胡」的說法。呼衍王的部眾雖然人數眾多，但是論作戰能力，根本不是漢軍的對手，一戰即潰，被斬殺千餘人，狼狽逃竄。

竇固帶大軍奮勇直追，一直追擊到蒲類海，占領了伊吾盧城，隨後在此設宜禾都尉，留下一部分士兵進行屯墾。

與此同時，竇固還做了一件事，他派遣假司馬班超出使西域諸國，從而引出了漢帝國又一風華絕代之高手。此處且賣個關子，我們繼續來看其他三路大軍北伐情況。

耿秉、秦彭這一路深入大漠六百餘里，尋殲匈奴匈林王部，但是匈奴人聽聞風聲，早就逃得遠遠的，耿秉一路追至三木樓山，無功而返。

來苗、文穆這一路深入匈奴境內，未能找到匈奴人，同樣空手而歸。

與耿秉、來苗相比，祭肜就比較悲慘了，他帶的主力基本是羌胡與南匈奴騎兵，而南匈奴的軍隊由其左賢王統率。因當初祭肜攻打過匈奴，左賢王與其結仇。大軍深入匈奴境內九百里，見到了一座小山，左賢王不想繼續進軍，便向祭肜撒謊，聲稱這裡就是涿邪山。

這是預定到達的目的地，既然沒有發現匈奴人的影子，祭肜只好班師回朝。

卻不料，這件事為祭肜挖了個大坑，有人舉報他沒有到達涿邪山，廷尉以「逗留畏懦」為罪名，將其關押進監獄。

這裡有必要梳理一下祭肜的履歷，從他的經歷看，祭肜並不是不懂戰爭的人，而且他跟皇帝的關係一直不錯。

祭肜是「雲台二十八將」之一、征虜將軍祭遵的堂弟，潁川潁陽人，早年喪父，以孝著稱。靠著祭遵的關係，祭肜拜黃門侍郎，跟在劉秀身邊。

建武九年（西元33年），祭遵去世無子，劉秀任祭肜為偃師縣令。祭肜在工作中既有手段又有謀略，任職五年，縣內強盜絕跡，年年政績考核第一，後來升任襄賁縣令。

當時天下還未完全平定，襄賁縣有強盜白天公然為非作歹、禍害百姓。祭肜到任後，以鐵血手段懲治奸人，消滅餘黨，幾年後襄賁治安狀況大為改觀，因而得到了劉秀的讚賞。

建武十七年（西元41年），祭肜官拜遼東太守，防備北邊的匈奴、鮮卑和烏桓。

當時的鮮卑和烏桓已經形成氣候，經常和匈奴人聯盟，組團南下劫掠邊塞。而當時，北方邊郡士卒太少，只有幾千人，根本無力阻止游牧民族的劫掠。

祭肜到任後厲兵秣馬，廣設探哨。史載祭肜力大，能開三百斤的弓。敵人每次侵犯邊塞，祭肜常常身先士卒，與將士們共同迎戰，讓游牧民族吃了不少虧。

建武二十一年（西元45年）秋，鮮卑一萬餘騎兵大舉侵犯遼東，祭肜披掛上陣，率幾千兵馬迎戰來敵。雙方大戰一場，鮮卑騎兵不敵，大舉逃竄，祭肜率部窮追不捨，鮮卑人丟下兵器光著身子四處奔逃，落水淹死者超過半數。

## 第六章　征程萬里

這一戰，祭肜殺敵三千多人，繳獲馬匹數千。

這一仗，鮮卑被祭肜徹底打服了，不敢再窺伺漢朝邊塞。

鮮卑人雖然吃了虧，但是隔壁還有幫手，一個是烏桓，一個是匈奴。三方決定聯合起來，共同對付漢軍。

為了分化他們，建武二十五年（西元49年）正月，祭肜派出使者招撫鮮卑。鮮卑大都護偏何也正有此意，帶著他的部落前來歸降，表示願意為東漢政府效力。

祭肜對偏何說：「你想為大漢政府效力，得有個投名狀，你要是能把匈奴人的人頭送到這裡，我才相信你的誠意。」

偏何拍拍胸脯：「沒問題！」

隨後，偏何帶著鮮卑軍隊猛攻匈奴的左伊秩訾部，殺死匈奴兩千餘人，持首級到祭肜處邀功。祭肜也慷慨地賞賜了偏何，鮮卑成了大漢在塞外的忠實手下。

此後，鮮卑騎兵每年都向匈奴發動進攻，然後向漢朝報功。烏桓見鮮卑與漢朝交好，隨後也來歸附。

後來，赤山的烏桓部落經常侵犯上谷郡，劫掠百姓，成為上谷郡的一大外患，邊關州郡也無可奈何。遼東太守祭肜採取以夷制夷的策略，派出了鮮卑軍團，對赤山烏桓部落發動圍剿。在鮮卑大都護偏何的指揮下，鮮卑大破赤山烏桓，斬殺其首領，穩住了邊疆形勢。

祭肜主政的那些年裡，塞外的鮮卑、烏桓無不望風歸附，提起「祭肜」這個名字，無人不知，無人不服。

而這一次，祭肜因為錯信南匈奴左賢王，被人舉報進了監獄。事情調查清楚後，祭肜與吳棠被放了出來，但是祭肜是個性格剛烈的人，他為此前出征時無尺寸之功而深感羞愧，心情極度壓抑，幾天後吐血而亡。

臨終前，他對兒子說：「我蒙國厚恩，沒有完成使命，也沒有尺寸之功，死不甘心！我死後，你將我所得賞賜全部上交朝廷，你到軍隊去效力，滿足我的心願。」

回到這次北伐，四路大軍中只有竇固完成了既定目標，其餘三路無功而返，這倒是和漢武帝元光六年（西元前 129 年）初那次征匈奴極像。那次也是兵分四路，車騎將軍衛青、騎將軍公孫敖、輕車將軍公孫賀、驍騎將軍李廣各率萬騎分擊匈奴，最後三路或敗或無功而返，唯獨衛青殺到了龍城，斬殺匈奴七百人，好歹挽救了漢武帝的尊嚴，也讓主和一派不至於一邊倒。

此役亦然，戰後要總結的教訓是很多的。祭肜就不必說了，無論是何種理由，一個「逗留畏懦」的罪名是跑不掉的。劉莊對其餘兩路頗為失望，若西面的竇固再戰敗或無功，輿情洶洶反撲，他恐怕就不好向天下人交代了。

幸而竇固沒有讓劉莊失望，穩而有勇，一舉打殘了呼衍王，占領了伊吾盧城，這是自漢軍撤離西域，數十年來從未有過的事啊！

再說北匈奴吃了一次虧後，也不甘示弱，隨後就對雲中郡發動了報復性反擊。而此時，防守雲中郡的正是太守廉范。

在開始這場攻防戰之前，我們先來認識一下主角廉范。

廉范，京兆杜陵人，大名鼎鼎的趙將廉頗之後。廉范幼時，父親客死蜀地。十五歲時，廉范告別母親到蜀地，將父親的靈柩迎回安葬，中途遇上了沉船。即將沉沒之際，廉范仍死死抱著父親的靈柩，結果一起沉到水中。岸邊的圍觀群眾被他的孝心感動，找了根桿子把他拉出來，倖免於死。

廉范祖父的老部下、蜀郡太守張穆聽聞此事，派人送了點財物給廉范，卻被廉范婉拒。

## 第六章　征程萬里

這之後，廉范被聘到千乘郡太守薛漢的府中，恰逢楚王劉英信奉黃老，與方士來往密切，被人告發為謀逆，連累收捕者達千人，薛漢也因事牽連，下獄處死。

楚王謀反案在當時是皇帝親自督辦的一件大案，薛漢的故人、門生都不敢探視，只有廉范毫不畏懼，前去替薛漢收殮安葬。地方官員將此事上報，劉莊大怒，召廉范入宮。

一見面，劉莊當即斥責廉范：「薛漢與楚王一同密謀，惑亂天下，你身為公職人員，不和朝廷保持一致，反而替罪犯收殮，你可知罪？」

廉范叩頭答道：「臣愚蠢粗魯，認為薛漢等人都已認罪處死，放不下師生情誼，罪該萬死。」

劉莊怒氣稍減，接著問他：「你是廉頗的後人嗎？和右將軍廉褒、大司馬廉丹可有親戚關係？」

廉范回答：「廉褒是我的曾祖父，廉丹是我的祖父。」

劉莊哼了一聲：「難怪你敢這麼做！」

此後劉莊沒有追究廉范的罪責，而廉范也因此出名，被推舉為秀才（漢代以來選拔人才的一種察舉科目，這裡是優秀人才的意思，與後代科舉的「秀才」含義不同；東漢人為避劉秀的名諱，改作茂才），之後又升任雲中太守。

這一次，面對匈奴人的大舉進攻，廉范會如何應對呢？

按照舊例，敵人入侵超過五千人，地方官員可以向周邊的郡縣發文書求救。當時，雲中郡的官吏都想趕緊發文，向周邊郡縣求救，但是廉范不想坐等被救，他要親自上陣殺敵！

他出身軍人世家，祖輩是戰國末期趙國名將廉頗，爺爺是王莽朝將領廉丹，家族傳統不允許他躲在城中當縮頭烏龜。

廉范將全城士卒動員起來，自己披掛上了一身厚皮甲，親自禦敵。

漢軍雖然甲冑精良，又有強弓勁弩，但是匈奴人實在是太多了，經過幾輪衝鋒，匈奴人的陣形仍未被衝散，反而對漢軍漸成合圍之勢。

「不能再這樣打了！」廉范果斷下令撤離，堅守城池。

「怎麼才能擊退匈奴呢？」廉范陷入了思索。

夜幕降臨，滿天星辰，廉范望著屋外，忽然靈機一動，計上心頭，找來部將叮囑一番。

不一會兒，守城將士接到通知，每個人自制兩把「十字架」，三頭都點著火，相當於持六支火炬，然後在城頭來回走動。

和漢軍相峙的匈奴人看不真切，只能看到無數閃動的火把來回穿梭，以為漢朝的增援部隊已經入城，便急急收起帳篷，準備撤退。

天色微明，群星消失，當初升的朝陽掙扎著躍出雲層時，守城將士看到城外的匈奴人正在陸續撤退。

廉范當機立斷，率兵出擊，匈奴人被打了個措手不及，被斬殺數百人。他們只想搶馬匹跑路，混亂之際被踐踏而死的匈奴人超過一千。

這一戰後，匈奴人再不敢覬覦雲中郡。

# 堅守疏勒城

永平十七年（西元 74 年），東漢帝國第二次出師西域。

由於在上一戰中表現出色，這一次，劉莊任奉車都尉竇固為遠征軍總司令，駙馬都尉耿秉、騎都尉劉張為副將，帶領一萬四千名騎兵從敦煌出

## 第六章　征程萬里

發，踏上了西征的路途。

劉莊吸取了上一次分兵四路的教訓，及時調整了作戰方案，集中兵力，將漢軍騎兵全數交給竇固，由他全權指揮。

這一次出征，竇固可謂駕輕就熟。黃沙斷磧千迴轉，西向流沙道路長，但是每個人都鬥志昂揚！

大軍一路西行，在蒲類海邊大破匈奴人。然而，在奪取車師的問題上，主帥竇固與副將耿秉意見有分歧。

車師位於今天的吐魯番，都城交河，原本是匈奴人的鐵桿盟友。西漢時鄭吉擊車師，車師國一分為二，分為車師前國與車師後國。東漢開國後，由於劉秀對經營西域持消極態度，車師國重新投靠了匈奴人。

車師國分前王、後王，兩人是父子關係，王庭相距五百餘里，還隔了一座大山。竇固認為，後王之地路途遙遠，還要翻山越嶺，不如先打前王。

但是耿秉認為應當先打後王，如果老爸投降了，兒子也將不戰自降。

竇固尚在猶豫，耿秉已然起身，高聲道：「我願去打先鋒！」

部將請戰，竇固沒有阻攔。耿秉當即跨上戰馬，率領前鋒部隊向北挺進，竇固令大軍隨同出發。

大軍翻山越嶺，終於抵達車師後國，車師軍隊匆匆應戰，先鋒耿秉大破車師，斬獲數千人，繳獲馬、牛等牲畜十餘萬頭。車師後王安得震恐，出城投降。

車師後王投降時，發生了一個小插曲。竇固軍團司馬蘇安想拍上司竇固的馬屁，差人告誡車師後王，漢軍奉車都尉竇固是當今天子的姐夫（竇固的太太是劉秀的女兒涅陽公主），爵為列侯，他只能向竇固投降。

車師後王得知消息，又躲進城內，只派手下大將向耿秉投降。

耿秉大怒，披甲上馬，帶領精銳的騎兵急馳到竇固的軍營，入見竇

固，對他說道：「車師後王準備投降，卻至今沒有露面，請准許末將前往，將車師後王梟首示眾！」

竇固大吃一驚，急忙阻止道：「胡鬧！你這樣會壞了大事的！」

耿秉厲聲道：「受降如受敵，現在車師後王已是戰敗之敵，只能無條件投降！」

說罷率領精銳部隊揚長而去。

耿秉擺出了強攻的架勢，派人向車師後王安得下達最後通牒。車師後王嚇得六神無主，慌忙出城脫帽跪地，抱著馬足，恭迎耿秉的大軍入城。

果然不出耿秉所料，車師後國一降，車師前國緊接著舉手投降，投靠了漢軍。

至此，車師平定。

隨後，竇固向朝廷申請，恢復了西域都護與戊己校尉。西域都護由陳睦擔任，戊己校尉是兩個職位，戊校尉由耿恭擔任，駐屯於車師後國的金蒲城；己校尉由關寵擔任，駐屯於車師前國的柳中城，各置駐軍數百人。

搞定車師，漢帝國的西征計畫算是完成了。永平十八年（西元75年）二月，劉莊命竇固大軍返回洛陽。

匈奴人雖然丟了車師，但是自身並未損耗，數萬名匈奴騎兵正集結在邊境線上，盯著漢軍的一舉一動。

而眼下，機會來了！

竇固大軍前腳剛走，匈奴人的鐵騎就越過邊境線，兩萬名匈奴騎兵在左鹿蠡王的率領下，直逼車師後國。

車師後王安得知道自己不是匈奴人的對手，他一面積極備戰，一面緊急向耿恭發出求救信。耿恭的屯墾部隊只有數百人，但他還是派出了三百人前往支援車師後王。

## 第六章　征程萬里

很遺憾，三百漢軍將士沒能到達前線，他們半路上遇到了匈奴人。漢軍奮勇作戰，但是由於敵眾我寡，三百漢軍全部戰死。

匈奴騎兵全力進攻車師後國，大破車師，陣斬後王安得，隨後長驅直入，直奔耿恭所在的金蒲城。

煙塵滾滾，那是席捲草原和沙漠的匈奴之風，整整兩萬胡騎，就停在了金蒲城北面三里外。

耿恭的屯墾部隊只有數百人，且剛剛損失了三百人，而在他們面前的，是氣勢洶洶的兩萬匈奴鐵騎！

這是一場考驗意志與勇氣的戰爭！

大漢開國以來最慘烈、最悲壯的保衛戰即將拉開序幕！

戰爭開始前，我們先來了解一下耿恭的履歷。

耿氏家族在東漢初期可謂群星閃耀，為東漢帝國的建立與崛起立下了汗馬功勞。耿恭的祖父耿況及六個兒子都是東漢開國將領，他的六個兒子分別是：耿弇、耿舒、耿國、耿廣、耿舉、耿霸，耿恭正是耿廣之子。

耿恭為人慷慨有義氣，志向高遠，史書稱他有「將帥之才」。

這一次，面對匈奴人的重重圍困，耿恭會如何應對呢？

兵力懸殊，當智取。

耿恭臨危不懼，親自登城禦敵。他還研製出一種毒藥，命士卒將毒藥塗抹在箭鏃上，派人傳話給匈奴人：「對面的人注意了，我漢家神箭威力巨大無比，一旦中箭，必有異事！」

匈奴左鹿蠡王冷哼一聲：「都這個時候了還口出狂言，看我如何踏破你這小小的金蒲城！」

強攻開始了。

漢軍磨快了刀，調準了弓，死死盯著城外的對手。匈奴人對攻城沒什

堅守疏勒城

麼經驗，但是耐不住人多且弓手優秀——他們大多是好弓手，每個人上戰場時都會攜帶滿滿兩袋箭矢，漫天箭雨飄向城中。

漢軍這邊也安排了弓弩手反擊，塗滿毒藥的箭飛向匈奴人的陣中，被射中的匈奴人紛紛落馬，傷口劇痛無比，戰場上充斥著鬼哭狼嚎之聲。

而此時，老天爺也來幫忙了，天空突然烏雲密布，飛沙走石，暴雨傾盆。

耿恭當即帶著騎兵在暴風雨的掩護下出了城，殺了過去。匈奴人本就被漢軍的箭矢射怕了，又在狂風暴雨中遭到襲擊，頓時大亂，死傷無數。

匈奴人的攻城能力實在擺不上檯面，他們害怕死傷，作戰方式像狼，見利則進，不利則退，沒人願意挨漢軍的毒箭和環首刀。

匈奴左鹿蠡王將大軍後撤數里，在大帳中喝著悶酒。當天夜裡，耿恭再一次帶著數百漢軍將士冒著風雨，殺到了匈奴人的大營之中！

面對似乎從天而降的漢軍，匈奴人根本來不及拿起武器，就成了刀下亡魂。耿恭則率領漢軍，如狼入羊群一般肆意撕咬。而等匈奴人反應過來時，漢軍早已溜之大吉。

左鹿蠡王看著帳外橫七豎八的屍體，慨嘆道：「漢兵神，真可畏也！」

仗打成這個樣子，匈奴人早已沒了鬥志，左鹿蠡王只得下令軍隊撤離而去。

危機雖然暫時解除了，但是耿恭並沒有被勝利衝昏頭腦，他知道，匈奴人雖然暫時撤退了，但是必定會捲土重來。金蒲城太小，且沒有水源，難以固守，要想跟匈奴人硬碰硬到底，必須有一個像樣點的城池。

放眼望去，哪裡最合適？

疏勒城！

疏勒城依山形水勢而建，北、西面築牆，東、南面以河流為屏障，地形險峻，易守難攻。

## 第六章　征程萬里

五月，耿恭放棄金蒲城，把部隊調往疏勒城，盡可能多地儲備糧食物資，修繕城防工事，並且招募了數千名當地百姓協助守城。

即便如此，面對匈奴人占絕對優勢的兵力，耿恭仍顯得力不從心。

不出所料，七月，匈奴人又一次兵臨城下。

待耿恭匆匆登上角樓時，正好看到遠方煙塵滾滾，無數駿馬上下騰躍，馬背上是頭戴尖氈帽的匈奴人，每個人都揹著弓箭，正朝著疏勒城的方向席捲而來！

眾人見狀，不由得倒吸一口涼氣，城外的匈奴人有數萬人，而己方只有三百人！

該來的終究還是來了。

這個時候千萬不能露怯，耿恭高高舉起了馬槊，利刃下掛著的紅纓，比火焰山的顏色更紅！

趁匈奴人立足未穩之際，耿恭率領招募來的數千民兵出城突襲，匈奴人猝不及防，陣形很快就被衝垮，有人上馬打算逃跑，卻中了箭矢滾落下來，亂作一團。左鹿蠡王見狀，只得下令後撤，靜觀局勢。

站穩腳跟後，匈奴人才發現這數千人不過是招募來的烏合之眾，於是又慢慢向疏勒城靠攏，向守軍發起進攻。但是疏勒城的防守異常堅固，匈奴本就不擅長攻城，以己之短攻彼之長，在戰場上是大忌！

只要看看地面上厚厚的血汙，便能知曉那些匈奴人的下場了，他們只能丟下百多具屍體退了出去。

匈奴人並沒有氣餒，很快，他們發現了一個突破口：水源。

疏勒城的飲水全依賴於城邊流過的小河，匈奴人在河流的上游處堵塞河道，斷了城內的飲水，之後便開始圍困，不敢再強攻城門。

這樣一來，漢軍立刻陷入被動之中，耿恭下令節約用水，限定每個人

喝水的量，各自存在壺裡。

很快，城裡儲存的水也見了底。在烈日的炙烤下，漢軍將士疲倦不堪，嘴唇乾裂，個個嗓子直冒煙。

為了活下去，大夥兒想盡了一切辦法。

與此同時，耿恭下令在城內挖井，希望可以找到地下水。他親自扛著鐵鍬與一眾袍澤在內城最低窪的位置挖掘，可是哪怕掘到十五丈深，下面依然只有乾燥的鹽鹼土和沙子，一滴水都沒有！

有人將鐵鍬往地上一扔，氣呼呼地爬上來，舔舔乾裂的嘴唇，一屁股坐在了地上。他們挖不動了，無力地靠在城牆上，被圍困的日子裡，最多的不是殊死搏殺，而是無望的等待。

現在唯一能指望的，就是下一場雨。

抬起頭看看天，嘿，萬里無雲，西域的天空真藍啊！

大夥兒想起了一則傳說：太初四年（西元前101年）時，漢武帝的小舅子李廣利伐大宛功成後返回，士兵軍馬渴乏，但是左右卻無一滴水。貳師將軍李廣利仰天長嘆，激憤之餘，拔刀刺山，忽然一股飛泉湧出，眾將士得以開懷痛飲。

耿恭悲憤莫名，難道是天要亡我？

這時候的耿恭也沒辦法了，只好下拜祈禱，求老天爺賜水。

或許是耿恭的虔誠感動了老天爺，終於有人找到了地下水源。望著汩汩湧出的井水，所有人跪在井邊，高呼萬歲！

有了水就好辦了，大夥兒痛快暢飲一番，耿恭讓戰士們扛著一桶水站在城頭，往城下潑水，向匈奴人示威：「不是想渴死我們嗎？你看，我們水多著呢！」

水的問題解決了，但是危機仍未解除。

## 第六章　征程萬里

　　車師後國已經落入匈奴人之手，天山南側的車師前國也岌岌可危。在匈奴人的威逼利誘下，焉耆國與龜茲國也陸續倒向匈奴，出兵進攻車師前國。西域都護陳睦戰死，己校尉關寵也被團團包圍。

　　很快，城中的食物也出現了短缺。漢軍雖然得到了當地部族的支持，但是在堅守數月後，糧食已經告罄，守軍和百姓已經很久沒嘗到糧食的滋味了。

　　車師後王的夫人有漢人血統，她派心腹暗中幫助耿恭守衛疏勒城，向耿恭報告匈奴人的作戰計畫與分布情況，還為城中漢軍提供一些糧食，這讓耿恭可以從容不迫，事先做好安排。但是車師王后能提供的糧食是有限的，畢竟不能明目張膽地送糧食至疏勒城中。

　　守城將士不得已，只能將鎧甲皮革與弓弩煮了充飢。弓弩上的弦是用動物的筋腱做的，煮熟了可以吃；鎧甲的皮革是生牛皮做的，也可以煮熟了吃。

　　可是這些東西畢竟有限，吃完後就沒有吃的了，不少人已餓得連弩機都抬不起來；不斷有人倒下，再也沒能站起來。

　　匈奴人不斷進攻，但是城內的漢軍拚死抗敵，寸步不讓，漢軍大旗始終高高飄揚在城頭！

　　「人在，旗在！旗在，城在！」

　　匈奴人從來都是敬重英雄的，左鹿蠡王覺得耿恭殺之可惜，派出使節勸降耿恭：「只要你歸附匈奴，我封你為白屋王，把女兒嫁予你！」

　　某個瞬間，耿恭也想過：「不然投降好了？這樣至少能救兄弟們的命。」

　　但是這個危險的念頭剛出現，他的腦海中就閃過大漢的那些先輩：擊破伊稚斜單于、直搗龍城的長平烈侯衛青，飲馬瀚海、封狼居胥的霍去病，出使匈奴、牧羊十九年而持節不屈的蘇武……

想到這些人，他的信念愈加堅定：「大丈夫死則死矣，絕不向胡虜低頭！」

面對匈奴使節的勸降，耿恭假意應允，請使節一同上城頭，當著匈奴大軍的面，親手斬殺了使節，衝著匈奴人喊道：「有敢來勸降者，同此下場！」

隨後，漢軍在城頭點燃火堆，烤其肉食之。耿恭告訴眾人，戎狄豺狼也，食豺狼之肉，總好過為豺狼所食！

千年之後，岳飛寫下慷慨激昂的〈滿江紅〉，裡面的「壯志飢餐胡虜肉，笑談渴飲匈奴血」，即出典於此。

耿恭此舉讓匈奴人徹底斷了招降的幻想，左鹿蠡王大怒，派兵瘋狂攻城。活著的漢軍，只要還有一口氣，沒有一個人放棄，頑強地抵禦著匈奴大軍一波又一波的進攻。戰火中的疏勒城早已千瘡百孔，但是仍然堅強地屹立著。

他們沒有放棄，他們在等，等朝廷派援軍來。

之前耿恭派到敦煌求援的部下范羌，成了他們最後的希望。

他們能等到嗎？

# 十三將士歸玉門

萬里之外的西域，耿恭帶著幾百人孤軍奮戰，而遠在洛陽的朝廷卻根本顧不上他們，因為朝中出了一件大事：皇帝駕崩了。

永平十八年（西元75年），劉莊駕崩於洛陽東宮前殿，時年四十八歲，在位十八年。

## 第六章 征程萬里

劉莊的第五子劉炟隨後接班，是為漢章帝。

皇帝駕崩，要辦喪事；新君登位，也有很多事要做。

漢明帝大喪過後，朝廷終於想起，遙遠的西域，還有幾百孤軍在為帝國浴血奮戰。

到底要不要派救兵去？

新上臺的劉炟召開公卿會議，討論援救西域耿恭、關寵一事。

爭論異常激烈，反對派的聲音一度占了上風，司空第五倫認為：「國家新君初立，國事未定，不宜勞師遠征。更何況，西域路途遙遠，消息是幾個月前傳來的，現在恐怕早就全軍覆滅，屍骨無存了。為了救那生死未卜的幾百人，派大軍萬里遠征，值得嗎？」

第五倫是東漢名臣，一心為公，但在是否援救耿恭這件事上表現得很糟糕。在這個目光短淺的腐儒眼裡，國內民生穩定才是頭等大事，萬里之外為國浴血征戰的將士的生死根本不值一提。朝廷賑濟百姓尚嫌不足，哪還有工夫去管西域的閒事？

校書郎楊終說得更露骨：「間者北征匈奴，西開三十六國，百姓頻年服役，轉輸煩費；又遠屯伊吾、樓蘭、車師、戊己，民懷土思，怨結邊域。愁困之民，足以感動天地，陛下宜留念省察！」

他不說營救之事，竟直接反對西征匈奴了，說朝廷耗費了如此多的人力物力開拓西域，卻沒什麼實際的好處，不如乾脆放棄西域，撤了算了。

司徒鮑昱看不下去了，他挺身而出，厲聲駁斥這些謬論：

「大漢的將士處於危難之中，如果不救，對外是對殘暴蠻夷的縱容，對內則會寒了忠臣良將的心，今後若匈奴再來，哪個還願意為大漢抵禦敵人？陛下將以何人為將？」

這一番話說得義正詞嚴，在場眾人一時寂然無聲。

就算西域只剩下一個兵，朝廷也要派人去救，莫要冷了英雄的熱血，莫要寒了將士的赤心！這不是划不划算的問題，而是一個帝國對待子民的態度！

大漢子民雖然很多，但是沒有一個人可以放棄！

大漢領土雖然廣闊，但是沒有一寸多餘！

大漢永遠有決心和實力，捍衛領土完整和百姓尊嚴！

緊接著，鮑昱提出了救援計畫：「如今耿、關兩部人數都不足百人，而匈奴圍困久而不下，由是可知匈奴人的戰鬥力不怎麼樣。陛下可令敦煌、酒泉太守各率領兩千精兵，晝夜兼程前往營救。北匈奴的部隊在外征戰已久，必定疲憊不堪，不敢戀戰。」

鮑昱甚至把時間都算好了，整個救援計畫，將在四十天內完成！

當務之急是，一秒鐘都不能耽擱了。

漢朝可不是後來的宋朝，劉炟雖然剛登基，但是仍有著大漢滿滿的血性，當即拍板：「啟動救援計畫！」

這年冬，酒泉太守段彭以及謁者王蒙、皇甫援率領張掖、酒泉、敦煌三郡以及鄯善國軍隊，共計七千人，開始了救援計畫。當初耿恭派去敦煌求援的部下范羌也隨大軍一同出發。

七千大軍橫穿大漠戈壁，歷經數月，終於在次年正月（西元 76 年）抵達了柳中城。而此時，關寵所部早已全軍覆沒，他們沒能等到援軍到來的這一天。

憤怒的漢軍一舉攻下了車師前國王城交河城，斬殺三千八百人，俘虜三千餘人，繳獲駝驢、馬、牛、羊三萬七千頭。車師前國再次向漢軍投降，匈奴人倉皇北撤。

然而在營救耿恭一事上，部隊內部又出現了分歧。謁者王蒙認為，漢

## 第六章　征程萬里

軍經過千里行軍，剛在交河城打了一場大仗，將士們已經疲憊不堪。疏勒城遠在數百里之外，到現在也沒有任何消息，說不定疏勒城已經被北匈奴攻破，耿恭等人早就遇難了。

大夥兒沉默不語，可是心裡都明白，疏勒城和交河城中間隔著個天山，此時又值大雪封山，就算大軍能到達目的地，光路上因凍餓而減員的人數也會大大超過守軍的數量，值得嗎？

何況，守軍被圍困大半年了，怎麼可能還有活口？

范羌默默地站起來，只說了一句：「他們都是我的生死兄弟，就算只剩一個人，我一個人也要去救；哪怕已變成一堆白骨，我也要帶他們回家！」

他始終堅信老上司耿恭依然在堅守孤城，等待萬里之外的援軍！

沒有人願意去救，范羌便獨自帶了兩千人馬，沿天山北坡行進。時值冬季，天降大雪，雪深丈餘，士兵們放棄輜重，徒步向疏勒城出發。

當范羌率領兩千勇士，歷經千辛萬苦翻越天山，到達疏勒城時已是深夜。疏勒城守軍發現有人逼近，最初以為是匈奴來襲，全城戒備。這時卻聽到遠處有人大喊：「我是范羌，朝廷的援軍到了！」

「援軍？」

站在城牆頭的耿恭，將手從握了許久的劍柄上挪開，整理衣冠，有些許激動。

幾名將士瞪大了眼睛，想要看清楚那個人，是范羌嗎？他們也想看清那面旗上的字。

騎士動了，他最初是孤零零的，形單影隻。旋即，他身後多出了一騎、兩騎、三騎……

無數騎！

有眼尖的終於認了出來：「是范羌，是他回來了！」

耿恭和倖存的將士們簡直不敢相信自己的眼睛，守軍開啟城門，高呼萬歲，兩支部隊相擁而泣！

大半年了，漢軍將士們在萬里之外孤軍奮戰了大半年，終於等到了朝廷派來的援軍！朝廷沒有忘記他們！漢軍袍澤也沒有拋下他們！

他們的堅守不是一廂情願。

他們的犧牲也沒有被辜負。

不拋棄，不放棄，一起扛槍打仗的兄弟情義薄雲天。

而此時，耿恭所部僅餘二十六人。

第二天，耿恭率部東歸。左鹿蠡王得知漢軍棄城逃走的消息後，下令騎兵追擊。

這是一場艱難的撤退，耿恭率援軍忍著飢餓與寒冷，與匈奴追兵在雪地荒野中且戰且退。荒涼的塞外，他們如同進入大海的一葉孤舟，不斷有人倒下，再也沒能起來。無盡的黃色沙海連綿起伏，高聳的沙丘一座接一座，狼群般的胡騎緊追不放，但是這些都不能阻擋他們回家的腳步。當玉門關出現在眾人視野中時，他們眼裡頓時湧出幸福和激動的熱淚。

它孤零零地站在世界的盡頭，在夕陽的映照下熠熠生輝，彷彿在迎接他們的歸來。

曾堅守疏勒城的那二十六位勇士，此時只剩下了十三人。

當玉門關的中郎將鄭眾接到消息出城迎接時，眼前這一幕震撼了所有人：這些經歷了煉獄般戰爭的倖存者，這些歷經九死一生、僥倖活下來的鐵打的漢子，一個個灰頭土臉、形銷骨立，身上穿的已經不能叫衣服，只能說是沾滿血跡和汗漬的爛布片。他們黑汙瘦削的臉上滿是淚水，看到玉門關後竟毫不掩飾地嚎啕大哭起來。

「回家了，終於回家了！」

# 第六章　征程萬里

鄭眾和將士們走上前去，扶起他們，雙方緊緊擁抱在一起！

城中軍民以最高禮節迎接這支英勇的戰神之師，對他們表現出極大的尊重和敬佩，城中士卒站在道路兩側，手持戈矛；民眾也自發趕來，簞食壺漿，迎接他們的英雄。

他們的眼睛裡只剩一種情緒：敬佩！

在中郎將鄭眾一聲號令下，城中軍民齊齊朝勇士們行了一個軍禮。

儘管遍體鱗傷、形容枯槁，但是耿恭等人胸膛直挺，目光如炬，手裡牢牢攥著自己的武器，如同西域的胡楊，傲立於天地之間。帝國付出重大代價救回來的不只是十三個形容枯槁的殘兵，更是一腔彪炳千古的英雄熱血、一根頂天立地的民族脊梁！

他們是偉大的勝利者。

英雄為誰賦死生？家國與兄弟！

這就是著名的「十三壯士歸玉門」。

這十三人中，史書留名的只有四個人：耿恭、范羌、石修、張封。

鄭眾大為感動，他親自安排沐浴更衣，隨後上疏皇帝，為耿恭和部屬請功。

這封奏疏詞語鏗鏘，如實講述了耿恭率部拒敵的經過：

耿恭以單兵守孤城，抵禦匈奴數萬騎兵，連月踰年，心力困盡，鑿山為井，煮弩為糧，以決死之心擊殺數千敵軍，犧牲士兵忠勇可嘉，沒有辱沒漢朝。耿恭之節義古今罕見，希望陛下獎勵封賞，以激勵全軍將士！

耿恭沒有辜負朝廷，朝廷也沒有辜負耿恭。一行人到達洛陽後，司徒鮑昱上奏稱，耿恭氣節超過了蘇武，應該盡快獎勵。

隨後，劉炟任命耿恭為騎都尉，石修為洛陽市丞，張封為雍營司馬，范羌為共丞，其他九人都被授予羽林之職。

《後漢書》的作者范曄將耿恭與蘇武並列，給予耿恭守疏勒城極高的評價：「余初讀《蘇武傳》，感其茹毛窮海，不為大漢羞。後覽耿恭疏勒之事，喟然不覺涕之無從。嗟哉，義重於生，以至是乎！昔曹子抗質於柯盟，相如申威於河表，蓋以決一旦之負，異乎百死之地也！」

每每讀到這段歷史，我都熱淚盈眶。

曾經有人問過我：「為什麼要寫大漢？哪一點吸引了你？」

我只說了兩個字：精神。

一個民族能延續下來，關鍵不在於其技藝與學問發達與否，而在於其精神。兩漢四百年精神強健，意氣風發，漢家男兒有著堅不可摧的鋼鐵意志。在那場延續了數百年的漢匈之戰中，無數先輩為了華夏族群免受外族蹂躪，甘願赴湯蹈火，萬死不辭！衛青、霍去病、李廣、蘇武、傅介子、陳湯、竇固、耿恭⋯⋯無數英豪登上歷史舞臺，正是他們一次次的捨生忘我，才造就了大漢剛直的風骨！

犯強漢者，雖遠必誅！

# 第六章　征程萬里

# 第七章
## 再使西域

## 第七章　再使西域

# 班超投筆從戎

　　鑒於漢軍在西域受挫，劉炟專門下發一份通知，罷除西域都護與戊己校尉的編制，準備放棄西域。

　　而此時，西域都護陳睦已戰死，戊校尉耿恭返回國內，己校尉關寵戰死，只剩駐紮在伊吾盧的屯墾部隊。

　　建初二年（西元77年），朝廷正式撤回伊吾盧的屯墾部隊，又回到了漢明帝初年的狀態。

　　真的要放棄西域嗎？

　　這時有一個人站了出來，大喊一聲：「不！」

　　這個人叫班超。

　　想必你還記得，當年奉車都尉竇固率大軍進攻北匈奴，在擊敗呼衍王後，留下部分將士開荒墾田，派了班超出使西域諸國。

　　與他一同出使的，還有軍中從事郭恂，以及軍士三十六人。

　　伊吾城外，班超帶著三十七人拜別竇固，掉轉馬頭，迎著夕陽金色的餘暉踏上了西去的征程。那時的他一定料想不到，這一去，竟然是三十一年之久，甚至將自己的餘生全部獻給了西域事業。

　　班超的家族非同尋常，這一家子全都很厲害：父親班彪和哥哥班固是東漢著名的史學家，妹妹班昭也是才女，三人共同撰寫了全國爆紅、皇帝也愛不釋手的史書《漢書》。可以說，《漢書》始於班彪，經班固補充整理，最後成於班昭，這一家子全是學術大家。

　　一般來說，在這樣的家庭背景中長大的班超也該潛心做學問才對，但是他卻不甘於此，走出了一條截然不同的路，一條獨屬於自己的路。

## 班超投筆從戎

　　班超從小志向遠大，博覽群書。二十二歲時（西元54年），父親班彪去世，家中生活日漸拮据。永平五年（西元62年），班超的哥哥班固被召入首都洛陽，擔任校書郎，班超與母親也來到洛陽。由於生活貧困，班超不得不到處打工，替官府抄寫文書來維持生計。

　　有一次，一個相士對他說：「你額頭如燕，頸脖如虎，飛翔食肉，這是萬里封侯的相貌啊！」

　　班超自嘲地笑道：「我現在連溫飽問題都沒解決，怎敢奢望封侯之事？」

　　閒暇時間，班超喜歡讀書，從《公羊春秋》到《史記》無所不讀，尤其喜歡張騫、傅介子在西域闖蕩的故事。

　　那是一個昂揚的時代，也是一個激盪的時代，許多使者以無所畏懼的勇氣，掀翻了騎在頭上的匈奴，他們手持旌節，跨過大漠流沙，走向未知的世界。

　　透過他們的探索，那些《穆天子傳》、《山海經》裡才存在的傳說國度，一個個被發現，中亞、波斯、印度，乃至於西海之濱的羅馬，一個廣袤的世界，隨著漢使的腳步，展現在漢人面前！

　　原來世界那麼大！

　　這是屬於漢朝的「地理大發現」，玉門關以西，儼然成了急待探索的「新大陸」！

　　西域一如大航海時代的新大陸，等待勇敢者的發現與探索。而去那兒的人，要麼走上巔峰，要麼葬身大漠。「野雲萬里無城郭，雨雪紛紛連大漠」，玉門關和陽關以西，是無邊無盡的沙海，是怪石嶙峋的雅丹地貌，是充滿未知的旅途，但是同時也盛產宛馬、黃金、香料、琉璃。

　　自張騫始通西域已過百年，探索和發現的大門，是短暫開放後就此關上，還是讓它變大，成為路，成為帶？

## 第七章　再使西域

這個問題不難回答。

班超想去西域闖蕩，不只是因為那裡有大把的機會，更是因為在西域，沒有人會在意一個人的過去，只看重能力和謀略！

日復一日，時間在毫無意義的政府公文抄寫中逝去。當初他滿腔熱情來到帝都，以為憑著一身肝膽就能出人頭地，沒想到面臨的卻是比田間更枯燥乏味的案牘生活。

某一日抄書的間隙，班超捏著筆桿空舉半晌，猛地抬起手，將毛筆重重地拍在案几上！

同事們紛紛轉過身來，愕然望向他，只見班超感慨道：「大丈夫無他志略，猶當效張騫、傅介子立功異域，安能久事筆硯間乎！」

同事們笑他：「就憑你？」

班超笑了笑，不再說話。他不想尸位素餐一輩子，更何況以他的身分、處境，不奮鬥則死！這也怕那也怕，絕對沒出路。

他有滿肚子韜略想要施展，就差一個機會。

劉莊崇尚儒術文學，很欣賞班固的才華，多次召班固入宮廷侍讀。有一天，劉莊突然心血來潮，問班固：「聽說你們班家三兄妹才華橫溢、博覽群書，你弟弟現在在哪兒工作？」

班固答：「家弟班超現在為官府抄寫文書，賺錢供養老母。」

劉莊聽到這話，覺得大材小用了，於是提拔班超做了一名蘭臺令史，掌管奏章和文書。

雖然轉為政府的文職人員，但是這依然不是他的夢想。沒過多久，班超在工作中不知出了什麼紕漏，被開除公職，又成了一介草民。

三十多歲還一事無成，養家餬口都成問題，班超的前半生可謂一塌糊塗。

## 班超投筆從戎

晃徘徊悠又是幾年，到漢明帝永平十五年（西元 72 年）時，班超已經三十九歲了。

這一年，班超聽到了一個消息，竇固被任為奉車都尉，即將討伐北匈奴。

班超激動了，他二話不說，捲起行李就投入了竇固軍中。

說起來，班家和竇家還頗有淵源。竇固是竇融的姪子、竇友的兒子，竇融、竇友兄弟與班超的父親班彪，在河西地區共患難多年。歸附東漢朝廷後，竇氏一族開始崛起，班家卻沒能在仕途上取得多大的成就，轉而潛心做學問。

兩家雖然地位懸殊，但是也時有走動。班超靠著這層關係，在部隊中混了個「假司馬」，也就是代司馬。

由此，班超開啟了人生的下半場。

班超一到軍中，就顯示出了與眾不同的才能。他率兵進攻伊吾，在蒲類海與北匈奴交戰，斬獲甚多。竇固看他在戰場上表現突出，便派他與從事郭恂帶領三十六人出使西域各國。

這是一項異常艱鉅而危險的任務，在帝國放棄西域數十年後，當初打通的絲路早已斷絕，茫茫大漠成了匈奴人與強盜的天下，西域各個小國本就是牆頭草，眼看漢朝退出了西域，便紛紛倒向匈奴，對漢朝充滿了不信任和敵意。

班超此行便是要重新樹立起大漢的威名，將匈奴勢力驅逐出西域，將各國重新拉回漢朝的懷抱。

問題在於，要想馳騁西域，除了靠糊弄和拉攏，還得靠實打實的甲兵勁弩。畢竟，這年頭做漢使可不容易，去了外面隨時可能遇上危險，諸如捲入他國高層鬥爭，主導親漢勢力發動政變，跟沙漠裡的匪徒胡虜火

## 第七章　再使西域

拚……都是尋常之事。

此行凶險萬分，但是班超一點都不怕。為了這一天，他已經等了近四十年！人生難得幾回搏，此時不搏何時搏？風險越大，機遇越大。班超是一個喜歡冒險、喜歡賭博的人，該作抉擇時，絕不猶豫！

竇固本想多給他分一些人馬，但是班超卻搖頭拒絕：「兵在精而不在多，這些人都是跟我出生入死打過仗的，三十六人足矣！」

班超一行人的第一站是鄯善國。

鄯善國就是以前的樓蘭國，國都扜泥城，東通敦煌，西通且末、精絕、拘彌、于闐，東北通車師，西北通焉耆，扼絲綢之路的要衝。之所以要改名，還得從傅介子說起。

當初樓蘭王安歸親匈奴而遠漢，多次勾結匈奴攔阻、殺害漢朝使節。元鳳年間，傅介子以駿馬監的身分出使西域，斬殺樓蘭王安歸，立樓蘭在漢的人質、前王之弟尉屠耆為王。新王遷離樓蘭，以南部的大城扜泥為都，改稱「鄯善國」。

班超意氣風發，這裡是偶像傅介子建功立業之地，也是他面對的第一道難關。

鄯善原本是漢朝的小弟，光武帝時，鄯善多次請求大漢置西域都護，以守護絲路諸國，都被劉秀以國內初定為由拒絕。不得已之下，鄯善最終投向了北匈奴，但是匈奴人貪得無厭，經常逼他們納稅進貢、勒索財物，鄯善王也很不爽。

得知漢軍使團到來，鄯善王不敢怠慢，舉行了一次盛大的宴會，為班超一行人接風洗塵。嫵媚歌姬、妖嬈樂舞、甜瓜香果、西域胡餅、美酒佳餚應有盡有，鄯善人所行禮節恭敬，處處細心周到。

可沒過幾日，班超卻察覺到了不對勁，鄯善人對漢使的態度不再像之

前那麼熱情了。在與鄯善王討論聯漢抗匈一事時，鄯善王開始閃爍其詞，顧左右而言他，而且對使團的接待規格也降低了。

此後幾日，班超一直沒有見到鄯善王，每每請見，都說鄯善王去遠方狩獵了，這讓班超心生擔憂。

「莫非是匈奴使者也來到了鄯善國，使得鄯善王猶豫，不知該順從於哪一邊？」

班超料定：「肯定是北匈奴那邊派人來了。」

他對手下說道：「你們可曾覺出鄯善國的態度冷淡了嗎？」

手下搖搖頭：「胡人行事無常，怕是您多慮了吧？」

班超道：「不，一定是北匈奴的使者來了，鄯善王心裡猶豫，不知該怎麼應對大漢和匈奴，所以才會如此。明智的人能夠在事情未發生前看出端倪，更何況現在事情已經如此明顯！」

這一日，鄯善人繼續請班超一行人喝酒。等到胡旋舞跳完，鄯善人再度舉著角杯向班超敬酒時，班超一飲而盡，忽然問了一句：「匈奴使者已經來了好幾天了，如今安在？胡旋舞可請他們看過了？」

侍者被問得猝不及防，匈奴那邊確實派人來了，這讓鄯善王很為難，一再嚴令不得洩漏半點風聲，漢使們從何得知的呢？

班超的嚇唬是有效的，侍者面露驚駭，在班超的逼問下，將事情一五一十說了出來。

果然如班超所料，一百多人的匈奴使團進駐了鄯善，就住在離這裡三十里的地方。

隨行人員聽完，不得不佩服班超驚人的判斷力。

班超很擔心，現在局面上匈奴占優勢，鄯善過去之所以羈事於匈奴，是因為匈奴人兵強馬壯，隨時可以帶著部眾懲罰鄯善。漢朝放棄西域已有

## 第七章　再使西域

數十年，山高路遠，根本照顧不到這位小弟，自己沒有信心能說服鄯善王。

怎麼辦？

情勢危急，但是班超卻很興奮，他想起了自己的偶像傅介子！

當年傅介子欲勸樓蘭王安歸降漢，安歸閃爍其詞，老傅臨走前騙他到邊境，斬了樓蘭王，攜帶其首級趕回長安覆命。如今，既然鄯善王下不了決心，那自己就幫他一把！

主意已定，班超命人將侍者捆了起來，然後把三十六名軍士叫到自己的帳內，請他們喝酒。

酒酣耳熱之際，班超站起來說道：「諸位與我來到絕域，目的只有一個，那就是建功立業，萬里封侯。如今北匈奴使者才來數日，鄯善王對我們的禮數就大不如前，一旦鄯善王被匈奴使者說服，一定會把我們抓起來獻給匈奴人，成為荒郊野狼的口中之食。你們說該怎麼辦？」

眾人藉著酒勁，嚷嚷道：「情況危急，您說怎麼辦就怎麼辦，是死是活，全聽司馬安排！」

「好！」

班超藉著酒氣道：「不入虎穴，焉得虎子！匈奴使者營地就在我們南邊三十里處。如今之計，只有趁黑夜時分，潛入匈奴帳中縱火，他們不知我們人數多寡，驚恐之下必定可以一舉殲滅。只要滅掉匈奴使團，鄯善王一定嚇破膽，我們就大功告成了！」

「你不是想騎牆嗎？等血淋淋的匈奴使者人頭扔到面前，看你還怎麼首鼠兩端！」

這時有一名軍士站起來說道：「此事事關重大，我們最好還是和從事郭恂商量一下吧。」

班超瞪了他一眼，怒道：「吉凶決於今日！郭從事是個耍筆桿子的文

官,讓他知道這事,一定嚇得腿肚子發軟,這事一定成不了。一旦消息洩漏,我們必定死無葬身之地,大丈夫豈能無辜送死!」

眾人藉著酒勁,慨然道:「全聽司馬安排!」

見大家態度明確,班超哈哈一笑,頓時豪情萬丈:「走,砍人去!待殺盡胡虜,再回來痛飲三百杯!」

眾人轟然應諾。

事不宜遲,班超立刻讓人餵飽戰馬,揹著弩機,腰掛環刀,穿戴好鐵扎甲,向匈奴營地悄悄出發。此事必須迅速,就算漢軍使團將營地裡的鄯善人全綁了,也瞞不了多久,一旦天亮,鄯善王必定會發覺,到時候派兵阻止,區區三十七人是無法成事的。

月黑風高夜,殺人放火時。戶外颳起了大風,一行人縱馬小跑,等到遠遠望見匈奴營地時,班超安排十人躲在匈奴營舍後,每個人身上都帶一面鼓,其餘二十多人則手持環刀弓弩,埋伏在匈奴大營大門兩側。

隨後,班超順著風向點火,火借風勢很快燃燒起來,頓時將匈奴使團營舍裡的帳篷包圍。十名鼓手看到火光四起,立即擂鼓,大聲鼓譟。匈奴人正在酣睡,被火光與鼓聲驚醒後驚慌失措,裡頭的人瘋了似的逃出來,也有人直接進了火海。

大火所散發出來的濃煙令人窒息,不少在帳中熟睡之人根本來不及反應便已昏迷,最終失去了知覺。

一下子,整個營地如同炸開一般,無數人從夢中驚醒,被這可怕的火光與鼓聲嚇得不知所措。

班超等的就是這個機會,二十多張弓弩齊齊射出,將衝出營舍的匈奴人射翻在地。

馬圈裡,戰馬受到驚嚇,瘋了似的衝出柵欄,發足狂奔。

## 第七章　再使西域

匈奴使團雖然有一百三十餘人，但是事起倉促，在營舍門口撞成一團，加上漢兵持弩阻擊，匈奴人失去了還手的機會。

班超親手格殺了三名匈奴人，三十六名軍士殺了三十餘人，剩餘的一百多匈奴人要麼被火燒死，要麼在濃煙中窒息而死。

次日，班超率眾人回到使館，差人去請從事郭恂，將奇襲匈奴使團一事告知郭恂。

郭恂聽完大吃一驚，隨後又一臉的沮喪。班超不僅勇猛過人，而且心細如針，他知道郭恂不敢做大事，但是又想要貪功，於是微微一笑，說道：「你雖然沒有參加昨晚的行動，但是我豈敢獨攬這份功勞？這功勞算你一份！」

郭恂這才笑逐顏開。當鄯善王派人來慰問時，數十顆血淋淋的匈奴人頭被班超扔到地上，對方頓時糊塗了。

昨夜事發突然，守在附近的鄯善國士兵沒有得到鄯善王之令不敢妄動，眼睜睜看著一百三十餘匈奴人被三十七名漢軍團滅。眼下，面對班超的厲聲質問，鄯善王只得親自出面，安撫漢軍使團。

事實證明，在西域這塊地盤上，實幹比多少外交談判都管用。

鄯善素來是牆頭草，在評估兩邊力量後，心中天平再度向強者傾斜。鄯善王向班超告罪，當天在金頂大帳中宴請了漢朝使團，與班超歃血盟誓，並把自己的一個兒子送到漢朝作為人質，接受漢化——這是「認大哥」的必備手續，不做不行。

首戰告捷！

# 壯志定西域

　　不得不說，班超是天生的外交家，他有著過人的外交敏銳度與判斷力，在戰場上也能指揮若定，這一切都是他能在西域立足的根本。

　　拿下鄯善國後，班超寫信向竇固彙報來龍去脈。竇固大喜，上了一道奏章，極力稱讚班超的功勞，並請求朝廷正式派遣使者出使西域諸國。

　　漢明帝聽聞了班超的事蹟後，當即做出批示：「有班超這樣優秀的人，還派什麼人，就他了！」

　　朝廷一紙詔書，班超順利轉正，領銜出使于闐。

　　于闐是南道大國，竇固擔心班超的兵力太少，準備增加點人數給他，班超卻拒絕了。他說：「于闐是西域大國，路途遙遠，多帶幾百人也顯不出漢朝的強大，倘若遇到不測，數百人也無濟於事，反而成為累贅，我只需要追隨我的這三十幾名軍士足矣。」

　　于闐這一關不好過，光武帝時，莎車國曾稱霸西域，到了明帝時，莎車王賢派兵數萬欲征服于闐，但是于闐在國王休莫霸的率領下奮起抵抗，挫敗了莎車的攻勢，反而圍困了莎車。

　　不幸的是，在圍城戰中，國王休莫霸中流矢身亡，于闐人另立休莫霸的兄子廣德為國王。隨後，于闐王廣德發兵再次進攻莎車，誘殺莎車王賢，吞併了莎車國。

　　于闐國在西域鬧得很嚴重，引起了匈奴人的注意。為了遏止于闐的擴張，匈奴人帶著一群小嘍囉進攻于闐，于闐王廣德抵擋不住，向匈奴人投降，並被迫放棄了莎車國的土地。為了進一步控制于闐，匈奴派遣使者監護于闐。

　　就在這種局面下，班超帶人進入了于闐。

## 第七章　再使西域

得知漢帝國要派遣使團前來，匈奴人暗中收買了于闐的巫師。于闐王對班超等人態度十分冷淡，巫師假裝神靈附體，對于闐王說：「你們和漢使來往，惹得天神都發怒了！天神降下了神諭，說漢朝使臣有一匹好馬，黑嘴黃身，你們去拿來祭祀天神！」

信奉巫神的于闐王聽後深信不疑，派宰相向班超求取這匹馬。班超心思縝密，細細盤問，弄清楚是大巫師在搞鬼後，對于闐宰相說：「既然是天神需要，那就請大巫師親自過來牽馬吧！」

巫師不知有詐，揚揚得意地上門牽馬，結果前腳剛邁進去，後腳就被班超手下的軍士砍了。軍士還把宰相綁起來痛打了一頓。

之後，班超將半死的宰相和死透的巫師丟給于闐王，並給于闐王撂下一句話：「人是我砍的，你看著辦吧！」

于闐王早就聽聞班超在鄯善國誅殺匈奴使者的事蹟，知道班超能征善戰，不是個好惹的人，當即下定決心誅殺匈奴使節，向班超各種示好、保證，宣布重新歸附漢朝。

班超以過人的膽量和強硬的手腕，收服鄯善國和于闐國，引起了西域各國極大的震動。不少西域小國紛紛主動向漢朝示好，派出王子入朝為人質，表示願意歸附。

至此，自王莽代漢，與漢朝中斷聯繫六十五年的西域再度恢復了和漢朝的交往。

于闐的事情剛結束，疏勒國那邊又出了事。

請注意，這個疏勒國和耿恭駐守的疏勒城，兩者位於不同地方，不可混淆。

在北道諸國中，匈奴人扶持的龜茲國國力最為強大，仗著有匈奴人的支持稱霸一方。龜茲國壯大後出兵攻打西部的疏勒國，殺死了疏勒的國

王，派龜茲的貴族兜題為疏勒國王。

疏勒成了龜茲的附屬國。疏勒人雖然心懷不滿，但是實力不如人，不敢反抗，只能默默忍耐。

了解這個情況後，班超決定賭一把，為疏勒百姓做主。可問題在於，班超身邊只有這三十六名老兵，要想推翻龜茲人在疏勒的統治，有可能嗎？

雙方兵力懸殊，班超能做的，只有借力打力，巧妙周旋。

永平十七年（西元74年），班超帶著自己的隊伍祕密抄小路進入疏勒國，在距離疏勒王城槃橐城九十里處稍作停留。他派遣得力幹將田慮帶幾位弟兄進入王城，面見疏勒國王兜題，臨行前囑咐田慮：「疏勒國王兜題本來不是疏勒人，百姓必不聽命於他，如果兜題拒絕投降，你想辦法將他抓起來。」

田慮領命，當即前往槃橐城面見國王兜題，勸他識時務，早日歸附大漢。兜題見田慮人單勢孤，根本沒聽進去田慮的話。

文的不行，只能動武了，田慮也不生氣，趁其不備，便劫持了兜題。

兜題大喊大叫，讓侍衛救自己，但是他身邊的侍衛都是疏勒人，本來對他就沒什麼忠心，現在見老大被劫持，索性一哄而散。

田慮劫持兜題後飛馬來見班超，班超聽聞，立刻率領其餘隨從火速趕往槃橐城。

一到王城，班超立即召集疏勒國的文武官員，歷數龜茲國的罪惡，宣布廢除國王兜題，改立原來疏勒王的姪子忠為新一任疏勒國王。

疏勒人對兜題本就沒有多少忠心，見漢朝使者為自己主持公道，盡皆拜服。就這樣，班超兵不血刃，搞定了疏勒國。

對於龜茲扶立的兜題，班超並未將其殺害，而是送回了龜茲。

班超剛在疏勒站穩腳跟，西域形勢就出現了重大變化。

## 第七章 再使西域

　　永平十八年（西元75年），北匈奴在西域展開反撲，殺車師後王安得，攻金蒲城，而後圍困疏勒城；北道親匈奴的焉耆、龜茲發兵圍攻西域都護陳睦，陳睦全軍覆沒；緊接著，車師國向匈奴投降，匈奴兵圍柳中城。

　　龜茲軍隊在擊殺陳睦之後，轉而聯合姑墨，進攻疏勒。

　　西域漢軍全線告急！

　　面對強敵壓境，班超沉著應對，與疏勒新國王共同守衛王城槃橐城。雖然疏勒國小，士卒不多，但是在班超的指揮下以寡抗眾，死守王城。龜茲與姑墨聯軍圍困一年多，始終無法攻破槃橐城，只好撤兵離去。

　　第二年（西元76年），漢帝國發兵解柳中城之圍，翻越天山救出了疏勒城的耿恭餘部。

　　耿恭雖然被救回來了，但是新上臺的劉炟卻一改漢明帝的國策，決定撤出西域，詔罷西域都護與戊己校尉。考慮到班超在西域勢單力薄，劉炟下詔讓班超回朝。

　　詔書傳到疏勒國，班超大吃一驚：「漢朝放棄西域數十年，好不容易重返西域，如今怎麼又要撤離？」

　　他深知自己一旦撤走，匈奴必將捲土重來，西域又將陷入動盪之中，可是皇帝的詔書就在眼前，怎麼辦？

　　更不捨的是疏勒國人，這一年來，班超與疏勒百姓並肩戰鬥，抵抗龜茲軍隊入侵，已經贏得了百姓的信賴和尊重。如今班超突然被召回國，疏勒百姓無不感到失望與沮喪。

　　班超與三十幾位勇士收拾好行囊，準備離開，疏勒官員和百姓依依不捨地跟隨他們到城外，揮淚挽留。就在此時，疏勒都尉黎弇拜倒在班超面前，失聲痛哭道：「漢使棄我，我必復為龜茲所滅，誠不忍見漢使去！」說罷橫刀自刎。

# 壯志定西域

班超大吃一驚，等他奪下刀時，黎弇早已氣絕。此情此景，在西域的風沙中磨礪多年的班超也不禁熱淚盈眶！

疏勒離不開他，但是皇帝詔書在此，由不得他做主，只得命人收拾黎弇屍體，然後與疏勒眾臣民辭別。

一行人至于闐國時，于闐國王竟跪攔班超的馬，說：「漢使如父母，誠不可去！」于闐一幫文武大臣也紛紛跑上前去，抱住坐騎的四條腿，不讓班超走。

班超深受感動，于闐是南道第一大國，如果于闐站到匈奴那邊，漢朝在西域的種種努力將前功盡棄！

一邊是皇帝的詔書，一邊是西域百姓的泣血挽留，怎麼抉擇？

班超的內心陷入天人交戰之中，他想起了自己的偶像張騫、傅介子。昔日張騫入絕域，那時候的他也一定緊緊握著節杖，有過動搖和遲疑，然後最終，他壓制住心中掉頭的衝動，邁出了下一步！

他抬起頭，幾隻雄鷹正盤旋在高空：「大丈夫當穿行異域萬里黃沙，以取功名，豈能就此放棄？」

「博望侯（張騫的爵位），我大漢征服西域不易，『斷匈奴右臂』的策略不能就此放棄，我這小後生，不能讓你蒙羞！」

經過一番痛苦的抉擇，他終於下定決心：「不走了！就留在西域，帶領西域各國抵抗匈奴！」

這個決定讓于闐國人歡呼雀躍，淚流滿襟。

班超又回來了。

此時的疏勒正陷入危機之中，北部的兩座城池向龜茲投降，龜茲讓尉頭國派軍進駐二城，槃橐城人心動盪。

班超帶領疏勒軍隊反攻，城內百姓見救星來了，紛起以作內應，尉頭

## 第七章　再使西域

國駐紮在兩城的六百多人被殲滅，疏勒轉危為安。

此時，朝廷已撤銷西域都護和戊己校尉，罷屯田士兵，北道已隸屬於匈奴，班超一行孤懸萬里之外，形勢十分險惡。但是班超臨危不懼，運籌帷幄，動員忠於漢朝的鄯善、于闐、疏勒等國力量，與匈奴人展開了周旋。

建初三年（西元78年），班超統率疏勒、康居、于闐、拘彌等國聯軍一萬多人，對姑墨發起了「外科手術式」的攻擊。

之所以要對姑墨下手，是因為姑墨實力較弱，是龜茲的嘍囉國。與原先的疏勒一樣，姑墨國王也是由龜茲人擔任的，在國內不得人心。在聯軍的猛烈進攻下，姑墨很快敗下陣來，被斬殺七百人。

建初五年（西元80年），班超寫了一封信給皇帝劉炟，分析西域各國形勢及自己的處境，提出了平定西域各國的主張：

「臣竊見先帝欲開西域，故北擊匈奴，西使外國，鄯善、于闐當即歸附大漢。如今拘彌、莎車、疏勒、月氏、烏孫、康居等國都願意歸順漢朝，共同出力攻滅龜茲，開闢通往漢朝的道路。如果我們攻下龜茲，那麼西域尚未歸順的國家就屈指可數了。臣伏自唯念，自己原來雖然只是個軍中小吏，很難像谷吉那樣效命絕域，如張騫那樣棄身曠野。昔日魏絳只是一個小國大夫，還能與諸戎訂立和盟，何況臣今天仰承大漢的聲威，難道不能竭盡鉛刀一割的作用嗎？

前漢議論西域形勢的人都說只有打通西域三十六國，才能稱得上斷匈奴右臂。今日西域諸國，哪怕是極邊遠的小國，沒有不願意歸附漢朝的，大小欣欣，貢奉不絕，唯焉耆、龜茲兩國未服從。臣先前曾和三十六人奉命出使西域，歷盡艱難危困，孤守疏勒，於今五載；胡夷情數，臣頗識之。臣曾問過大小城廓的人，他們都認為大漢與天一樣可靠。

由此看來，蔥嶺的道路是可以打通的，蔥嶺一通則龜茲可伐。今宜拜龜茲侍子白霸為其國王，以步騎數百護送，與其他各國軍隊聯合作戰，要

不了多久，就可以擒獲龜茲王。以夷狄攻夷狄，這是最好的辦法。臣看莎車、疏勒兩國田地肥廣，草茂畜繁，不同於敦煌、鄯善兩地。朝廷在那裡駐軍，糧食可以自給自足，不須耗費國內的財力、物力。而且姑墨、溫宿兩國的國王又是龜茲國所冊立的，不是本國人，就會進一步加劇對立和厭棄，這種情況必定會導致反叛和出降。若兩國來降，則龜茲自破。

希望朝廷仔細考量臣的奏章，看能否參照辦理，萬一獲得成功，臣死復何恨？臣下區區之身，蒙上天庇佑，希望能夠親眼看到西域平定、陛下舉萬年之觴，向祖廟祭祀獻功，布大喜於天下！」

班超在上書中提出了「以夷制夷」的策略，他指出龜茲是平定西域最大的麻煩，焉耆次之。只要解決了龜茲，再平定焉耆國，就可以徹底平定西域了。

劉炟讀了班超的上書後，對這個策略十分讚賞。對於出兵西域，漢帝國的朝堂上從來不缺乏反對者的聲音，賢良文學們在「鹽鐵之議」時就抨擊過孝武之策，認為遠征西域，只會讓甲士死於軍旅，百姓疲於轉運。對於漢朝而言，派出使節縱橫西域，讓當地的人力、資源為大漢所用，以胡治胡，不勞師旅，如此既能達到目的，又不影響國內民生，可謂一舉兩得！

隨後，劉炟召集公卿大夫開會，商討派兵趕赴西域事宜。

出兵西域，關鍵是要有人。這時一個叫徐幹的人站了出來，表示願意奮身從軍，出塞作為班超的副手。劉炟大喜，以徐幹為假司馬，在國內招募前往西域的壯士。

雖然漢朝開拓西域已有上百年，但是西域仍是中原人談之色變的凶險之地，就說玉門以西，有白龍堆、三壟沙，流沙千里，極其險惡，進去的人，能活著走出來的不過十之一二。徐幹招募的全是剽悍之徒，有前來應徵的游俠壯士，亦有頭上頂著各式罪名、身穿赭衣的弛刑士。

畢竟只有這樣的人才能賣命，才能發狠，才能豁出去。

## 第七章 再使西域

徐幹就帶著這千餘名雜牌軍踏上了征程，而遠在萬里之外的班超也遇到了大麻煩：莎車國和疏勒國的都尉番辰叛變了。

莎車國迷之自信，以為漢軍不會前來，於是投降了龜茲，疏勒都尉番辰也在隨後反叛。

可惜，他們選錯了時機。

當疏勒都尉番辰叛變時，徐幹率領的一千多人正好趕到。班超遂與徐幹會合，對叛軍發動進攻，這支生力軍都是勇猛剽悍之徒，番辰的叛軍根本不是對手，被打得落花流水，潰不成軍。漢軍擊斃叛軍一千多人，番辰落荒而逃。

攻破叛軍後，班超的下一個目標是龜茲。

問題在於，龜茲堪稱北道第一大國，勝兵萬餘，僅靠班超這千餘人的兵力，根本啃不動這塊硬骨頭，唯一的辦法是拉攏西邊的大國烏孫。

說起烏孫，那是漢朝人民的老朋友了。當初烏孫靠著匈奴扶持，擊敗大月氏，占領伊犁河谷，地盤迅速擴張，成為西域大國。當年張騫雖然沒能說服大月氏與漢朝聯合，卻找到了一個更合適的盟友──烏孫。漢朝為了拉烏孫入夥，做了許多努力，先後嫁了兩位劉姓公主。

這一次，班超上書劉炟，請求漢帝國派遣使者與烏孫取得聯繫。他在上書中寫道：「烏孫乃西域大國，控弦之士十萬，所以武帝將細君公主嫁給烏孫王，到孝宣皇帝時，終於發揮了作用。如今若遣使與其聯合，那我們勝算更大了。」

劉炟採納了班超的意見，與烏孫國互通使節。

隨後的幾年內，東漢與烏孫重新恢復了外交關係，班超則和徐幹通力合作，在西域縱橫捭闔，穿梭於各國之間，收服一個又一個屬國。

## 以夷制夷

轉眼到了建初八年（西元83年），烏孫派往漢朝的使者即將回國，劉炟派衛侯李邑護送烏孫使者及入侍漢朝的烏孫王子返回。與此同時，劉炟為了表彰班超在西域的突出貢獻，將他擢升為將兵長史，班超的副手徐幹由假司馬升為軍司馬。

李邑護送烏孫使者透過塔里木盆地南道，到達于闐，正趕上龜茲進攻疏勒，前方道路被截斷了。李邑不敢冒險透過，為了掩飾自己的怯懦，他上書皇帝，說平定西域勞而無功，又詆毀班超只知道擁愛妻、抱愛子，在外享受安樂，沒有心思考慮國內的事情。

班超聽說這事後長嘆道：「我雖然不是曾參，卻遇到了曾參的『三至之讒』，恐怕現在已經有人懷疑我了。」

什麼是三至之讒？這是曾參的一個故事。魯國有一個跟曾參同名的人，殺了人，有人跑去跟曾參的母親說：「你兒子殺人了。」曾母當時正在織布，笑著說：「我兒子怎麼會殺人呢？」不予理會。過了一會兒，又有一個人跑來告訴曾母：「你兒子殺人了。」曾母仍然繼續織布，還是沒理會。又過了一陣子，第三個人跑來告訴她：「你兒子殺人了。」這下子曾母慌了手腳，扔了機杼，翻牆而逃。

故事很簡單，謊言重複幾次，就成真的了。班超出使西域已經過了十年，還在西域娶妻生子。雖然班超在西域兢兢業業，守著人臣之心，但是飛鳥未盡而欲藏良弓者大有人在，很難躲開那些流言蜚語。

為此，班超不得不忍痛休胡妻。

幸而他遇到的是劉炟。

劉炟性格溫吞，對班超非常信任，看到李邑的上書後，十分不滿，下詔

## 第七章　再使西域

責備李邑：「縱使班超擁愛妻、抱愛子，這也是人之常情。倘若班超如你所說，如何能使思鄉心切的一千多名部下與之同心同力，奮戰在絕域？」

劉炟不僅嚴厲駁斥了李邑，還命李邑聽班超的差遣。

班超不想留下李邑，他讓李邑護送烏孫王子返回洛陽。

軍司馬徐幹勸班超說：「李邑之前在皇帝面前詆毀你，想破壞我們在西域的事業，要是讓他回到洛陽，豈不是更有機會說你的壞話？為何不以詔書為理由將他留下，另派其他官員送人質呢？」

班超搖搖頭道：「此言差矣。正因為李邑毀謗我，所以我才派他回國。我自認問心無愧，何懼人言？倘若只是為了洩憤報復，硬把李邑留在西域，不是忠臣所為。」

做大事的人，哪有什麼心思去玩弄小心眼？

章帝元和元年（西元 84 年），朝廷再度增兵西域，由假司馬和恭率領一支八百人的隊伍支援班超。如此一來，班超手中的漢軍數量達到了一千八百人。

有了這支部隊作為班底，班超順帶徵發疏勒與于闐的軍隊，準備進攻莎車國。

莎車國位於疏勒與于闐之間，兩面受敵，國王自知不敵，暗地裡聯繫了疏勒王忠，許以重利。疏勒王雖然是班超擁立的，但是意志十分薄弱，被對方一糊弄就臨陣倒戈，撤出戰鬥，退保疏勒西部的烏即城，在背後狠狠捅了班超一刀。

班超對疏勒王忠的叛變迅速做出了反應，靠著自己在疏勒十多年所累積的威望，重新立了一個疏勒王，放棄對莎車的進攻，轉而進攻烏即城。

這場仗打得很艱難，班超率軍打了半年，都沒有打下烏即城。更嚴重的問題是，康居國也參與了進來。

疏勒王在圍城期間多次派人前往康居國，請求康居國出兵援助。康居

以夷制夷

王權衡利弊,決定支持疏勒王,派了一支部隊趕往烏即城。

班超很被動,一旦康居的部隊兵臨城下,內外夾擊,自己將面臨非常不利的境地,必須想辦法讓康居軍隊撤軍!

只是,怎麼才能讓康居軍隊知難而退呢?

班超的眼睛在地圖上盯了半天,最後落在了西邊的大月氏國。

對於月氏這個部族,大夥兒想必不會陌生。月氏跟匈奴是死敵,當年月氏戰敗,一部分月氏人被迫西遷伊犁河、楚河一帶,後又敗於烏孫,遂西擊大夏,占領媯水(阿姆河)兩岸,建立大月氏王國;另一部分月氏人則留在河西,與羌人雜居,成為小月氏。月氏王的頭骨被挖空鍍了層金,成了歷代匈奴單于歃血為盟的必備禮器。

想當初,張騫踏上西域,目的就是為了找到大月氏,聯合他們實施「斷匈奴右臂」的策略。可是大月氏跑得足夠遠,已經抵達阿富汗和北印度,翻身做了主人,日子過得很好,不願東返。

西遷的大月氏有五大翕侯,其中以貴霜翕侯實力最強,這裡的翕侯是烏孫、月氏等塞人部族中的貴族頭銜,意即首領。百多年後,貴霜翕侯吞併了其餘四個翕侯,更改國名為「貴霜」,但是漢帝國仍然沿用舊稱「月氏」。

當時的貴霜帝國國力強盛,其疆域範圍大致是今天的烏茲別克、阿富汗、巴基斯坦和印度半島北部部分地區,是當之無愧的中亞霸主。

康居國位於月氏國的北部,當時月氏與康居剛剛和親,兩國關係正處於蜜月期。為了分化二者的聯盟關係,班超祕密派人送財物給月氏王,希望對方向康居國施壓,撤回援助疏勒叛軍的軍隊。

月氏王不想與漢帝國為敵,於是派人前往康居國,告訴康居王沒事不要跟漢帝國結怨,萬一招致漢帝國的報復,自己可不會出手幫他。

康居王沒了月氏的背書,只得立即停止進軍,派人與班超談判,要求只

## 第七章　再使西域

有一個：希望疏勒王能到康居國避難。

班超答應了這個要求，隨後拿下了烏即城。

疏勒王忠並不甘心失敗，他做夢都想殺回疏勒，奪回國王寶座。三年後，疏勒王再次獲得康居王的支持，從康居借了兵，捲土重來。不過這一次，疏勒王學聰明了，他遣使詐降於班超，準備打入漢軍內部，為龜茲入侵做內應。

然而，疏勒王的這點小伎倆，老謀深算的班超一眼就看破了。他將計就計，同意了疏勒王的投降請求。

疏勒王大喜，立刻帶著一隊輕騎跑到班超帳下，得到了班超的熱情接待。故人相見，豈能不灌幾杯黃湯？酒過三巡，就在兩人端著酒杯稱兄道弟之際，漢軍刀斧手從幕後走出，手起刀落，砍下了疏勒王的人頭，而後班超突襲其所帶來的康居軍隊。康居軍隊措手不及，被斬殺七百餘人，其餘人則逃回康居國內。

這幾年來，北匈奴的處境很不利，不少人紛紛逃亡到了南邊的漢朝。與此同時，鮮卑軍隊也入侵北匈奴，北匈奴慘敗，優留單于被殺。

北匈奴慘敗，為西域各國敲響了警鐘，形勢已經很明朗了，北匈奴已是強弩之末。班超雖然人數不多，但是靠著豐富的外交和軍事經驗在西域遊刃有餘，而眼下，收拾莎車的機會到了。

章和元年（西元87年），班超調集于闐、疏勒等國的軍隊，共計兩萬五千人，進攻莎車國。

莎車王自知不敵，緊急向龜茲國求援。

聯軍對莎車王城發起強大攻勢，莎車人堅守城池，坐等龜茲援軍。龜茲王親自帶領本國軍隊，左將軍帶著溫宿、姑墨、尉頭三國聯軍，共計五萬人，開赴莎車國。

援軍的人數是班超的兩倍，來勢洶洶，怎麼辦？

班超召集部下將校和于闐王開會，商討作戰計畫。在會議上，他提出了一個大膽的計畫：部隊假裝撤退，于闐部向東撤離，他帶隊向西撤離，等莎車人喪失警覺，他們再殺個回馬槍，一舉滅掉莎車國。

這個計畫很冒險，需要各方高度配合，及時傳遞消息，一旦出現紕漏，很容易被對方包圍，為此班超又擬定了詳細的行動計畫。

次日，大軍分兩路撤退，班超製造撤兵混亂的場面，還故意放鬆戒備，讓莎車的俘虜們有機會逃跑。俘虜逃出後將情報傳遞給莎車王，莎車王又派人通知正在行軍途中的龜茲王。

龜茲王大喜，親自率領一萬騎兵趕往莎車國的西界，以逸待勞，坐等班超軍隊返回疏勒。溫宿王也率八千騎兵趕赴莎車國的東界，截住于闐王的退路。

而這都在班超的計畫之中。

撤出莎車王城後，班超派出偵察兵密切觀察援軍動向，打探到龜茲、溫宿兩國軍隊已經出動後，他立即集結部隊，派人與于闐王取得聯繫，殺回莎車王城。

莎車人大為驚慌，班超大軍一鼓作氣拿下了莎車王城，守軍四處奔逃，班超追擊斬殺五千餘人，莎車投降。

還在邊界上等候截擊的龜茲援軍苦等了一天，沒等到班超大軍，卻等來了莎車王城被攻破的消息。龜茲王大驚失色，見大勢已去，只好各自撤去。

莎車一役充分展現了班超出色的戰爭指揮藝術，他以劣勢兵力聲東擊西，麻痺敵人，等對手放鬆警惕之際突然一個回馬槍，從而扭轉戰局，奪得勝利。他以一人之力，於暗流湧動的西域各國，硬生生撕開一片天地，讓漢軍的旗幟高高飄揚在萬里之外的西域，不得不讓人擊掌叫好。

## 第七章　再使西域

這一戰後，班超威震西域。

北部的龜茲被遏止了，但是西部的大月氏始終是個威脅，更大的挑戰還在等待著班超等人。

前面說過，此時的大月氏搖身一變，已改名為「貴霜帝國」，君王是維摩伽迪腓斯二世（閻膏珍）。月氏此前曾多次協助漢帝國，自認有功，想和漢朝和親，迎娶大漢的公主。為此，月氏王還派了使者到疏勒求見班超，但是班超拒絕了月氏王的要求，並且勒令月氏使者回去。

月氏王大怒，準備教訓一下班超。

永元二年（西元90年），月氏副王謝率領七萬人的遠征軍，翻越蔥嶺，準備向班超所在的疏勒發動進攻。

對方有七萬人，而班超手中的部隊只有一萬多人，兵力相差極為懸殊，人心惶惶，怎麼辦？

班超召集眾人並打氣：「大夥兒不必驚慌，月氏兵雖然多，但是他們長途跋涉數千里，翻越蔥嶺，運輸補給肯定不足。我們只要堅壁清野，收谷堅守，月氏軍隊糧草不濟，不出數十日必敗！」

隨後，班超動員全城軍民將城外的糧食全部收割，加固城牆與防禦工事，積極備戰。

月氏大軍抵達後，對疏勒國發起猛烈攻擊。這十幾年來，班超奔走在西域各國，多次以寡敵眾，對守城已經很有心得。在他的指揮、部署下，疏勒軍民齊心協力守城，月氏軍隊想盡了各種辦法，也無法破城。

時間一長，月氏軍隊扛不住了，七萬大軍出發時所帶的糧食本就有限，如今在城下已耗費數十日，人吃馬嚼，糧草消耗極大。月氏軍隊掃蕩城外的村莊，可是周邊早已被班超清空，根本搜不到一粒糧食。

眼下唯一的辦法，就是向龜茲求援。

班超早就料到了這一點,他派了一支數百人的隊伍,預先埋伏在通往龜茲的必經之路上。果不其然,月氏人派了一支小分隊,帶著金銀珠寶去龜茲求援,卻在半路上遇到了漢軍伏兵,全軍覆沒。

沒有糧食,七萬大軍很快就陷入了困境。副王謝知道這場千里奔襲注定要失敗,只得遣使向班超請罪,希望能放他們一條生路。班超很痛快,同意讓他們回國,並且保證絕不追擊。

在挫敗了中亞最強大的貴霜帝國後,班超再一次威震西域。

## 萬里封侯歸

永元三年(西元91年),北匈奴在與漢帝國的決戰中敗北,龜茲、姑墨、溫宿、尉頭等國見靠山倒了,紛紛向班超投降,請求歸附漢帝國。

鑒於龜茲這個小弟一向不安分,班超威脅龜茲王尤利多退位,改立入侍漢帝國的王子白霸為龜茲王。為防止原龜茲王尤利多東山再起,班超上書朝廷,將尤利多送往洛陽軟禁。

放眼西域,只剩三個小弟未歸附漢朝:焉耆、危須、尉犁。

當年襲擊西域都護府,殺死都護陳睦,這三個小嘍囉都有份,所以提心吊膽,怕遭漢朝秋後算帳。

永元六年(西元94年)秋,班超調集龜茲、鄯善等八個國家,共計七萬人的軍隊,浩浩蕩蕩向焉耆、危須、尉犁出發。

大軍抵達尉犁邊界後,班超下令安營紮寨,派人先去曉諭三國國王:「大都護此次前來,是為了鎮撫三國,如果你們想要改過從善,就應該親自來迎接大軍,我將賞賜王侯以下之人,撫慰完畢便會回軍。為表誠意,我

## 第七章　再使西域

送你們彩色絲帛五百匹。」

焉耆國王心中忐忑不安，派左將軍北鞬支趕著牛羊、帶著美酒去迎接班超，打探虛實。

班超見焉耆王沒有來，勃然大怒，喝斥北鞬支：「你雖然是匈奴侍子，卻掌焉耆的大權，本都護此次前來，焉耆王沒有及時迎接，這都是你的失職！」

北鞬支聽罷唯唯而去，部將們表示不解：「都護為何不殺了他？」

班超答道：「你們想得太簡單了。北鞬支仗著匈奴人撐腰，儼然成了焉耆的太上皇，在焉耆的權力甚至比焉耆王還大。要是現在殺了他，焉耆必然會對我們嚴加防範，據險而守，到時我們連焉耆城都到不了。」

焉耆王聽完北鞬支的彙報，不敢怠慢，親自率大臣前往尉犁國迎接班超，並且獻上奇珍異寶。班超有自己的打算，對焉耆王撫慰一番後，便讓其回去準備歸降事宜。

卻不料，焉耆王在回去的路上又反悔了。當時進入焉耆國有一座橋，稱為「葦橋」，焉耆王下令拆毀此橋，企圖阻止班超的軍隊進入焉耆國內。

很遺憾，焉耆王的這些小伎倆並沒有發揮什麼效果，班超帶大軍繞道而行，進入焉耆國境。七月底，大軍進抵焉耆城下，將大營立在距城二十里的博斯騰湖畔。

焉耆王頓時就慌了，準備放棄王城，退到山區進行抵抗。焉耆國的左侯元孟是親漢派，他曾作為人質在洛陽待過一段時間，得知焉耆王的計畫後，派人通風報信給班超，說老大準備跑路了。

班超聽了來者的通報後，故意裝出不相信的樣子，將來人斬首示眾。隨後他對外宣揚，自己將要與幾個國王會見商談，還要重金厚賞。

焉耆王心中稍安，覺得班超真是想與自己交朋友，於是約了尉犁王、

北鞬支等三十多名王侯、官員來見班超。不過，國相腹久覺得此去凶多吉少，帶領十七人跑了，危須王也不敢來。

開會當天，班超坐在首座，諸國王陪坐末尾。班超見人不齊，當即喝斥道：「危須王為何不來？腹久等人為何逃匿？」

不等焉耆王解釋，班超就將焉耆王、尉犁王等捆起來，押往當年西域都護陳睦被害之地，開刀問斬。

雖然當初發動戰爭的是前任焉耆王，並不是現在這位，但是在班超眼中並無區別。他要向西域各國表明態度：「犯強漢者，雖遠必誅！這不是一句空話！」

焉耆王、尉犁王被誘殺後，班超縱兵搶掠，斬殺五千多人，俘獲一萬五千人，馬、牛、羊三十多萬頭，穩定了西域的局勢。

至此，西域五十餘國悉數臣服於東漢，漢朝經西域至中亞的絲綢之路重新打通。

相比於漢武帝時期貳師將軍李廣利的勞師遠征，以及盛唐時期經營西域的巨大投入，班超以三十六人起家，在矛盾重重、派系林立的西域各國中輾轉騰挪，牢牢掌控西域數十年，幾乎以一己之力捍衛了漢帝國在西域的強勢存在。

次年（西元95年），班超登上了人生巔峰，他得到了一個響亮而勵志的封號：定遠侯！

詔書曰：往者匈奴獨擅西域，寇盜河西，永平之末，城門晝閉。先帝憐惜邊疆百姓為胡虜欺壓迫害，乃命將帥擊右地，破白山，臨蒲類，取車師城郭，諸國震懾響應，遂開西域，置都護。而焉耆王舜、舜子忠，獨謀悖逆，恃其險隘，覆沒都護，並及吏士。先帝重元元之命，憚兵役之興，故使軍司馬班超安集于闐以西。班超越蔥嶺，過大漠，在西域出入二十二

## 第七章　再使西域

年，莫不賓從，改立其王，而綏其人。沒有調動大軍，得遠夷之和，同異俗之心，以報將士之仇。《司馬法》曰：「賞不逾月，欲人速睹為善之利也。」其封超為定遠侯，邑千戶。

這一年，班超六十三歲，在歷經二十二年奔波後，終於實現了「萬里封侯」的夢想，也實現了當年的壯志！他終於有資格和那些在西域揚大漢國威的英雄並肩站在一起了！

永元九年（西元97年），班超做出了一個極具歷史意義的決定：派遣屬吏甘英出使大秦（羅馬帝國及近東地區），試圖溝通遙遠的歐洲。

甘英奉班超之命，帶領使團從龜茲出發，經條支、安息諸國，到達了安息西界的西海沿岸。

面對茫茫大海，甘英求助於當地的商人。安息商人以誇張的口吻說，前方海域廣闊，往來如果順風，三個月方能透過。若風向不理想，也有延遲至兩年之久的，因此入海者都不得不攜帶三年口糧。海中情境，令人思鄉懷土，船行艱險，死於海上者不在少數。

得知這個情況，甘英只得返回。

甘英的這次出使，是當時中華民族最遠的一次西行探險，是東方與西方連線的一次嘗試。可惜受限於當時的條件，甘英只到了波斯灣，最終未能踏上羅馬的領土。梁啟超後來感慨道：「班定遠既定西域，使甘英航海求大秦，而安息人（波斯）遮之不得達，謬言海上之奇新殊險，英遂氣沮，於是東西文明相接觸之一機會坐失。讀史者有無窮之憾焉。」

不過歷史上，雖然大漢與羅馬在陸路上被安息帝國阻斷，始終沒能接觸，可東漢末年卻有一支商隊號稱「大秦王安敦」的使者，在日南郡登陸，獻象牙、犀角、玳瑁，漢朝與羅馬第一次取得了聯繫。

西域的形勢越來越穩定，各國的君主貴人們已經習慣了班超的守護，

他以其智謀化解各國的爭端，守護漢人在玉門關以西的利益，似乎樂在其中。

但是只有他的三個兒子知道，班超的思鄉之心，無一日減弱。

永元十二年（西元100年），班超已經六十八歲了。歲月不饒人，在西域的風吹日晒下，班超的身體大不如前，而他也越發思念家鄉和親人。

他的哥哥班固因為竇憲事件而遭到株連，八年前死於獄中，家中只剩下妹妹班昭。而他的三個兒子在西域數十年，一直沒有機會親眼見到大漢的國土。每當午夜夢迴的時候，他總會想起故鄉，想起故鄉的親朋。他很想在自己的有生之年，帶著兒子回到闊別已久的家鄉看看。

於是他寫了一封信給皇帝。在信中，他動情地說道：

臣聽聞姜太公封於齊國，最初的五代齊王去世後都運回周地安葬。狐狸死的時候，頭一定朝著牠出生的土丘，代地的馬總是依戀北風。周和齊同在中原，相距不過千里，而我遠居萬里之外，怎能沒有「老狐首丘」、「代馬依風」之感呢？蠻夷風俗畏壯侮老，臣日漸衰老，常恐忽然倒下，孤魂漂泊於異域。當年蘇武滯留匈奴十九年，如今我持符節、捧印璽監護西域，在此壽終，誠無所恨，但是擔心後世會認為我大漢名臣竟然死於西域。臣不敢望到酒泉郡，但願生入玉門關。臣老而多病，身體衰弱，冒死上言，謹派我兒子班勇隨帶安息使團一同入塞，在我有生之年，讓班勇親眼見到我大漢國土。

可惜的是，班超的上疏如石沉大海，杳無音信。

長居宮內，深受皇室尊崇的「曹大家」班昭，也上書為哥哥請求內返：

胞兄班超孤身輾側絕域，曉諭諸國，東征西戰，威名遠播，使西域五十餘國皆納貢歸附漢朝，今已垂垂老矣。蠻夷生性悖逆，喜好欺侮老人，班超生死只在旦暮之間，卻不見有人去替換他，我擔心會因此引發事端，讓蠻夷萌生叛逆之心。卿大夫只顧眼前利益，沒有人肯深謀遠慮，一

## 第七章　再使西域

旦猝然發生暴亂，班超平亂力不從心，上使國家累世之功蒙受損失，下使忠臣竭力之用遭到遺棄，實在讓人痛心不已！

班超萬里上書表明心跡，述說困苦之境、急迫之情，延頸盼望，可是至今已經三年了，音信皆無。我私下裡聽說古人十五從軍征，六十返故里，那時人老了也有休息的時候，也有卸職離任的那一天。所以我斗膽請求陛下憐惜班超，賜還內返，使他有機會再睹天顏，這樣也能夠使國家免除遠方的憂慮，西域不至於發生突然變故，班超也能得到文王葬骨之恩與田子方哀老之惠。

此時的皇帝已經是漢和帝劉肇，他看了班超的申請，以及班超的妹妹班昭的上書，准許班超回京。

接到朝廷詔書，班超開始收拾行囊。得知他要回京，西域各國君主及貴人、百姓紛紛前來相送。班超看著前來送行的人群，淚流滿面，四十一歲那年，他第一次踏上西域，隨後將自己的後半生留在了這裡。在別人眼中，西域的戈壁沙漠凶險萬分，可在他心裡，西域是大漢邊疆，絕對不容有失！

而如今，自己的使命已經完成，該回家了！

他等這份詔書，等太久了。

朝廷以戊己校尉任尚接任西域都護。在交代工作時，任尚向班超請教：「您在西域待了三十多年，而我年少無知，智慮淺短，希望您能指點一二。」

班超謙遜地表示：「我年老失智，而您多任要職，我豈敢與您相比？」

接著，班超話鋒一轉，說道：「如果您確實想聽，我就說幾句愚昧的話。塞外的官吏士卒大多不是孝子賢孫，都是因為有罪才被遷徙充邊，而蠻夷禽獸心腸，很難相處。閣下性格嚴厲急躁，水至清則無魚，察政如果不得要領，就容易喪失人心，所以不宜嚴苛，而應該寬鬆簡易。治理西域不宜過嚴，要懂得抓大放小。」

任尚問：「就這些？」

班超點了點頭。

任尚大失所望，他原本以為班超能說出什麼奇策，如今看來，也沒什麼本事嘛！

回去後，任尚對他的親信說：「我還以為班超能有什麼高明計策，今天一聽，所言平平耳。」

任尚沒有聽進去班超的建議，他上任沒幾年，就把局面弄得一團糟，西域諸國造反，絲綢之路再度斷絕，自己也被朝廷治罪調回。直到二十年後，班超的兒子班勇回到西域，才重新打通了絲綢之路。

永元十四年（西元 102 年）八月，七十歲的班超經過長途跋涉，終於回到了洛陽，拜為射聲校尉。洛陽城比三十年前更為繁華，與西域的荒涼形成鮮明的對比，班超看著眼前的洛陽城，有一種恍若隔世之感。

由於在西域久經戰陣，加上大漠氣候惡劣，班超很早就有胸痛的毛病，回京後病情加劇，僅一個月後就因病去世。

該怎麼評價班超這個人呢？

這個世上有一種人，似乎天生為某一使命而生。當年張騫鑿空異域，漢朝與西方世界開始有了直接接觸，衛青與霍去病貫徹「斷匈奴右臂」的策略，封狼居胥，留下千古佳話。

衛、霍雖沒，但是漢家兒郎的開拓鑿空之舉卻絕不會就此停下，每一代，都會有新的衛青、霍去病、張騫出現。流沙大漠、無盡雪山擋住了中華民族往外走的道路，但是每一代中華民族都試圖探索西域，想去看看外面的世界，前赴後繼。

班超只帶著一支三十六人的外交使團，以漢帝國的威望為後盾，靠個人膽略和天才的外交手段，最終降服西域五十多個國家，將自己的名字深

## 第七章　再使西域

深印在了絲綢之路的歷史上。

班超不孤獨，他有上下兩千年裡的無數先驅者和後來者為伴：張騫、法顯、玄奘、彭加木……

梁啟超這樣評價他：「班超真千古之快男兒，斯真世界之大英雄！」

# 第八章
## 仁政德治

# 第八章　仁政德治

## 章帝登基

西域的故事先告一段落，我們將視野回歸國內，來看看廟堂上的情況。

將時間撥回到西元 75 年，這年八月，劉莊在洛陽東宮前殿嚥下了最後一口氣，享年四十八歲。

劉莊在位十八年，他即位後，一改光武為政時的柔道，而大刀闊斧地代之以剛猛。對內，他提倡儒學，注重刑名文法，為政苛察，總攬權柄，權不借下；對外，他經營西域，重新對匈奴採取強硬措施，復置西域都護，讓熾熱的漢風再度席捲西域！

雖然劉莊在史書中一向以嚴苛示人，但是我在翻閱《後漢書》時，卻看到了最溫情的一筆。

永平十七年（西元 74 年）正月，熱鬧的正旦大朝會剛過，劉莊就開始惦記著到父母墳前去看看。

這天夜裡，劉莊做了一個夢，夢裡回到了少年時，父親劉秀和母親陰麗華歡在眼前，一如生前般恩愛。醒來之後，劉莊悲痛得不能自已！

這一年距離陰皇后過世已有十年，距離光武帝過世已有十七年，劉莊本人也已年近半百，鬢邊微星，但是夢中的他依然是嬌憨的稚子，在父母膝下承歡。

可惜，這一切只能是在夢裡！

所謂人生，就是一場又一場的送別。世間的愛都是為了團聚，唯有父母的愛是指向別離。

第二天，劉莊率領文武百官到洛陽北郊的邙山拜謁父母陵寢。祭祀活動結束後，他來到母親陰皇后寢廟的更衣別室，看著母親生前用過的首

飾、梳妝檯，再一次嚎啕大哭！

哭過後，他命人把梳妝盒內的胭脂、粉膏換成最新款的，細心裝好，就像母親明日還要起床梳洗打扮一樣。左右的侍從、官員和親眷們看著這一幕，紛紛灑下熱淚。

事後，劉莊讓人在原陵栽下二十八棵柏樹，代表「雲台二十八將」守護父母平安。

這是史書中極少有的溫柔之筆。

史官筆下的帝王多有陰謀隔閡，少有人倫溫情，卻獨獨記下了明帝思念父母的情景，讓我們看到了一個真實而立體的皇帝。

次年八月，劉莊在洛陽崩逝，終年四十八歲。臨終前他留下遺詔：「不要為我建造寢廟，我死後靈位就放在母后陵寢的便殿中。」

不張揚，不奢侈，一代明君劉莊就這樣走了。

太子劉炟繼位，是為漢章帝，年號「建初」，尊馬皇后為皇太后。

劉莊有九個兒子，劉炟是第五子，他的母親其實是賈氏。賈氏入宮被封為貴人，後來生下了劉炟。

在「有嫡立嫡，無嫡立長」的封建禮制中，劉炟非嫡非長，很多人搞不懂劉莊為什麼會選中他。

其實原因很簡單：才能。

劉莊看中的是劉炟的才能。

馬援的三女兒才貌雙全，德行又好，深得劉莊的寵愛，唯一的遺憾是沒有兒子。劉莊於是將賈貴人生的劉炟交給她撫養，安慰她說：「人不必自己親生兒子，只怕撫養他人子而不愛護。」

明帝永平三年（西元60年），貴人馬氏被封為皇后，四歲的劉炟被立為皇太子。

## 第八章　仁政德治

馬皇后對劉炟視若親生，悉心栽培，母子二人關係也一直很好。永平十八年（西元75年），明帝病逝，十八歲的劉炟即位。

劉炟在賢德的馬皇后身邊長大，耳濡目染，也養成了寬厚親善的性格。

劉炟上位這一年，老天爺不給面子，兗、豫、徐等地發生了嚴重的旱災，赤地千里，饑民遍野。

劉炟一方面調集國庫儲備糧緊急救災，一方面召集大臣商討解決。按照當時的觀點，水旱荒年是由於陰陽失調，而陰陽失調又與政事有關。換句話說，這是朝廷失德的表現。

司徒鮑昱痛陳時弊：「前幾年楚王大案抓了上千人，這些人並不是都有罪，受牽連的人恐怕有一半是冤枉的。那些判處流刑的人遠離家鄉、骨肉分離，死了靈魂也不得安息，這就致使陰陽失調，水旱成災。現今不如赦免這些刑徒，解除監禁，讓其回家和親人團聚，這樣也許能天降甘露，解除旱情，免除黎民百姓的痛苦。」

尚書陳寵也上疏說：「治理國家就如調琴瑟的弦一樣，弦繃得太緊會斷，刑罰太嚴也會激起百姓的不滿，希望陛下進一步寬緩刑罰。」

劉炟本來就不贊成父親對待臣下的嚴苛態度，對大興牢獄的楚王一案尤為不滿，聽鮑昱這麼說，便順水推舟同意了。隨後他下詔，准許那些因楚王案被流放的人返回故鄉，不少無辜受牽連之人因此得到平反，沉冤得雪。

還有一件事，可以很好地說明劉炟的寬厚。

元和元年（西元84年），兩位太學生孔僖、崔駰被隔壁同學以誹謗先帝、諷刺朝政為由告發。

這兩人在太學裡讀吳王夫差的故事，孔僖放下書嘆道：「這是所謂畫虎不成反類犬。」

崔駰道：「沒錯，從前孝武皇帝做天子時，才十八歲，崇信聖人之道，以先王為學習的榜樣，五六年的時間，號稱勝過文帝、景帝的恭儉。但是後來卻沒有好好約束自己，拋棄了從前的善政。」

孔僖說：「書上這樣的事情多著呢！」

一旁的梁郁附和道：「照你這樣說，武帝也是犬嗎？」

孔僖、崔駰默然不作聲，梁郁轉身就去告發他們誹謗先帝，刺譏當世。

有關部門對此很重視，決定嚴肅處理這種誹謗天子的大逆不道行為。孔僖是孔子的後裔，他認為自己的做法沒有錯，便上書進行自我申辯：

臣愚見，凡是誹謗的，實際上沒有這回事，捏造誣衊而已。至於孝武皇帝政之美惡，顯在漢史，坦如日月。這叫做直說書傳實事，非虛謗也。皇帝為善，天下的善就都歸於他；皇帝不為善，天下的惡也都會集在他那裡，這都是有原因的，不可以責於人。陛下即位以來，政治沒有什麼過失，而德澤有加，天下人都是知道的，我為何要諷刺？若譏刺得當，自應思慮改政；若不當，也應寬容為懷，何必治罪？我等受責，死則死矣，此後天下人見到不平之事，何人敢再提出？

臣之所以不愛其死，猶敢極言者，誠為陛下深惜此大業。陛下若不自惜，我有什麼辦法？齊桓公親自揭露他先君的過錯，以啟發管仲，然後全體臣子得以盡心為國。現在陛下居然想為遠在十世的武帝隱瞞事實，難道不是與桓公大相逕庭嗎？臣恐有司陷害於我，令我含恨蒙冤，不能申訴，使後世議論之人隨便以陛下作比較，難道還能讓子孫補救遮掩嗎？臣詣闕伏待重誅。

這封上書說動了劉炟，他下發通知不得追究此事，還提拔孔僖當了蘭臺令史。

孔僖應該感到慶幸，如果他上書的對象是劉莊，恐怕早就一命嗚呼了。

劉炟一上臺，就顯示出了他幹練的一面。先是大赦天下，賞賜天下男

## 第八章　仁政德治

子爵位，每人二級，流亡無戶籍者每人一級。鰥、寡、孤、獨、絕症、窮得活不下去的，每人發三斛粟。

這個賞賜很實惠，看得見，摸得著，民心大悅。

接下來，劉炟提拔趙憙為太傅，領尚書事，以大司農牟融為太尉，與趙憙同領尚書臺事務，還把遠在蜀郡任太守的第五倫破格提拔為司空。

這三位都很厲害，下面我們有請他們一一亮相。

趙憙是南陽宛縣人，劉秀的老鄉，曾是一名熱血少年。他有個堂兄被人殺害，沒有兒子，趙憙當時十五歲，總想著為兄報仇。有一次，他約了朋友去報仇，結果發現仇人們恰好生了病。趙憙認為趁別人生病報仇，不是好漢，就對他們說：「等你們病好了，最好躲得遠遠的，別讓我再見到你們！」

仇人伏地叩謝，病好後將自己綁了來見趙憙，趙憙拒絕，但是最後還是報了仇。

更始元年（西元23年），更始帝劉玄即位，舞陰大姓李氏據城不肯投降，劉玄派柱天將軍李寶招降。

李氏提出了自己的條件：「聽說宛縣趙氏有個獨孫趙憙，頗有信義，我只向他投降。」

劉玄於是找來趙憙，而眼前的趙憙不滿二十歲，還是一個毛頭小夥兒。劉玄笑著道：「小牛犢子，哪能馱重東西走遠路呢？」

嘴上這麼說，但是人都來了，總得試一下。趙憙隨即被任命為郎中，代理偏將軍事務，去舞陰招降。李氏一見趙憙親自來了，立即高舉雙手投降。

趙憙隨後進入穎川，四處攻城略地，表現相當出色。劉玄非常高興，對趙憙說：「你就是朕的千里馬，好好做！」

章帝登基

恰逢王莽派王尋、王邑率兵出關，劉玄就任趙憙為五威偏將軍，讓其協助劉秀在昆陽抗擊王尋、王邑。那一戰中，趙憙受傷，回朝後被拜為中郎將，封勇功侯。

更始三年（西元25年），赤眉軍殺死劉玄，更始政權滅亡，趙憙也被赤眉軍包圍。眼看著出不去了，趙憙爬上房頂，從上面悄悄逃了出去，帶著韓仲伯等幾十個人一路翻山越嶺，逃出武關。

韓仲伯的妻子長得非常漂亮，他擔心半路上妻子被其他人盯上從而拖累自己，準備把她丟在路上。趙憙怒斥他是個懦夫，可是韓仲伯膽小怕事，趙憙只得在韓仲伯妻子的臉上塗了泥，為她找了輛小車，親自推著車趕路。

路遇賊兵想搶人，趙憙就說她病重，容易傳染，這才免受汙辱。進入丹水縣後，一行人又遇上了劉玄的親屬，一個個光著身子赤著腳，又餓又累，走不動路。趙憙見到後把所帶的布匹、糧食全部分給他們，並將他們護送回鄉。

當時，鄧奉在南陽反叛，趙憙和鄧奉是老朋友，經常寫信指責他。有人故意黑他，說當初鄧奉造反，趙憙肯定也沒少參與。後來鄧奉失敗，劉秀看到趙憙寫的信，感慨道：「趙憙真長者也！」

隨後，劉秀立即召見趙憙，賜其馬鞍和馬匹，封為待詔公車。當時南方還沒有降服，道路不通，劉秀任命趙憙為簡陽侯相。趙憙沒有帶任何隨從，單人獨騎就去了簡陽。當時簡陽還屬於敵占區，城內官民不想讓他進城，趙憙一個人在城外勸降，守城主帥被他說服，開啟城門綁了自己來降，此後各處營壘全部投降。

荊州太守上書稱讚趙憙，說以他的才能完全可以處理更繁雜的事務，劉秀於是任命他為平林侯相，攻城略地，安撫百姓。

趙憙後來任懷縣縣令，當地大姓李子春曾任琅琊相，為人奸猾，百姓很怕他。趙憙到任後，聽聞他兩個孫子殺人之事沒有被揭發，立即逮捕、

## 第八章　仁政德治

審訊李子春，兩個孫子隨後自殺。

消息傳到洛陽，首都城內有幾十人輾轉替李子春說情，但是趙憙始終不聽。趙王劉良病重，劉秀去看望劉良，問他還有什麼心願，劉良說：「我和李子春交情頗深，如今他犯罪，懷縣縣令趙憙要殺他，我希望陛下饒他一命。」

劉秀搖頭道：「律法如山，趙憙也是依法辦事，他沒有錯，你換個要求吧！」

劉良不再說話。劉良逝世後，劉秀看在劉良的面子上，最後還是特赦了李子春。

此後，趙憙升任平原太守。當時平原強盜很多，趙憙和各郡官兵一起追捕，殺其首腦，餘黨應判罪的有幾千人。這在當時可是一樁牽涉極廣的大案，趙憙主動上書為他們開脫：「懲罰壞人應追究主犯，從犯可從輕發落，不如將他們遷到京城附近。」

劉秀聽從了他的建議，將這批人全部遷到潁川、陳留。

趙憙在平原兢兢業業，恪盡職守，致力於農事。後來青州發生大面積蝗災，只有平原免於蝗災，連年豐收，趙憙贏得了百姓的一致稱讚。

建武二十六年（西元 50 年），劉秀邀請親戚們舉行宴會，大夥兒的家眷都對趙憙讚賞不已：「趙憙此人很講恩義，先前我們遭赤眉軍亂逃出長安，如果不是他，恐怕早就死於亂兵之中了。」

劉秀後來召趙憙入朝任太僕，對他說：「你不只是被英雄豪傑保舉，連夫人們也都感激你的恩情。」

劉秀去世後，趙憙受遺詔主持喪禮，整頓藩王禮儀，各項工作有條不紊。而這一次，又輪到他為劉莊主持喪事了。

再看牟融，他是北海安丘人，年輕時學問淵博，以《大夏侯尚書》教

授學生，其門下學生有數百人，在鄉里很有名。後來牟融被司徒推舉為茂才（東漢時，因避劉秀的名諱，將秀才改稱「茂才」），擔任豐縣縣令。

牟融在豐縣主政三年，縣內零訴訟，政績為州郡第一。

司徒范遷說牟融忠誠公正，學問、品行兼備，將他推薦給朝廷。

此後，牟融入朝任職，舉糾不法，成了百官的一面鏡子。

牟融一路高升，最後做到了大司農，司天下錢糧鹽鐵。

當時漢明帝劉莊日理萬機，每次開會時都請牟融參與朝廷政事，審理訴訟。牟融學問高，口才又好，贏得了大夥兒的一致讚賞。漢明帝多次慨嘆，認為他的才能足以勝任宰相。

憑藉著這份資歷與威望，劉炟即位後提拔牟融為太尉，和趙憙一起總管尚書事務。

## 不徇私，拒封外戚

最後再來認識一下第五倫，他前面已經出場過，但是我們還是有必要來看看他此前的履歷。

先來解釋一個問題，第五不是排行，而是姓氏。第五倫的祖先是齊國田氏，劉邦建立漢朝之後，曾把六國後裔和豪族十多萬人遷到關中。田姓人多，劃到了很多地方，按次序分別以「第一」、「第二」直到「第八」為姓氏，百家姓最後一句就是「第五言福，百家始終」。

第五倫是京兆長陵人。他年輕時正逢王莽末年，當時民變蜂起，第五倫帶著宗族鄉親依據險要地勢修築營壘自保，銅馬、赤眉大軍前前後後來了很多人，都沒能攻下。

# 第八章　仁政德治

　　後來第五倫拜見郡尹鮮於褒，一經交談，鮮於褒發現他是個人才，於是徵為自己的屬吏。不久之後，鮮於褒因過失外貶為縣令，臨走時握著第五倫的手說：「我們真是相見恨晚啊！」

　　鮮於褒離開後，第五倫做了鄉里的嗇夫，均平徭役，調解怨憤，很得鄉里人信任。很快，第五倫就發現在基層仕途升遷無望，於是改行做了鹽商，帶著家人遷居河東郡，改名變姓，自稱王伯齊，在太原、上黨之間販鹽。

　　不過，第五倫畢竟是有身分的人，不管到哪兒都要把住處打掃乾淨，別人都稱他為「有道之士」。

　　多年以後，鮮於褒東山再起，將第五倫推薦給京兆尹閻興當了主簿。當時天下初定，幣制混亂，長安城裡鑄幣之人大多弄虛作假，閻興就讓第五倫監督鑄錢工作。第五倫統一衡器，糾正斗斛，市場上再沒有弄虛作假、欺騙買主之事，百姓歡悅嘆服。

　　工作之外，第五倫還喜歡研讀政府公文。每次讀到劉秀的詔書，他都會感慨說：「這是英明的天子啊，如果能見上一面，一定能改變命運。」

　　同事們鬨然大笑，道：「你連地方官員都還說服不了，又豈能打動天子？」

　　第五倫道：「未見知己，道不同不相為謀罷了。」

　　建武二十七年（西元51年），第五倫被舉為孝廉，補任淮陽國的醫工長。兩年後，第五倫跟隨淮陽王到洛陽述職，劉秀與他聊起政事，第五倫終於得到發言機會，侃侃而談。劉秀非常訝異：「沒想到淮陽國還有此等人才！」

　　第二天，劉秀又叫第五倫到宮中，從白天一直談到夜裡，依然興致勃勃。劉秀問第五倫：「聽說你曾拷打過你岳父，還不讓你兄長和你一起吃飯，有這事嗎？」

第五倫答：「臣三次娶妻，但是她們的父親早已過世，我根本就沒見過岳父。臣小時候遭遇饑荒動亂，捱過餓，所以不敢隨便請人吃飯。」

劉秀聽後大笑。

後來，第五倫的職務一路攀升，先是被任命為扶夷縣長，後又被任命為會稽太守。到任之後，第五倫申明法制，革除弊習，政治清明，很得百姓的擁戴。他雖然是兩千石高官，仍然親自鋤草餵馬，妻子下炊做飯；每個月只留下一個月的口糧，其餘分給貧苦百姓。

會稽有個風俗，多濫設祀廟，喜歡占卜。百姓常常殺牛祭神，導致家中貧困，先後幾任地方官都拿這種風氣毫無辦法。

第五倫到任後，下發通知給各屬縣，曉諭百姓，凡是巫祝依託鬼神恐嚇、愚昧百姓者，都要捉拿問罪；胡亂殺牛的人，政府必須給予處罰。百姓剛開始時都很聽話，但是有的巫祝煽動百姓，第五倫抓到後一律嚴辦，此後這種殺牛的風氣逐漸絕滅。

永平五年（西元 62 年），第五倫因犯了事被調離，當地百姓都扒著第五倫的車馬，一路啼哭跟隨，每天只能走幾里路。第五倫沒辦法，只能假裝住在亭舍裡，暗中乘船離去。眾人知道後，又繼續一路追隨，官民到洛陽上書為他求情者有千餘人。

當時漢明帝正在審理梁松的案子，有很多人為梁松申冤。明帝對此很不爽，下詔給公車司馬令，令其不要再接收梁松和第五倫的申訴書。後來有一次，明帝親自到廷尉複核案子，第五倫得以免罪，放歸田里。

在家種了幾年地，第五倫又被起用為宕渠縣令，在職四年，升為蜀郡太守。

蜀郡田地肥沃，官民富裕，幹部們家中的資產多至千萬，個個鮮衣怒馬，奢侈浮華，賄賂之風盛行。第五倫上任後，精減那些家境豐足的官

## 第八章　仁政德治

員，遣送回家，挑那些家窮但是品行好的人充實到官員隊伍中，從此官場風氣為之一變。由於他所舉薦的人多官至九卿或兩千石級，當時民眾都稱他為伯樂。

在蜀郡太守的位子上待了七年後，恰逢劉炟繼位，第五倫被調回中央，接替牟融任司空。

馬太后有三個兄弟：馬廖、馬防和馬光。當初劉莊主政時嚴防外戚，他們三個一直沒有機會升遷。劉炟繼位後，第一時間替舅舅們升官，任命馬廖為衛尉，馬防為中郎將，馬光為越騎校尉，不久又任命馬防為城門校尉。

被遺忘了這麼多年，好不容易有了出頭之日，他們有些得意了，朝野各路達人也爭相趨附。

第五倫對馬家兄弟的膨脹十分擔憂，認為外戚勢力太盛，想讓朝廷削減他們的權力，於是上書給劉炟說：

臣聽聞忠言不用避諱隱瞞，直臣不會逃避迫害，臣不勝狂妄，冒死上疏。《尚書》說，臣下不應作威作福，否則將使自家受害，國家也會受損。《穀梁傳》說，大夫不應在外與人交往，不應接受一束肉的饋贈。光烈皇后（陰麗華）雖然非常照顧自己家人，但還是讓兄弟陰就回到自己的封國，流徙和趕走陰興的賓客。此後梁家和竇家都有人犯法，明帝即位之後多加以誅殺，自此以後洛陽城中不再有手握大權的外戚，透過書信請託的事也都沒有了。此外還告諭諸家外戚：苦身待士，不如為國，戴盆望天，事不兩施。臣對這些話常銘記在心，寫在衣服上隨身帶著。

而如今大夥兒的目光又集中在馬家，我聽說衛尉馬廖以三千匹布，城門校尉馬防以三百萬錢，私下送給三輔的士大夫，不論是否相識，無不贈送；還聽說在臘祭之日，又送給洛陽每位士人五千錢。越騎校尉馬光，曾在臘祭時用羊三百頭，米四百斛，油五千斤。臣認為這不符合經義，心中

## 不徇私，拒封外戚

惶恐，不敢不向陛下報告。陛下本心是厚待他們，但是也應設法保全他們。臣今天說這些話，誠欲上忠於陛下，下全外戚之家，請陛下裁決。

後來馬防任車騎將軍，準備出兵征討西羌時，第五倫又上疏說：

臣認為對外戚可封侯以富之，不當委以重任。原因很簡單，一旦出了問題，如果繩之以法就會傷了恩寵，如果照顧私情就會破壞法制。聽說馬防如今要西征，以太后的恩德仁慈，陛下一片孝心，哪怕出一點小問題，罰還是不罰，都會很為難。

據說馬防請杜篤為自己做事，賜給他很多錢財。杜篤在鄉里為人所不齒，寄居在美陽，妹妹是馬氏的妻子，靠著這層關係，杜篤上下結交，目無法紀。當地官員對杜篤的不法行為深以為害，商議要把他抓起來，如今杜篤投奔車騎將軍，議論的人都有猜疑，何況還任用他當車騎將軍幕府的參謀人員，今後恐怕要議論到朝廷上來。如今應該選賢能之人輔助馬防，不能讓他自己想用誰就用誰，這樣會損害朝廷的威望。

可惜，以劉炟老好人的性格，不願意削弱馬氏外戚，奏疏最終石沉大海。

建初元年（西元76年），劉炟想為三個舅舅封侯，卻不料被馬太后否決了。

前面說過，馬太后出身名門，是東漢名臣馬援的女兒。她對自己家裡這幾位兄弟的器量、秉性十分了解，加之熟知西漢外戚擅權的歷史，因而以太后之名嚴詞拒絕劉炟的「孝」舉。

第二年夏，全國各地發生旱災，尚書臺陸續收到一批讓人跌破眼鏡的奏書。不少官員認為地方上之所以出現旱災，是沒為皇帝的舅舅們封侯的緣故，於是大夥兒紛紛寫報告，希望皇帝依舊制為馬氏兄弟們封侯（西漢中期之後，外戚都封侯）。

這一幕很荒誕是不是？

# 第八章　仁政德治

　　馬氏兄弟們很興奮，眼巴巴都跟那兒等著封侯呢，沒想到被馬太后潑了一桶冷水。她下詔說：

　　那些上書建議為我兄弟們封侯的人都是想拍馬屁。昔日漢成帝時，王氏家族一日之內有五人封侯，當時黃霧瀰漫，並未聽說有天降甘霖。外戚太過富貴，很少有不傾覆的。田蚡、竇嬰等外戚仗著尊寵恣意橫行，傾覆之禍為世所傳。故明帝在世時對外戚格外小心提防，不令其在樞機之位；為自己的兒子封國時，只讓他們擁有楚、淮陽等封國的一半大小，還常說我的兒子不應當和先帝的兒子一樣。現在有的官員為何要拿馬氏和陰氏相比？

　　我身為天下之母，身穿普通布料的衣服，食不求甘，左右也都只穿粗布衣服，不用薰香飾物，這麼做就是想作個表率給下面的人。我本以為，我的娘家人看我這樣會反躬自問，自己是不是太過奢侈？但是他們只是笑著說太后一向喜愛節儉。

　　前些時候，我經過濯龍門，見到我娘家問候、拜訪的人車如流水馬如龍，奴僕皆身著華服。我沒有譴責他們，只是裁減了他們的收入，希望能讓他們有所悔改，但是他們仍然懈怠放任，毫不覺悟。我豈可上負先帝之旨，下虧先人之德，重蹈前朝外戚敗亡之禍！

　　馬太后堅持不同意為她的兄弟們封侯，還三令五申讓馬家的人時刻奉公守法，要求極其嚴格。

　　劉炟看到太后的詔書後很是感慨，提筆寫道：「漢初，舅氏之封侯，猶皇子之為王也。太后誠存謙虛，怎能不讓我加恩於三位舅舅？況且衛尉年長，兩校尉有大病，如有不諱，我將抱憾終生，不如趁著他們都健在給予封賞。」

　　馬太后答覆道：「我也曾考慮過此事，想兩全其美，怎能為了獲得謙讓之名，而使皇帝受到不對外戚施恩封爵的嫌疑？昔日竇太后想要封王皇

后的哥哥王信為侯，丞相說受高祖之約，無軍功、非劉氏不侯。今日我馬氏對國家無功，怎麼能與陰氏、郭氏等同？

常觀富貴之家，祿位重疊，猶再實之木，其根必傷，且人所以願封侯者，所求不過是上奉祭祀、下求溫飽罷了。如今外戚家祭祀所用皆為四方之珍，衣食承蒙御府餘資，這難道還不夠嗎？至孝之行，安親為上，現在國家數遭變異，糧價上漲數倍，憂惶晝夜，坐臥不安，怎能先為外戚封侯，違背慈母拳拳之心？我一向剛直性急，有胸中之氣，不可不順。若陰陽調和，邊境清靜，然後再施展你的抱負，我就含飴弄孫，不再關心國政了。」

起初，馬太后的母親埋葬，起墳略微高了一些，太后為此特意督促改正，馬廖等人立即把墳減削到不違禮制的高度。外戚當中有謙虛樸素、品行高尚的，她就給予好言褒獎，賞給財物、官位。如有細微的差錯，她的臉上先表現出嚴峻的神色，然後加以譴責。對於那些乘坐好車、穿著華貴而不遵法度的人，她便斷絕其屬籍關係，遣返其回鄉種田。

在馬太后的身體力行下，從後宮到皇親國戚，人人提倡勤儉節約，穿著粗布衣服，官車裝飾甚節儉。

建初四年（西元79年），全國各地糧食豐收，邊陲也難得平安無事。劉炟心情愉悅，又思索著為三個舅舅封侯：馬廖為順陽侯，馬防為潁陽侯，馬光為許侯。

接到詔書後，三位舅舅一致辭讓，表示別封為列侯了，封為關內侯就行，而且我們只要爵號，封地就不要了。

馬太后得到消息，立即放出話來：

「聖人設教，各有其方，因為每個人的性格、資質各不相同。我小時候有個夢想，哪怕犧牲性命也要名留青史，如今年紀大了，不斷提醒自己，人不可不知足，不可貪得無厭。因此我日夜警惕，居不求安，食不念飽，希望透過踐行此道，不負先帝（劉莊）。我之所以不斷教導、敦促兄

## 第八章　仁政德治

弟們，就是想在臨死之日沒有遺憾。為什麼老了老了，這幫傢伙卻守不住初心了呢？這不是讓我死後不能安心嗎？」

老太太都這樣說了，馬廖兄弟三人沒辦法，只得先受了封，然後立刻交了辭職報告。

遺憾的是，馬氏一族的低調節儉沒有延續太久，因為就在他們封侯的這一年，馬太后病了，長期臥病在床。她也不信巫術小醫，多次敕令禁止禱告祭祀，為自己祈福。

建初四年（西元 79 年）六月，一代賢后馬太后逝世，終年四十歲，諡號明德皇后，與漢明帝合葬在顯節陵。

最大的約束沒了，馬氏兄弟三人猶如脫韁的野馬，他們仗著自己的身分為所欲為，造樓閣、養食客，極為高調，軍旅出身的馬防還對羌胡強徵賦稅。

兄弟三人這麼做，確實有點超過了，連一向寬厚的劉炟都看不下去了，屢次下令譴責。此後，馬廖之子馬豫犯了罪，引發大臣們對馬氏兄弟的集中彈劾，最終導致了馬氏的失勢。

馬氏一門雖然對當時的朝政沒有造成大的負面影響，卻為東漢的外戚擅權開了先例。這個潘朵拉魔盒一旦開啟，此後再也沒能關上，直至將整個東漢王朝吞噬。

## 三班良史一部《漢書》

當馬氏兄弟在朝堂之上肆意妄為時，有一個人正在皇家圖書館埋頭寫書。對於外界的這些嘈雜聲音，他充耳不聞，只專注於自己的創作。

## 三班良史一部《漢書》

他的名字叫班固，他寫的這部書叫《漢書》。

班固是扶風安陵人，他的家族可不一般，父親班彪、伯父班嗣皆為當時的著名學者。在父輩的薰陶下，班固九歲即能屬文、誦詩賦，堪稱神童。

安陵的學校太小了，那裡的課程已經滿足不了他。班固必須走出去，以吸納更清新、更富滋養的空氣。

到哪裡去？

到洛陽去。

當時的首都洛陽承載著那個時代青年的集體夢想。

班固的腦海中沒有發財夢，也沒有投機夢，近乎飢渴的求知欲讓他只想求學，豐富自己的知識庫。

進入太學深造，是他唯一的願望。

十六歲時，班固順利考入太學，博覽群書，於儒家經典及歷史無不精通。

作為詩書傳家的家族，班固的父親一直有一個夢想，那就是寫史，不僅要做這個偉大時代的見證者，還要做個記錄者。

漢武帝時，太史令司馬遷用他的如椽巨筆寫完了五十餘萬字的史學鉅著《史記》。為了寫這部書，司馬遷踏遍天下，實地考察，以一人之力，從傳說中的五帝時代寫起，一直到漢武帝時期，上下三千年，當真做到了「究天人之際，通古今之變」，可謂「史家之絕唱，無韻之離騷！」

然而司馬遷本人的遭遇卻頗多坎坷。以天漢二年（西元前99年）為界，司馬遷的人生分成兩段，之前任性率真，之後沉默寡言。當寫完《史記》的最後一篇，司馬遷便如同耗盡了所有油脂的燈，黯然熄滅。

遺憾的是，《史記》只寫到漢武帝時期，而且根據《漢書》中的說法，《史記》共一百三十篇，其中十篇已經丟失，所以此後不斷有人續寫《史

## 第八章　仁政德治

記》。比如元帝、成帝時，褚少孫補寫〈武帝紀〉、〈三王世家〉、〈龜策〉、〈日者列傳〉四篇；成帝時有個叫馮商的，也曾受命續寫〈太史公書〉十餘篇，補述列傳，可惜最後也沒寫完。甚至有人說，劉向、揚雄等人也曾續寫過《史記》，補續《史記》的多達十七家。

但是很顯然，司馬遷的文筆不是一般人能比肩的，他的史觀也遠遠超出了同時代的人，為這麼一部偉大的作品續寫，其背後的壓力可想而知。就像《紅樓夢》一樣，嘗試續寫的人很多，能夠獲得大家認可的卻很少。

輪到班彪出馬了。

班彪好古樂道，玄默自守。更始之亂時，他三易其主，先是跟隨隗囂，後是竇融，最後才投奔了劉秀。但是劉秀對他顯然沒有後來的唐太宗對待魏徵那樣的雅量，所以他官做得很失敗，曾被舉過司隸茂才，短暫性地擔任過徐州令、望都長，此後便長期坐冷板凳了。

既然仕途無望，班彪索性請病假，辭了官，繼續埋頭故紙堆。

退居廟堂之外，班彪倒也樂得清靜，專心教書，研究歷史。世稱班彪為「通儒上才」，不專注於一經，不為一家之說局限，能全面領會貫通儒家經典，王充甚至認為班彪之才在司馬遷之上。

班彪對前人續寫的《史記》都不滿意，準備親自出手，續寫《史記》。

不過，班彪真正開始續寫《史記》已經是晚年了。那時候碼字可不像現在這麼便捷，需要自己去蒐集資料，各方考證。當初司馬遷耗時十四年，才寫完了五十餘萬字的《史記》。班彪很清楚，以自己一人之力，絕對無法完成這樣一個龐大的工程，唯一的辦法就是讓兒子接替自己的工作，繼續這項未竟的文化事業。

受父親的影響，班固從小也留意漢史。有一次，著名的無神論者王充到京城洛陽遊學，拜訪班彪，對班固的才能和志向極其欣賞，還當著班彪

的面誇道:「這孩子將來一定會在史學上有很深的造詣,未來記錄漢家歷史的一定是他。」

十六歲的班固在洛陽太學混得如魚得水,不論是儒家經典還是百家學說,他都來者不拒,通通消化。在這裡,他還結識了崔駰、李育、傅毅等一批同學,由於他性格隨和,平易近人,得到了同學及士林的交口稱讚。

建武三十年(西元54年),父親班彪逝世,由於生計困難,班固一家只得從京城洛陽遷回扶風安陵老家居住。回到老家的班固沒有忘記父親的遺願,他要接過父親手中的那支筆,繼續寫完《史記》。

在此之前,班彪已經完成了一部分《史記》的續寫工作,但是班固在整理父親的手稿時卻覺得,父親寫的稿子內容還不夠詳備,布局也尚待改進。於是,他在父親手稿的基礎上,利用家藏的豐富圖書,正式開始了撰寫《漢書》的生涯,同時積極尋求出仕的機會。

永平元年(西元58年),漢明帝任命東平王劉蒼為驃騎將軍,准許他自行選聘四十個人。班固認為這是一個出仕的好機會,他寫了一封信給劉蒼,可惜沒能獲得對方的青睞。

沒有機會,班固只能繼續窩在家裡寫書。

永平五年(西元62年),正當班固全力以赴寫書時,他被人告發了,理由是私修國史。

要知道,私修國史是大忌,萬一你在裡面夾帶私貨,以個人喜好褒貶前朝皇帝,那還得了?前不久,扶風郡有個叫蘇朗的被人告發偽造圖讖,被捕入獄後很快被處死。

班固被關進京兆監獄,書稿也被官府查抄。面對這個情況,班家上下十分緊張,班固的弟弟班超擔心哥哥被屈打成招,當即趕赴京城,準備去找漢明帝申冤。

## 第八章　仁政德治

班超單人獨騎穿華陰、過潼關，一刻也不敢停歇，終於趕到了洛陽城，上疏為哥哥申冤：「天地可鑑，我哥寫的是正經史書，可沒有夾帶私貨！」

這個事件引起了漢明帝的高度重視，他親自召見班超，當面考核情況。

面對皇帝，這可是難得的機會！

班超早有準備，他將父兄兩代人幾十年修史的辛勞以及宣揚「漢德」的意向向漢明帝作了彙報。與此同時，扶風郡守也將查抄的書稿送到了洛陽。

明帝讀了書稿，驚嘆於班固的才華，對這部書大加讚賞，隨後下令釋放班固，並召他到洛陽皇家校書部上班，拜為蘭臺令史。

就這樣，班固順利從私修國史轉為奉旨修史。

這就等於給了班固一個展示自我的舞臺。班固也不含糊，剛來不久，就和其他同僚一起編寫了《世祖本紀》，記錄了東漢光武帝的事蹟。

漢明帝看了之後很讚賞，將班固提升為郎官，負責校對皇家圖書，這給了班固更多接觸官方史料的機會。

受到鼓勵後，班固又陸續寫了東漢初功臣、平林、新市起義軍和公孫述的事蹟共二十八篇，書成上報漢明帝審閱。

明帝看完後，點頭認可，鼓勵班固繼續寫下去。

除了寫史書之外，班固還是當時著名的辭賦家。

當時朝野上下都在廣泛爭論一個問題：洛陽和長安，哪個更適合做東漢王朝的首都？

東漢定都洛陽，至明帝時，疏濬護城河、修繕城牆、重整皇宮，然而很多人還是對長安城念念不忘。

長安由高皇帝（劉邦）時的蕭相國營建，因龍首山制前殿，建北闕，

光是未央宮便周迴二十餘里,整個長安城則周迴七十里,小的門闥凡九十五,大的城門有十二座。

城中閭里有一百六十,宣明里、建陽里、尚冠里等,個個室居櫛比,門巷修直,民眾富足。九州的貨物、西域的胡商常在各市貿易,摩肩接踵,連空氣都泛著香甜。

在他們看來,長安多好啊,繁華安樂,美酒佳餚,朝廷當初就不該建都洛陽,應該遷回長安去。

沒辦法,長輩們懷舊啊!

面對這種議論,班固寫下了〈兩都賦〉,既描述了長安之美,更稱讚東都洛陽之美。

〈兩都賦〉分〈西都賦〉、〈東都賦〉兩篇,合而為一,又獨立成篇。〈兩都賦〉學習了司馬相如〈子虛賦〉、〈上林賦〉的結構方式,虛擬了兩個假想人物:長安代表西都賓、洛陽代表東都主人,以這兩個人對話的方式表明了自己的觀點。

鑒於這兩篇賦都比較長,原文我就不放了,這裡簡單介紹一下:

有一位長安客向洛陽主人發問:「聽說漢初營建首都,曾有意選擇河洛之濱,後來認為在此地定都並不安寧,因此決定西遷,以長安作為漢京。你可了解此間故事?」

洛陽主人答:「沒有的事。你要想吐露懷舊之蓄念,發思古之幽情,介紹長安的情況給我增長見識,我洗耳恭聽。」

隨後,長安客運用各種鋪陳排比,極力誇耀西都長安的形勢險要、物產豐饒、宮殿奇偉華美、後宮奢侈等情況,以暗示建都長安的優越性,通篇都是讚美、誇耀之詞。

等長安客發言完畢,洛陽主人喟然長嘆:「風俗確實能影響人的觀念。

## 第八章　仁政德治

先生是秦地之人,只知道炫耀壯麗的宮殿,仗恃險固的河山,雖然了解昭襄與始皇,但是哪裡知道大漢開國時的光輝燦爛!

「大漢開國之時,高祖以布衣登皇位,經過多年苦戰開創了大漢王朝。當此之時,高祖功有橫而當天,討有逆而順民,婁敬提議定都長安,蕭何因山營建宮室,這難道是為了奢侈享樂?全都是形勢所需而已。先生非但認識不到這一點,反把後代求仙、奢侈等事炫耀誇讚,豈不是顯得愚闇?我來說說建武、永平時的盛世,改變一下先生的糊塗觀念。」

隨後,洛陽主人比較了長安與洛陽,稱讚洛陽地利、形勢及禮俗之淳厚,建築合於王道。不僅如此,他還從禮法的角度指出,西都的壯麗繁華實為奢淫過度,無益於天下,順帶著把光武帝也誇了一下。

在這場 PK 中,洛陽主人完勝長安客。

漢明帝看完這篇文章,渾身舒坦,對班固更是格外青睞。

正是這篇賦,為班固贏得了與司馬相如、揚雄及稍後的張衡並稱「漢賦四大家」的美譽,他所開創的京都大賦體制,也直接影響了張衡〈二京賦〉及西晉左思〈三都賦〉的創作,還被蕭統《文選》列為第一篇。

永平十七年(西元 74 年),漢明帝召集班固、賈逵、郗萌等人到皇宮雲龍門,小黃門趙宣持《史記·秦始皇帝本紀》問眾人:「太史公司馬遷寫的讚語有無不當之處?」

班固當庭指出一處錯誤:「司馬遷在賈誼的〈過秦論〉中說,向使子嬰有庸主之才,僅得中佐,秦之社稷未宜絕也,我覺得此言差矣。」

漢明帝隨後單獨召見班固,問他:「你說此論不對,可有什麼新的見解?」

班固說:「一兩句話解釋不清楚,我回去寫一篇文章,陛下看過就明白了。」

回到家後，班固為進一步說明自己對秦亡的認識，作史論〈秦紀論〉，引〈過秦論〉駁斥《史記》中賈誼與司馬遷的觀點，揭示秦朝歷史走向滅亡的必然性：

周曆已移，仁不代母；秦直其位，呂政殘虐。然以諸侯十三，併兼天下，極情縱慾，養育宗親。三十七年，兵無所不加，製作政令，施於後王。蓋得聖人之威，河神授圖，據狼、狐，蹈參、伐，佐政驅除，距之稱始皇。

始皇既歿，胡亥極愚，驪山未畢，復作阿房，以遂前策。云「凡所為貴有天下者，肆意極欲，大臣至欲罷先君所為」。誅斯、去疾，任用趙高，痛哉言乎！人頭畜鳴。不威不伐惡，不篤不虛亡，距之不得留，殘虐以促期，雖居形便之國，猶不得存。

子嬰度次得嗣，冠玉冠，佩華紱，車黃屋，從百司，謁七廟。小人乘非位，莫不忧忽失守，偷安日日，獨能長念卻慮，父子作權，近取於戶牖之間，竟誅猾臣，為君討賊。高死之後，賓婚未得盡相勞，餐未及下嚥，酒未及濡脣，楚兵已屠關中，真人翔霸上，素車嬰組，奉其符璽，以歸帝者。鄭伯茅旗鸞刀，嚴王退舍。河決不可復壅，魚爛不可復全。

賈誼、司馬遷曰：「向使嬰有庸主之才，僅得中佐，山東雖亂，秦之地可全而有，宗廟之祀未當絕也。」秦之積衰，天下土崩瓦解，雖有周旦之材，無所復陳其巧，而以責一日之孤，誤哉！俗傳秦始皇起罪惡，胡亥極，得其理矣。復責小子，云秦地可全，所謂不通時變者也。紀季以酅，《春秋》不名。吾讀《秦紀》，至於子嬰車裂趙高，未嘗不健其決，憐其志，嬰死生之義備矣。

針對明帝提出的《史記·秦始皇本紀》中讚語的是非問題，班固指出，司馬遷的話源出賈誼〈過秦論〉，這兩人在秦政與漢德的評價問題上意見都不正確。

## 第八章　仁政德治

漢明帝隨後以詔書的形式釋出對司馬遷《史記》的判斷，其中談到西漢二司馬的優劣問題：司馬遷著書，成一家之言，揚名後世。但是他因為自己身陷牢獄，故意寫文譏刺武帝，貶損當世，非誼士也。司馬相如雖然汙行無節，但是有浮華之詞，最終沒被重用。後來他去世前還念念不忘武帝的封禪大典，完成〈封禪文〉以為武帝所用，這才是忠臣。

在班固撰寫《漢書》的敏感時刻，明帝與其討論《史記‧秦始皇本紀》末的讚語，以及專門下詔貶低司馬遷而捧司馬相如，顯然有警告之意──如果班固在史書中敢隨意發揮，對西漢的諸位皇帝不遜，明帝絕對不會放過他。

永平十八年（西元75年），漢明帝駕崩，其子劉炟即位，是為漢章帝。漢章帝對經學文章同樣感興趣，因此班固更受器重，常常被召進皇宮，與皇帝一起讀書。章帝每次外出，總會帶上班固隨行，令其獻上詩詞歌賦助興。朝廷每有大事，也讓班固列席，參與公卿大臣的討論。

雖然常在皇帝身邊，但是班固心中還是有一股不平之氣。他年屆四十，仍不得升遷，想起東方朔、揚雄曾在文章中抱怨沒能趕上蘇秦、張儀的時代，於是提筆寫了〈答賓戲〉一文，抒發憤懣。

古代文人有一種情結：懷才不遇。這個主題貫穿了整個文學史。這其中就有一種文體叫「設論」，即圍繞著一個問題，假設二人對話。《文選》中共選了三篇這樣的作品：東方朔的〈客難〉、揚雄的〈解嘲〉和班固的〈答賓戲〉，都是懷才不遇之作。

章帝讀完這篇〈答賓戲〉後，更加讚賞班固的才華，也醒悟到班固長久屈居下位不太合理，隨後提拔他為玄武司馬。

與此同時，班固還參加了東漢最重要的一場學術性會議：白虎觀會議。

# 白虎觀會議

　　有位學者曾說過：「經學是中世紀中華民族的統治學說。」對於統治者而言，經學發揮了主流意識形態的作用。自從漢武帝罷黜百家，儒家經典被捧上了高臺，但是經學內部的紛爭從來就沒有停止過。

　　劉秀畢業於國家最高學府太學，專業是《尚書》，標準的儒生，所以他深知儒學對於維護國家統治的重要性。建武五年（西元29年），洛陽帝宮還沒有裝修完畢，平定天下之戰依然在激烈進行之時，劉秀就迫不及待地在洛陽重新建起規模宏大的太學，其中講堂長十丈、寬三丈，為博士們提供了非常好的學術研究及治學環境。帝國穩定後，他又下令在洛陽建成三雍，作為儒生們演習禮儀、奉養三老五更的場所。

　　不僅如此，劉秀還親自提倡儒學。他曾到曲阜去祠祭孔老夫子，又多次蒞臨太學，與博士們討論經義，觀看諸生演習禮儀，給博士和弟子很多賞賜。

　　有一次，劉秀讓公卿大夫和博士們參加一場經義辯論會，大家按官階入席，只有郎中戴憑站在那兒一動不動。劉秀問他為何不入席，戴憑說：「博士講經的水平不如我，卻坐在上席，所以我不願入席。」

　　劉秀於是給他個機會，讓他和其他博士即席講解經書。行家一出手，就知有沒有，戴憑一開口，果然比別人講得詳細深刻，劉秀非常滿意，立即提拔他為侍中，在皇帝身邊做學術顧問。

　　在劉秀的倡導下，全國上下研習經義成風。有一年正旦，劉秀趁著百官畢集之際，讓通經的官僚在朝堂之上互相辯難，一對一，說不通，或者一時語塞，就算輸。誰輸了就撤了他的席，席位被對手奪去，人稱奪席。這下子，戴憑大出風頭，舌戰群儒，滔滔不絕，一口氣奪了五十餘席。

## 第八章　仁政德治

朝堂官員對戴憑佩服得五體投地，紛紛稱讚，劉秀也對戴憑大加讚賞。洛陽城中的讀書人知道他的壯舉後，盛讚他為「解經不窮戴侍中」。

在父親劉秀的影響下，太子劉莊也喜歡讀書，他對儒學也有極高的造詣，精通《春秋》和《尚書》，還曾親自前往太學，為數千太學生講經。

所有人都知道，經學很重要，經學家的主要工作就是解釋儒家經典的經文，這樣就存在一個問題——誰的解釋才是對的？

儒家經典都是幾百年前寫的，古文的特點是越古老越簡略，一個字的資訊量越大。比如孔子作《春秋》，非常簡略，全文只有一萬六千多字。後人要想讀懂他老人家的微言大義，不得不先吃透三本春秋解讀版：《左傳》、《公羊傳》、《穀梁傳》。

五經儘管正文沒多少，但是解讀版可能就有十幾種流派，甚至一個人就有一套解釋。對於闕疑的地方，博士官、經師們就按自己的理解硬去說通，甚至不惜望文生義、穿鑿附會，引起許多爭論；又有人把各家不同的說法彙集起來，融入自己的觀點，致使經學陳陳相因，越來越煩瑣。

舉個例子，光解釋《尚書》中篇名「堯典」二字，有人就用了十餘萬字；解釋「日若稽古」一句話，則有用了三萬字的，一般一部經典的注釋都有上百萬字，真是「一遍讀罷頭飛雪」。

這無疑會對學習造成障礙，同時也會影響朝廷統一思想。怎麼辦？

當年宣帝劉詢就曾注意到這個問題，專門博徵群儒，在石渠閣論定《五經》，當時稱為儒林盛世。

但是在經過百多年的發展後，石渠閣上達成的共識早已落後，各家對經書的解釋分歧越來越大。哀、平之際，儒家內部發生今、古文派之爭，自此以後，今、古兩派鬥爭激烈，你消我長。劉秀年輕時讀經，就吃過煩瑣的苦頭，所以在他登基之後，下令一切經書必須刪繁就簡後，方能送給

太子閱讀。

問題在於，劉秀的刪書令僅限於在宮廷內部執行，社會上的學風還是照舊。

如果繼續拖延下去，古代先賢的真知灼見就會被淹沒在無邊無際的空話、虛話裡，儒家的六經也將因此而與天下隔絕。

建初四年（西元79年），校書郎楊終提了一條建議：「當年宣帝廣泛徵召群儒，在石渠閣商討修訂《五經》。如今天下太平無事，宜效仿石渠閣故事，再次論定經文，以為後世法則。」

章帝對此事非常重視，召集將、大夫、博士、郎官及諸儒會於白虎觀，議《五經》之同異——這比石渠閣會議的規格可又高出一個等級。

要知道，石渠閣那次參會的只是博士和諸儒，這次連將、大夫、郎官都拉進來了，會議的主持人更厲害——正是章帝本人。

有資格參加這次會議的都是當時的經學大家，如丁鴻、樓望、桓鬱、魏應、李育、張輔、魯恭、召馴、楊終、賈逵、班固等。其中多數屬於今文經學派，也有古文經學派的代表。

這是一場由官方舉辦的、全國性的、規模巨大的學術研討會。會議由五官中郎將魏應代表皇帝發問，其後各家儒生加以討論，達成共識後由侍中淳于恭回答，最後由章帝做出裁決。

白虎觀會議上涉及的話題可謂五花八門，比如，對號、諡、五行、禮樂、鄉射、辟雍、災變、封禪、巡狩、綱紀、嫁娶、喪服等一系列文化概念作了定義和說明，由朝廷頒行於世，作為對這些概念解釋的標準。大夥兒甚至還討論、規定了男子應該和未滿五十歲的妾同房多少次，真可謂房事、家事、天下事，事事關心。

會議進行了一個多月，最後在章帝的主持下，由班固起草形成了一部

## 第八章　仁政德治

《白虎議奏》，也稱為《白虎通義》，這可以說就是當時朝廷對經學的官方解釋了。

如果你翻閱《白虎通義》，會發現一個有意思的地方，書中大量徵引了圖讖緯書，大搞神祕主義。

這又是為何？

按照經學大師們的解釋，所有的經書都是天授聖人製作的，而製作經書的目的只有一個：為漢朝立法。

《白虎通義》中說，聖人是天生的，無所不通，他有豐富的知識，能預知未來，能與天神相通，而孔子就是這樣天生的聖人。要不然，漢朝建立時，孔子已去世數百年之久，要說他寫的經書專為漢朝立法，這邏輯解釋不通。

《孝經緯・援神契》上有這樣一段故事：《春秋》、《孝經》都是孔子受天之命而寫的，這兩部書寫完後要向上天報告。這時忽然天上布滿了紅雲，地上籠罩著白霧，有一道赤虹自上而下，變成一塊黃玉，長三尺，上面刻有文字。孔子跪受而讀之，曰：「寶文出，劉季握，卯金刀，在軫北，字禾子，天下服。」

什麼意思呢？

「卯金刀」三字組成「劉」的繁體字「劉」，「禾子」二字組成「季」，也就是劉邦。意思是說，預示吉祥的文字出現後，會被一個叫劉季的人握在手中，此人的星相在軫星之北。劉季出現之後，天下人無不敬服。

好嘛，孔子成了預言家，不僅知道未來有個漢朝，而且還知道有個皇帝叫劉季。

這已經不是孔子了，而是某位先知教主吧？

《春秋緯・漢含孳》更明白地說：「孔子曰：丘覽史記，援引古圖，推

集天變,為漢帝製法,陳敘圖錄。」這種預言完全把孔子神化為天生的聖人,把孔子的書說成是受天之命專為漢朝皇帝取法而預言的法典。

這樣一來,《白虎通義》中所提出的一切論點,也就不是憑空杜撰,而完全是按照上天的旨意來立論的,它是統治階級的支配思想,任何人不能再有異議,這就是這本書大量引用讖緯作為立論依據的用意所在。

可以這麼說,《白虎通義》是今文經學的集大成之作,它繼承了《春秋繁露》中的「天人感應」,並加以發揮,緊密結合自然秩序和社會秩序,將君臣、父子、夫婦之義與天地星辰、陰陽五行等各種自然現象相比附,提出了完整的神學世界觀,完成了儒家經典與讖緯迷信相結合的程式。

在整理完這場學術會議記錄後,班固又一心撲到《漢書》的創作中。

建初七年(西元82年),在歷經二十五年、父子兩代人的接力後,班固終於寫完了《漢書》。

這是中華第一部紀傳體斷代史,包含十二「紀」、八「表」、十「志」、七十「傳」,共一百篇,八十餘萬字。全書從漢高祖劉邦寫起,到王莽代漢,共記述了西漢十二代帝王二百三十年間的歷史。《漢書》在構書體系上取得了重大突破,規矩法度清晰、體例整齊合理,更易使人效法,開啟了官方修史的先河。

《漢書》從寫完那天就引起了轟動,學者們爭相閱讀,先睹為快。從完稿那天起,班固和司馬遷被人並稱「班馬」,成為千古良史典範。

不過班固並沒有將《漢書》徹底寫完,還差了一點點。漢和帝時,班固的妹妹班昭補寫了「八表」,馬續補寫了「天文志」。

從《漢書》誕生的那一天起,就不可避免地要拿來與《史記》作比較。那麼問題來了,我們該如何比較這兩部書呢?

我們都知道,《漢書》記載的時代與《史記》有交叉,漢武帝中期以

# 第八章　仁政德治

前的西漢歷史，兩書都有記述。關於這個部分，班固基本上是照抄了《史記》的內容，只對部分內容有增減，但是兩部書在風格上差異極大。

文風的差異源於兩人性格和時代的不同。為了說明這一點，我們先來對比一下司馬遷與班固二人。

如果不是因為李陵事件，司馬遷的人生與一般的讀書人沒有什麼差異。他年輕時是個富有激情的事功追求者，希望能夠封侯拜相。父親司馬談臨終時託付給他寫史的責任，所以司馬遷後來自請降薪，做了太史令。

為了寫這部書，司馬遷踏遍了五湖四海，翻越了三山五嶽，到各地去搜尋史料，常常不惜重金求書。

正因為有這種人生經歷，所以司馬遷筆下的文字氣勢磅礴，有如長江大河，時而慷慨激昂，時而如泣如訴，時而旁徵博引，時而欲言又止，讓人欲罷不能。同時，他蒐集了很多第一手資料，這使得他筆下的人物是鮮活的，他寫的歷史是生動的。

李陵之禍後，司馬遷被定罪下蠶室，失去了作為一個男人的尊嚴。

從那一刻起，司馬遷脫胎換骨，從一個文弱書生、一個御用工具轉為具有高尚獨立人格的知識分子。他秉持著史家的風骨，盡職盡責寫《史記》，漢武帝早年的豐功偉業，全在其中；漢武帝晚年一心求長生的昏庸之舉，他也沒有落下，一字一句鐫刻在了史冊之中，不虛美，不隱惡。

班固則不一樣，他是標準的儒生，雖然一開始也生計艱難，但是很快就獲得皇帝的賞識，進入皇家圖書館，得以專門創作。他的創作主要依賴於皇家圖書館中的館藏史料，人生閱歷和沉澱遠不如司馬遷。

不難看出，班固與司馬遷完全是兩類人。如果說司馬遷是才子，那麼班固就是學者。他雖然在《漢書·司馬遷傳》中肯定了司馬遷不虛美、不隱惡的「實錄」精神，但是同時也批評司馬遷，說他關於古聖賢的是非判

斷有錯誤,「論大道則先黃老而後六經,序游俠則退處士而進奸雄,述貨殖則崇勢利而羞貧賤。」

簡單來說就是,班固認為司馬遷的價值觀有問題。

不僅如此,班固還說司馬遷出獄後任中書令是尊寵任職,與〈鹽鐵論〉中那幫文人一樣沒腔沒調,沒臉沒皮。

看來,司馬遷所遭受的苦難在班固那裡是永遠得不到昭雪了。

比較完了兩個人,我們再來對比一下這兩部書。

兩部書從誕生之日起,就一直被人拿來作比較。漢代是個辭賦的時代,《史記》偏散文,文風磅礡,直抒胸臆;《漢書》典雅古奧、嚴整醇正、博贍宏麗,這種文風正是在經學的影響下形成的。所以直到唐代,大多數人更偏愛《漢書》。

唐以後,散文漸成正統,大家才重新重視起《史記》來。後來明朝的歸有光及清代的桐城派更是大力推崇,《史記》差不多要凌駕於《漢書》之上了。不難看出,對兩部書的偏好其實也是跟著時代的風尚而轉變的。

晉代張輔偏偏不喜歡《漢書》,他說:「世人論司馬遷、班固之優劣,多以班固為勝,但是司馬遷敘三千年事,只五十萬言,班固敘二百年事,卻有八十萬言。二者相差如此之遠,班固哪裡趕得上司馬遷?」

唐代的劉知幾卻認為,《史記》雖然寫了三千年史,詳備的也只有漢興七十多年,前省後煩,未能折中;若讓司馬遷寫《漢書》,恐怕比班固還要煩瑣了。

兩個人的著書目的也值得一說。司馬遷在〈報任安書〉中就提到「欲以究天人之際,通古今之變,成一家之言」,希望後來人得以覽焉。反觀班固,他自稱寫史是為了旁貫五經,在他身上更承載著修國史的重任,難以擺脫為皇家著書立說的束縛。

## 第八章　仁政德治

　　一個是私人修史，一個是奉旨修史，這就使得兩部作品的風格也迥然不同。司馬遷是大才子，他帶著一種浪漫主義和個人主義的風格來作史，可以無所顧忌，直抒胸臆，寫得酣暢淋漓、不拘形跡，毫無腐儒氣息。他的思想雖也歸源於儒家，卻更像是道家的作風，與後來董仲舒「罷黜百家，獨尊儒術」後的正統儒家大為不同。

　　班固是嚴謹的專家學者，年輕時受過正規的儒家教育，思想更為正統，所寫史書也較受限制。《漢書》的思想和風格深受經學的影響，遣詞造句也主動向經學靠攏。

　　後人翻閱二人所著，亦常發出如此感嘆。宋代的程頤就比較過司馬遷和班固二人文風的不同：「子長著作，微情妙旨，寄之文字蹊徑之外；孟堅之文，情旨盡露於文字蹊徑之中。讀子長文，必越浮言者始得其意，超文字者乃解其宗；班氏文章，亦稱博雅，但一覽之餘，情詞俱盡，此班馬之分也。」

　　班固雖然學問功底深厚，但是囿於經典，被經學所束縛；司馬遷則沒有這麼多束縛，往往肆意馳騁，天馬行空。所以也有人說，《史記》以風神勝，而《漢書》以矩矱勝。

　　班固的故事先告一段落，我們再來認識另外一位厲害人物：王充。

## 東漢辯才第一

　　之所以要提到他，是因為如果想了解兩漢思想史，王充是一個繞不開的人物。

　　王充的祖籍是魏郡元城，生於建武三年（西元 27 年），卒於漢和帝永

254

元年間,歷漢光武帝、漢明帝、漢章帝、漢和帝四朝,享年約七十歲。

魏郡元城,這個地方可不一般,元城王氏在西漢時極為風光,將西漢王朝坐穿的王政君老太太從這裡走出,秦滅趙後跟隨父親推著獨輪小車來到蜀地邛崍大鍊鋼鐵的卓王孫也從這裡走出。王莽代漢立新後,元城王氏更是盛極一時,號稱「天下第一家族」。

王充的祖上曾是武將,在戰場上驍勇善戰,因功被封到了會稽陽亭。王莽垮台後,王氏家族地位一落千丈,王充家也淪為普通人家。

不過,王充的祖父輩可不這麼想,他們身上似乎天生帶著好勇鬥狠的基因,在鄉里欺行霸市、半路殺人,結怨甚多。後來為了避仇,一家人搬到了會稽錢塘縣,以買販為業。

不難看出,王充的家族可謂江河日下,一代不如一代。

雖然身上也有祖父輩好勇鬥狠的基因,但是少年王充並不調皮,更不搗蛋,是個家長眼中的乖孩子,老師眼中的好學生。朋友們都喜歡捉鳥、捕蟬、猜錢、爬樹,只有王充不喜歡這些,他只喜歡安安靜靜一個人讀書。

王充六歲讀書,八歲出館,熟讀《論語》、《尚書》,日寫千言,德成經明,乃至博覽群書,落筆眾奇,簡直就是個小神童。

更難得的是,王充謹嚴自律,從不恃才傲物,做人做事都無可挑剔。

十八歲那年,王充與各郡國選拔出來的青年佼佼者一同離開家鄉,遊學於京都洛陽。

在洛陽,王充入太學、訪名儒、閱百家、觀大禮,大開眼界,大增了學問,初步形成了他博大求實的學術風格。

由於家境貧寒,王充買不起書,但是他也有自己的辦法,經常去逛洛陽集市上的書店。他有過目不忘的技能,只要看過一遍,就能立刻記住書

# 第八章 仁政德治

中內容。靠著這個技能，王充頂著書店老闆一次又一次的白眼，讀遍了所能找到的一切書籍，在自身知識積澱逐漸豐厚的同時，也開闊了視野，有了自己的思考與判斷。

在此過程中，王充還總結出了一套學習心得：讀書如涉水，涉淺水者見蝦，其頗深者察魚鱉，其尤深者觀蛟龍。所涉歷的程度和深淺不同，其所見聞和收穫自然也不同。鑽之彌深，所獲就越大；蜻蜓點水，只能看到小魚小蝦。

進而，他將學問比作浩浩東海，大川相間，小川相屬，東流歸海。如果人在做學問時囿於一隅，拘泥家法，無視其餘，怎能看到大海的廣闊？

一句話，王充想成為通才。

當時的洛陽城中學者雲集，王充不滿足於太學，利用各種機會向各路專家、學者學習。他讀過揚雄的《法言》、桓譚的《新論》，對前輩學人班彪、桓譚和揚雄最為推崇。

這三人都是老面孔了，尤其是桓譚，此時尚在人世，曾與揚雄、劉歆一同致力於將古文經學官學化，是反讖緯迷信學術陣營的中堅力量。他最終因反讖緯，惹惱了劉秀，憂鬱而死。

王充未必見過桓譚，但是早已將他視為自己的偶像，他在《論衡》中對桓譚大加讚揚，甚至將桓譚的代表作《新論》與孔子的《春秋》相提並論。

我在前面說過，東漢初年的政治與學術天空瀰漫著一股荒誕不經的讖緯妖風，從王莽到劉秀都很喜愛。劉秀迷信讖緯，是因為在他發跡和成就帝業兩次重要轉捩點上，讖緯都發揮了關鍵性作用，所以劉秀對之深信不疑，天下大定後甚至宣布圖讖於天下。

在最高統帥的鼓吹下，讖緯帶給正宗儒學強大的破壞性衝擊，那些讀

書人為追逐私利，不惜穿鑿附會，編造瞎話。漢章帝召集博士和儒生，在白虎觀召開會議，表面上是為了討論五經異同，其實是為了將神學經學化，經學神學化。

結果就導致這股妖風變成了颶風，吹向各地，鬧出了一系列奇葩事件，這裡我來舉幾個例子。

陳留人劉昆出任江陵縣令時，有一年縣裡突然發生大火，風助火勢，烈焰騰空。劉昆聞訊之後趕赴現場，看到火勢越來越猛，心裡惦念著百姓的安危，但是他的辦法不是號召百姓取水滅火，而是對著大火跪下磕頭。結果天降大雨，一場大火很快被撲滅了。

後來朝廷任命他為弘農太守，當地正鬧虎患，劉昆施行德政，愛民如子，郡中教化盛行，當地老虎被他的善行打動，揹著小虎崽渡過黃河，全部跑到其他地方去了。弘農縣從此沒了虎患，恢復了平靜，百姓安居樂業。

漢章帝時，朝廷更是用這種歪曲化的儒家倫理道德作為察舉、徵辟等任官制度的標準，乃至舉國出現大批違逆常情、矯情偽飾之事。比如，有個叫申屠蟠的人，他的父親過世，他特別哀痛，竟十餘年不吃酒肉，每逢父親忌日，還要絕食三天，此後獲得了大孝之名。

又比如，名士樊英被徵召，他故意稱病不往，抬高自己的身價。後來他當了五官中郎將後，大夥兒才發現他是個欺世盜名的大騙子。

世界陷入荒唐之中，相當虛妄。

除了到處講迷信，當時的學術界還有一股風潮，經學日益向繁瑣化、章句化方向發展。

關於這一點，我在前面也講過，那些古板的儒生皓首窮經，為了解釋聖人之言，寫下了大量的注釋，像老太太的裹腳布般又臭又長，令人難以卒讀，勸退了很多讀書人。

## 第八章　仁政德治

　　這些，王充都看在眼裡，作為一名有理性思想的讀書人，他受不了那些虛妄迷信。

　　他要向整個帝國崇尚的讖緯妖氛宣戰！

　　他要向周遭瀰漫在學術界的怪誕妄說宣戰！

　　這注定是一場一個人的戰爭。

　　有人或許會問，這場挑戰注定要以失敗告終，大家都在這種環境中生活，苟活著不好嗎？

　　良知告訴他，不可以。

　　王充要單槍匹馬，用一支筆來挑戰整個世俗社會。

　　王充一生寫了四本書：疾俗情，而作《譏俗》之書；閔人君之政，而作《政務》之書；傷偽書俗文多不實誠，故為《論衡》之書；曆日彌久，以為昔古之事，所言近是，信之入骨，不可自解，故作《實論》之書。

　　遺憾的是，這四本書中流傳至今的只剩一本書，那就是《論衡》，這也是集他所有思想學術之大成的重要作品。

　　為什麼要寫這本書？用王充自己的話來說就是《詩》三百，一言以蔽之，曰：思無邪。《論衡》篇以十數，亦一言也，曰：疾虛妄。

　　在這部書裡，王充運用老子的樸素自然主義，全面系統性地批判了漢儒迷信天人感應、讖緯的歪風邪氣，從三皇五帝噴到孔孟聖人，從卜筮看相噴到修仙拜佛，從鬼怪妖神噴到讒臣奸佞！

　　針對普遍認可的「災異天譴」之說，他從自然的本質屬性入手，指出天譴並不存在；

　　針對「天人感應」之說，王充說，人，物也；物，亦物也，人不能以行感天，天亦不能隨行而應，天與人之間沒有關係。

　　針對「善惡報應」之說，他指出，人死血脈竭，竭而精氣滅，滅而形

體朽，朽而成灰土，哪有什麼鬼？從根本上否定了鬼的存在。

面對盛行的章句之儒，他明確提出，能說一經者為儒生，博覽古今者為通人，採掇傳書以上書奏記者為文人，能精思著文聯結篇章者為鴻儒。如果要在這其中作個比較，儒生過俗人，通人勝儒生，文人逾通人，鴻儒超文人。所以文人貴在博而通，知古不知今是蠢材，知今不知古是庸人。

除了槓那些腐儒，王充還跟儒家先聖孔、孟辯論，寫下了〈刺孟〉、〈問孔〉，可謂石破天驚。如果你讀過這兩篇文章會發現，王充簡直就是東漢第一辯才。

這裡我來舉幾個有趣的例子。

孟子說過一句話：五百年必有王者興。王充反問：帝嚳王者，而堯又王天下；堯傳於舜，舜又王天下；舜傳於禹，禹又王天下。四聖王天下，是連線出現的。禹至湯過了千年，湯至周亦然，始於文王，而最終傳於武王；武王崩，成王、周公共治天下。從周初到孟子之時，又經過了七百年而沒有聖王出現。五百年必有王者之驗，哪個朝代有過？五百年必有王者，又是誰說的？沒有調查驗證就輕信那些沒有根據、過分誇大的話，自己得不到重用就離開齊國，卻有不高興的神色，你孟子跟那些俗儒有何區別？

都說孔門有弟子三千，賢弟子七十二人，勝今之儒。王充則說：此言妄也！他們見孔子為師，聖人傳道，必授異才，所以說這些人與眾不同。但是其實，古人之才與今人之才一樣，今謂之英傑，古以為聖、神，所以說七十弟子是歷代少有的。假使如今有孔子這樣的老師，那麼當代的學者都是顏回、閔損之徒；假使當時沒有孔子，那麼七十弟子也跟今天的儒生一樣。何以證明？他們向孔子學習，不能追根究底這一點就可以證明。聖人的話不能完全理解，陳述的道理不能立即領會透澈。既然沒能領會，就應該追問下去弄清楚；沒能完全理解，就應該提出疑問來徹底弄通它。當

# 第八章 仁政德治

年皋陶在舜的面前陳述治國之道，說得膚淺粗略而不透澈，經過禹的一番追問才弄清楚。

正是因為他處處跟孔、孟爭辯，對孟子譏刺，向孔子發問，因而在身後備受指責，被後世學界口誅筆伐。由於王充非難儒學，揚墨讚道，後世不少人甚至質疑他的儒家身分。

很顯然，王充這種不苟流俗、凡事愛爭辯的人，無論是在職場還是生活中都很難混下去。他五十九歲才走入官場，短短兩年後即從仕途撤退。即便在官場中，王充做的也是最基層的工作，在縣位至掾功曹，在都尉府位亦掾功曹，在太守為列掾五官功曹行事，入州為從事。

讀書人的看家本領就是建言獻策，王充在工作中經常提各種意見給上司，甚至當面諫爭。可惜，他的意見經常被無視，甚至因此得罪了上司。

不管在哪個時代，這樣的人都會不合時宜，都不會亨通顯達。

既然言不納用，他索性辭官回家。自此之後，他開始了晚年的閉門著述生涯。

其實，如果仔細研究王充的思想，會發現他其實也常常自相矛盾，有時候甚至自打嘴巴。

比如，王充在〈變虛〉與〈福虛〉中，各講了一個宣揚善有善報的故事，我簡單複述一下。

〈變虛〉講的是宋景公時，出現了熒惑守心的天象，這可是災變之兆。宋景公很害怕，叫來子韋問吉凶。

子韋告訴他，這是天要懲罰他了，但是只要景公願意，他可以把懲罰轉移到宰相身上去。

景公：「宰相是輔佐國家的大臣，好比我的股肱，支持整個身體的行動一樣，怎麼可以使他遭受禍患呢？」

子韋：「那就轉移給老百姓承受。」

景公：「君主應該以仁愛來安撫百姓，怎可反而讓百姓承受災患呢？」

子韋：「轉移到年歲五穀收成上也可以。」

景公：「時令饑荒，人民困苦，我怎夠得上為人國君呢？」

景公不願意讓老百姓遭難，寧願一個人去死。子韋於是向景公表示祝賀：「我要祝賀您。天雖然很高，但是他的耳朵卻離人很近，現在您有三句仁慈的話，必然感應天心，熒惑星必會有所移動。」

後來宋國在這一年裡果然沒有禍事發生。

〈福虛〉講的是楚惠王吃酸菜時，突然發現菜中有一條水蛭，他沒有聲張，不動聲色地吞了下去，結果肚子痛得不能吃飯。

令尹前來問候，關切地問道：「大王怎麼得了這種病？」

楚惠王答：「我吃酸菜時見到一條水蛭，心想，如果把這事張揚出去，只是斥責庖廚等人，而不治他們的罪，就違反了法度，那樣一來，今後我自己的威信就無法樹立；如果追究他們的責任，就應該誅殺他們，這樣一來，太宰、監食之人，按法律都將處死，我於心不忍啊！所以我只好悄無聲息地吞了水蛭。」

令尹深深地施了一禮，賀道：「我聽說天道無親，唯德是輔，您如此仁德，天一定會保佑您，您不用擔心螞蟥，這點小病是不會傷害到您的。」

當晚，楚惠王排出了水蛭，老毛病也一併好了。

王充在這兩則故事後面寫下了一句評語：這是假的。

大夥兒都知道故事是假的，但是問題在於，人們為什麼要編造這樣的故事，並熱衷於傳播這樣的故事？

很顯然，這種故事的意義在於勸人向善。王充顯然也明白這個道理，他也說，世人都說行善者福至，為惡者禍來，這種話都是聖人為了勸人向

261

## 第八章　仁政德治

善才流傳下來的。但是同時，他又批駁上面那兩個故事，實在搞不懂他到底想說什麼。

仕途的失意加上生活的困頓，王充的晚年生活頗為悽慘。作為在官場上混過的人，他顯然對這種門前冷落車馬稀、人走茶涼的生活有些不適應。為此，他提筆寫下了〈譏俗〉、〈節義〉來諷刺世態炎涼。

當年廉頗失勢之時，門客盡去，等他再次當上將軍，門客又回來了。

平日裡養著這些人，本想著要他們與自己患難與共，哪裡想到他們全是勢利眼？廉頗很生氣，對這些又回來的食客說：「你們還是都走吧！」

結果，更有趣的一幕上演了。門客中有人說：「老將軍，您的思想觀念為什麼不能與時俱進呢？現在天下人都以做買賣的原則與人打交道。天下人與老將軍的交往，本來就是為利害關係而來的。您有權有勢，而且也養得起我們，我們就都來追隨你；您一失勢，我們當然也就離您而去了。世人本都如此，您怎麼到現在才知道，未免太遲了一點吧？」

人生的得意與失意，榮寵與羞辱，古今中外莫不如此，王充啊王充，枉你飽讀詩書，怎麼就看不透這一點呢？

窮居陋巷的他在感慨世態炎涼的同時，內心深處也隱隱有一絲期盼，他希望能接到皇帝的徵召，與賈逵、班固、傅毅、楊終等人一樣，混個蘭臺令史。

好在機會終於來了，朋友謝夷吾向朝廷舉薦了王充。在王充窮居陋巷的日子裡，謝夷吾向皇帝推舉他說：「王充是個天才，無論是以前的孟子、荀子，還是近代的揚雄、劉歆、司馬遷，都不如他。」

在謝夷吾的大力舉薦下，漢章帝專門下發通知，用公車將王充徵往京師。

這是王充一生中接受皇帝徵召的唯一機會，遺憾的是，此時的他由於

臥病在床，無法應召。

而恰恰就在這一年，漢章帝駕崩了。新君即位，永珍更新，誰也顧不上之前的徵賢詔書了。

王充很鬱悶，只能繼續困居鄉閭，在「命以不延，籲嘆悲哉」的哀嘆中走完了自己失意的人生之旅。

# 第八章 仁政德治

# 第九章
## 擊滅匈奴

# 第九章　擊滅匈奴

## 竇氏的崛起

　　章和二年（西元 88 年）二月，劉炟崩於章德前殿，時年三十三歲。

　　三十三歲，剛過而立之年，對於普通人而言正是事業上升期，可是劉炟的生命到這裡卻戛然而止了。史書沒有記載劉炟的死因，我們也不好多加猜測，不過從後來的歷史來看，東漢皇帝大多短命，除了漢獻帝外，其餘皇帝能活到三十多歲已是極限，且皇后大多不孕不育。命運之神似乎有意捉弄東漢皇室，關於這一點我後面會提到，此處先不提。

　　劉炟在位十三年，我們來看看他的功績。

　　劉炟是漢明帝的第五子，一出生便與生母分開，從小是被馬皇后帶大的。馬皇后也算是一代賢后，在她的教導下，劉炟有了一個溫馨的童年，性格寬和，為人大度，與父親漢明帝截然相反。曹丕就說過，「明帝察察，章帝長者」。意思是說，漢明帝為政太嚴苛，漢章帝就比較寬厚，性格溫吞柔軟。

　　在執政理念上，他延續了祖父劉秀的治國理念，對其父施行的政策作了很多調整。他不折磨百姓，廣開諫言，但是因為性格柔弱，耳根子軟，容易受人擺布，放棄了對西域的控制權，下令召還屯駐在西域的漢軍。

　　劉莊與劉炟，父子倆一嚴一寬，最終成就了「明章之治」。

　　值得一提的是，劉炟還是一位書法愛好者，他的草書非常有特點，後人稱之為「章草」。

　　當然，凡事有利就有弊，劉炟的寬厚，代價可不低。

　　沒錯，又是外戚。

　　想必你還記得，西漢中後期，天子大權旁落，皇權大都落到了外戚手

## 竇氏的崛起

中,甚至外戚以大將軍身分輔政一度成了朝廷慣例。王政君的姪兒王莽最後索性代漢自立,終結了西漢王朝。

到了劉莊這裡,他對外戚可謂嚴防死守,他的皇后——明德馬皇后也很自覺,對自家人約束甚嚴。然而馬太后去世後,隨著馬氏的失勢,另一個外戚家族迅速崛起。

這就是兩漢歷史上鼎鼎有名的竇氏。

劉炟在位時,皇后竇氏才貌超群,榮寵一時。

竇皇后的父親是竇融的孫子竇勳,母親是劉秀的孫女沘陽公主。所以竇皇后是名副其實的皇親國戚,不過她父親死得早,家道中落。

據說竇皇后六歲就能寫文章。這麼小的孩子如此聰明,確實不多見,母親找人為她看面相,看相的人說她將來一定會大尊大貴。母親擔心看相的人是為了騙錢故意說好聽的,於是找了好幾個人來為她看面相,結果大家的意見一致:「這孩子有大富大貴的命相,將來嫁的不會是一般人。」

既然命中注定能大富大貴,那就只能跟皇家攀上關係了。於是竇家在漢章帝即位的第二年,就把她和妹妹一起送入宮中。

竇氏情商超級高,年輕又漂亮,舉止言談非凡,她使出渾身解數來奉承馬太后和漢章帝,把這兩位重量級人物哄得心花怒放。入宮第二年,她就成了皇后,妹妹成了嬪妃。

馬太后去世後,竇氏家族歷經兩百多年的輪迴,再一次成為漢帝國頂級的外戚家族。

竇皇后成了後宮權力最大的人,可是她並不開心。

原因很簡單,她沒有兒子。

讓竇皇后礙眼的人還真不少,第一個就是宋貴人,她的兒子劉慶已經被立為太子。

## 第九章　擊滅匈奴

　　母憑子貴，沒有兒子，就意味著劉炟死後，別人的兒子將成為皇帝，別的女人將成為太后，而她自己什麼都不是，後宮大權只能讓給別人。搞不好太后一不高興，自己腦袋搬家也是有可能的。

　　原本馬太后也沒有兒子，卻在明帝的幫助下，從別的貴人手中領養了一個孩子，這就是劉炟。

　　竇皇后很憂慮，劉炟則效仿父親，幫她從梁貴人手中領養了一個孩子，名叫劉肇。

　　即便如此，竇皇后還是不開心，因為皇太子是劉慶。

　　竇皇后一定聽過一句話：只要鋤頭揮得好，不怕牆腳挖不倒。對於宮廷鬥爭，竇皇后可是相當熟悉，馬太后去世後，她充分發揮自己的宮鬥天賦，準備向宋貴人下手，誰讓她的兒子是太子呢？

　　竇皇后經常跟漢章帝說宋貴人的壞話。一開始漢章帝當然不信，但是謊言重複多了，便由不得你不相信了。漢章帝本就耳根子軟，聽得多了，看宋貴人就不那麼順眼了，漸漸地開始疏離她。

　　僅僅讓宋貴人遠離漢章帝可不是竇皇后的目的，她的最終目的是讓她死。

　　妒忌的女人是最可怕的，為了扳倒宋貴人，竇皇后想出了一個藉口：挾邪媚道。

　　所謂挾邪媚道，說白了就是搞巫術作法，讓皇帝專寵自己。在漢代，搞巫術可是很忌諱的一件事，後宮發生過好幾次「媚道」案。

　　第一次是在景帝時期，長公主劉嫖說栗姬對景帝的姬妾使「媚道」，景帝開始討厭栗姬，接著把栗姬的兒子──太子劉榮廢為臨江王。

　　第二次和第三次都發生在武帝時期，先是陳阿嬌使「媚道」，武帝大怒，「金屋藏嬌」也不好使了，直接把阿嬌打入冷宮。後來江充用「木頭人」陷害衛子夫和她兒子劉據，結果衛子夫自殺，太子劉據被迫自殺。這就是

## 竇氏的崛起

漢朝最著名的「巫蠱之禍」，無數人被牽連進去，殺得長安城人頭滾滾。

第四次是成帝時期，趙飛燕、趙合德姐妹誣陷許皇后和班婕妤，結果許皇后被廢，班婕妤被拷問。

宋貴人患病，想吃新鮮兔肉，曾吩咐娘家人尋找，竇皇后就誣告宋貴人搞巫術，章帝大怒，命太子搬出東宮，到承祿觀居住。

隨後，章帝正式下詔：「皇太子精神恍惚失常，不能夠祀奉宗廟。大義之下，親情可滅，何況是貶降？今廢除劉慶『皇太子』的封號，改封清河王。皇子劉肇，由皇后撫養長大，在懷抱中承受教誨，是合適的儲君人選，現封劉肇為皇太子。」

宋貴人姐妹被逐出內廷，囚禁於丙舍，派小黃門蔡倫負責審問。姐妹倆一見太子劉慶被廢，心裡什麼都明白了，飲藥自殺。父親宋楊則被免職，逐回原郡。

劉慶雖然年幼，但是也知道避嫌畏禍，不敢提起母親宋氏。而此時，章帝忽然又生了憐憫之心，善待劉慶，吃穿用度和太子同等級。劉肇和劉慶也十分友愛，入則同室，出則同車。

兒子被立為太子，梁貴人總算是鬆了一口氣。雖然劉肇過繼給竇皇后，但是畢竟是梁家的血脈，將來劉肇登基，梁家必能無憂。

可惜的是，竇皇后卻並不打算放過她。就在梁家人長舒一口氣，私下互相慶賀的時候，竇皇后在背後悄悄舉起了屠刀。

梁貴人的父親叫梁竦，出身世代豪貴，主修《易經》，是一位大才子。當年由於哥哥梁松犯了法，梁竦與弟弟梁恭被流放九真郡。兩人一路渡長江、過洞庭，來到了湘江、沅江一帶。梁竦慨嘆伍子胥、屈原以無罪身死，寫下了〈騷賦〉。

明帝時，朝廷下詔允許他們返回故鄉。梁竦還鄉之後，閉門不出，以

## 第九章　擊滅匈奴

讀書著述為娛，作《七序》數篇。班固看過後非常欣賞，給出了極高的評價：孔子著《春秋》而亂臣賊子懼，梁竦作《七序》而竊位素餐者慚。

梁竦生於京師，身負其才，鬱鬱不得志，有一次登高遠望，嘆息道：「大丈夫居世，生當封侯，死當廟食。如其不然，閒居可以養志，《詩》、《書》足以自娛，州郡之職，徒勞人耳。」

章帝時，梁竦的兩個女兒都被皇帝納為貴人，小女兒生下了劉肇，過繼給了竇皇后。但是竇皇后仍不滿足，一面在皇帝面前詆毀梁貴人，一面讓哥哥竇憲在宮外羅織梁家的罪名。

很快，梁竦被人誣告謀反入了獄，死於獄中，家屬被流放九真郡，梁貴人姐妹也憂憤而死。

章和二年（西元88年）二月，年僅三十三歲的章帝駕崩於章德前殿。太子劉肇即位，為漢和帝，這一年，他只有十歲。

章帝走得很突然，沒有留下顧命大臣，年僅十歲的劉肇坐在空曠的章德殿上，顯得那樣的孤獨而無助，他唯一能依靠的，只有自己的養母竇太后。

對於這份工作，竇太后自然樂意效勞。很快，她以皇帝年幼，不能主政為由，以太后身分臨朝攝政。

問題在於，竇太后只是一個婦道人家，她也沒有治國理政的經驗，怎麼辦？

這個問題不難回答，當然是找娘家人。

準確來說，是找哥哥竇憲幫忙。

竇憲，大司空竇融的曾孫，當初祖父竇穆和父親竇勳均以罪被誅，因此竇憲很早就成了孤兒。

雖然父親早亡，但是竇氏家大業大，從來沒為生計發過愁。由於沒有長輩的教導，竇憲養成了飛揚跋扈的性格，尤其是在妹妹被立為皇后之

後，竇家雞犬升天。

竇憲也一步登天，先後任侍中、虎賁中郎將，其弟竇篤任黃門侍郎。兄弟二人大權在握，寵貴日盛，到處仗勢欺人，巧取豪奪，王公側目。

面對竇氏兄弟的胡作非為，朝中不少正直之士看不下去，紛紛上書彈劾。

司空第五倫上疏說：「虎賁中郎將竇憲，屬於后妃的親屬，掌領禁衛軍，出入宮廷，他手下的人大多品行不端，曾受過法令制裁，士大夫無志之徒雲集其門，眾煦飄山，聚蚊成雷。臣認為陛下和皇后應嚴令竇憲等閉門自守，不得任意交結官吏士人，以防止禍患發生。」

太尉鄭弘更是屢次上書，指責竇憲權勢太盛，日後必為國家之患。章帝因礙於竇皇后的面子，只是提醒竇憲往後注意一下，未加制裁，竇憲由此對鄭弘懷恨在心。

後來鄭弘又上書彈劾尚書張林依附竇憲，平時行為多有不檢，惡跡昭彰；洛陽令楊光貪贓枉法，無所不為，不宜再任洛陽令。

奏疏呈上後，處理奏疏的官員恰好是楊光的好友，於是向楊光通風報信。楊光聞言大驚，立即到竇憲那裡求救。

竇憲大為光火，索性反咬鄭弘一口，說鄭弘洩漏朝廷機密，是國家的敵人。

章帝對鄭弘大加訓斥，並收繳了太尉的印綬。鄭弘自感百口莫辯，親自到廷尉投案待審，之後被赦免。

鄭弘請求辭官歸田，皇帝又不允許，被誣陷的憤怒和不被信任的屈辱讓鄭弘積鬱成疾，臥床不起，奄奄一息。臨終前，鄭弘繼續上書，陳述竇氏貪贓枉法、魚肉百姓、欺壓百官的惡跡。

他寫道：「竇憲的罪惡上達於天，下通於地，四海之內無論尊卑都對

## 第九章　擊滅匈奴

陛下不予懲處感到疑惑，普天之下無論賢愚都對他深惡痛絕。百姓議論紛紛：竇憲到底用了什麼高明的手段竟然把皇上迷惑住了？王莽之亂殷鑑不遠啊！

陛下身為天子，負有保衛江山千秋萬代永不變色的重任，卻信任進讒獻媚的奸臣，不把關乎社稷存亡的大事放在心上。我雖不久於人世，但是死不忘忠，希望陛下仿效舜帝流放四凶（混沌、窮奇、檮杌、饕餮）誅除奸佞，以平息人神之共憤！」

劉炟看了奏章，有所醒悟，派御醫為鄭弘治病，可是御醫到府上時，鄭弘已溘然長逝。

司空第五倫已年近八十歲，年老久病，申請退休。

有人問退休回家的第五倫：「老實說，您一點私心都沒有嗎？」

第五倫如實回答：「曾經有人送我千里馬，我雖未接受，但是每當三公舉薦人才的時候，總念念不忘此人。雖然最終也沒有舉薦此人，但是他畢竟在我的腦海中出現了。我哥哥的兒子有一次生病，我雖一夜看望了十次，回來後卻安然入睡；我的兒子生病，我儘管沒去看望，卻整夜難眠。這樣來看，說我沒有私心，你們信嗎？」

隨著鄭弘、第五倫這些老臣病死、老去，竇憲更加肆無忌憚。

很快，竇憲又做了一件霸道的事：強占沁水公主的莊園。

沁水公主是漢明帝的第五個女兒，歷史上有名的「冷美人」，一生不愛笑，比周幽王的褒姒更不喜歡笑。漢明帝很寵愛這個女兒，專門為她在沁陽修建了一座「沁園」，依山傍水，竹林搖曳，很配公主的氣質，後世「沁園春」的詞牌即來源於此。

不料，竇憲倚仗權勢，看上了沁園，以低價強買了這座莊園。沁水公主畏憚竇憲的勢焰，不敢與其相爭。

有一次，漢章帝路過沁園，發現沁園已經改姓竇，就問竇憲怎麼回事。竇憲支支吾吾說不清楚，還阻止其他人答話。漢章帝回去了解了情況後大怒：「好你個竇憲，竟在太歲頭上動土，連公主的田產你也敢侵占，真是狗膽包天！」

章帝立即召來竇憲，劈頭蓋臉一通臭罵：「好好反思一下，你強奪公主田園，用趙高指鹿為馬的手段，簡直令人髮指！昔日永平年間，先帝令陰黨、陰博、鄧疊三人更相糾察，故諸豪強貴戚沒人敢輕易觸犯法律。現在我家公主尚且橫遭掠奪，何況小民百姓？你再這樣，國家拋棄你竇憲就像扔雛雞腐鼠一樣容易！」

竇憲嚇了個半死，立即把沁園還給沁水公主，並磕頭謝罪。章帝怒氣不息，最後竇皇后降低自己的服飾等級來替竇憲謝罪，才算了事。自此之後，章帝再也沒有對竇憲委以重任。

而如今，章帝駕崩，竇憲的時代來了！

# 趁他病，要他命

竇太后臨朝稱制，竇憲以侍中的身分內主機密，外宣詔命，弟弟竇篤為中郎將，竇景、竇瑰為中常侍，竇姓兄弟全在重要職位，威權一時無兩。

竇憲的一個門客見他有點得意，上書告誡竇憲：「古書上說，生而富者驕，生而貴者傲，生於富有尊貴而能不驕橫倨傲的人，我未曾見過。如今您的地位日益尊崇，您的一舉一動大夥兒都看著呢，豈能不庶幾夙夜，以永終譽？從前馮野王以外戚身分居於高位，被人稱為賢臣；近代陰興克己守禮，最終成為多福之人。外戚之所以被時人譏嘲，被後人責備，原因

## 第九章　擊滅匈奴

在於權勢太盛而不知退讓，官位太高而仁義不足。漢興以後直到哀帝、平帝，外戚之家共計二十，而能保全家族和自身的，只有四個。《尚書》說：鑒於有殷，可不慎哉？」

可惜的是，竇憲根本聽不進這逆耳忠言。

竇憲知道自己樹大招風，為了避免成為眾矢之的，他為自己找了個擋箭牌。太尉鄧彪為人謙和禮讓，委隨不爭，竇憲於是推舉他為太傅。竇憲想做什麼，就鼓動鄧彪出面上奏，自己再告訴太后。屯騎校尉桓郁幾代都做皇帝的老師，性情恬退自守，竇憲也推薦他，讓他在宮禁中為皇帝講授經書。

如此一來，內外協附，沒有人能對竇憲不利。

竇憲性情果急，睚眥之怨莫不報復，他緊接著做了兩件很有個性的事。

其一，殺謁者韓紆的兒子，割其首級到父親的墳前祭奠。

理由是，謁者韓紆當年曾參與審判過竇憲的父親竇勳的案件，是自己的殺父仇人。雖然韓紆已經死了，但是仇恨並未就此結束，父債子還，必須拿他兒子償命。

其二，殺齊蕩王劉石的長子——都鄉侯劉暢，並嫁禍於劉石的次子劉剛。

劉暢是劉縯的曾孫，他是跑來參加章帝劉炟的喪禮的。竇憲為什麼要殺劉暢呢？

理由很齷齪：劉暢跟竇太后有私情。

竇太后新寡，雖稱太后，但是年齡並不大，難守空房寂寞。劉暢來京弔喪，很得竇太后的歡心。兩人眉來眼去，很快就勾搭上了。

自此之後，竇太后頻繁召劉暢入宮幽會。

《後漢書》評價劉暢的性格只有四個字：素行邪僻。換句話說，這傢伙行為邪門，不檢點。這樣的一個渣男遇上空虛寂寞的竇太后，就如乾柴遇上烈火，結果可想而知。

如果漢朝有娛樂雜誌，竇太后和劉暢的地下戀情絕對能上頭版頭條，引爆眼球。然而對竇憲來說，他很妒忌，很害怕，甚至恐懼！

竇憲下定決心要殺掉劉暢，並不是擔心這樁齷齪事被曝光，而是擔心劉暢得寵後會分走自己在內宮的權勢。

很快，一個月黑風高的夜晚，一名殺手潛入劉暢的住所殺了他。

姦夫被殺，竇太后大怒，將竇憲禁閉在內宮之中，揚言要大義滅親。

為了自己的姦夫，竇太后竟要拿親哥哥開刀，不只別人很無語，連竇憲也很無語。

竇憲被關押，不僅他自己慌得要死，就連竇太后都很頭痛。她並不是真要拿哥哥開刀，只是缺一個臺階。正在竇家人犯難的時候，北境傳來了一個消息：北匈奴內亂了。

下面我們將鏡頭上移，移到遙遠的北方大漠，看看這幾年匈奴人都在做什麼。

前面說過，西漢後期，匈奴分裂成南匈奴和北匈奴，南匈奴親漢，北匈奴反漢。漢明帝上臺後，朝廷開始對北匈奴用兵，使得歸附漢室的南匈奴漁翁得利，南北匈奴為了擴張各自的地盤大打出手。

頻繁用兵使得北匈奴的經濟不斷惡化，國內政局動盪，黨眾叛離。南匈奴攻其前，丁零寇其後，鮮卑人擊其左，西域侵其右，可謂四面受敵。

丁零人位於匈奴的更北邊，當年從漢朝叛逃過去的衛律就曾擔任過丁零王。鮮卑與烏桓皆東胡之後，兩百多年前，東胡王被冒頓所殺，東胡人向東奔逃，去東北鮮卑山的就改名鮮卑，向東南進入遼河流域依烏桓山的

## 第九章　擊滅匈奴

則為烏桓。

匈奴強盛時，鮮卑與烏桓曾被迫獻人質，納皮布稅。而如今，眼看著匈奴日漸衰弱，鮮卑第一個站了出來，向這條百足之蟲發起了挑戰。

內憂外患之時，北匈奴於元和元年（西元84年）重新向東漢政府提出和談，恢復雙邊貿易。漢章帝同意了北匈奴的請求，然而當北匈奴的大且渠伊莫訾王拉著一萬多頭牛羊南下準備與東漢政府進行貿易時，南匈奴卻在背後插了他一刀。

得知北匈奴商團南下的消息，南匈奴當即派出一支騎兵從上郡出發，在半路上將北匈奴的牛羊搶劫一空。

次年（西元85年），南匈奴縱兵北上，突襲北匈奴溫禺犢王部，又搶掠了北匈奴大量的牲畜。

本來這是匈奴分裂後的內戰，但是由於南匈奴歸附東漢政府，被東漢政府安置在北疆地區，所以北匈奴人覺得漢朝在糊弄自己，優留單于甚至揚言將南下劫掠邊疆。

武威太守孟雲得知消息後，向漢章帝上書道：「北匈奴提出和解，而南匈奴又趁機打劫。北匈奴心懷不滿，邊境又將永無寧日。臣建議，讓南匈奴將先前擄掠的人口、牲畜還給北匈奴，以消解敵意。」

漢章帝一時難以決策，召集三公九卿共同商議此事。

對於這件事，朝堂內部的意見也不統一，大夥兒吵得很厲害。太尉鄭弘、司空第五倫等人堅決反對歸還，司徒桓虞和太僕袁安等人則認為應該歸還，雙方唇槍舌劍，火藥味漸濃。

太尉鄭弘脾氣比較火暴，他見大夥兒爭論不休，就站出來大聲說了一句話：「凡是主張歸還牲口的，都是不忠不義之人！」

司徒桓虞聽了火冒三丈，當眾與鄭弘對罵起來。第五倫和大鴻臚韋彪

## 趁他病，要他命

也都氣得臉紅脖子粗，雙方開始對罵。

旁邊的司隸校尉二話不說，當即向漢章帝上書彈劾鄭弘等人咆哮朝堂、目無君上，鄭弘等人一氣之下交出印綬，集體辭職。

漢章帝傻眼了，他親自出面好言勸慰：「大事需要集思廣益，政策須由眾人商定，忠誠、正直而和睦才符合朝廷之禮，緘默不語，壓抑情志，非朝廷之福。你們有什麼過失要謝罪？都把帽子戴好，穿上鞋！」

大夥兒這才收起印綬，等待皇帝裁決。

隨後，漢章帝下詔：「江海之所以成為百川的最終歸宿，是由於其地勢低下。漢朝略受委屈，又有什麼可擔心的呢？何況如今漢朝和北匈奴之間君臣名分已定，北匈奴言辭恭順而守約，不斷進貢，難道我們能違背信義，自陷於理虧的境地嗎？

現命令，度遼將軍兼中郎將龐奮，用雙倍的價格贖買南匈奴所搶的俘虜和牲畜，歸還給北匈奴；南匈奴曾殺敵擒虜，應當論功行賞，一如慣例。」

這個解決方案讓人很無語，北匈奴的損失憑什麼由東漢政府雙倍買單？南匈奴明知漢朝要與北匈奴開通邊貿，卻一而再，再而三地掠奪北匈奴的財物，這不僅是對北匈奴的挑釁，也是對漢朝的挑釁。朝廷不想著約束南匈奴，卻故意縱容賠償，簡直是在鼓勵南匈奴繼續搞破壞。

真是豈有此理！

章和元年（西元87年），東方崛起的鮮卑向隔壁鄰居北匈奴發動了一次大規模的軍事攻擊，優留單于親自率軍迎戰，不幸戰死，北匈奴損失慘重。

這次慘敗使北匈奴國內一片混亂，北匈奴屈蘭儲等五十八個部落，共計二十八萬人口，分別在雲中、五原、朔方、北地諸郡向東漢政府投降。

轉眼就是章和二年（西元88年），這是個多事之秋，漢朝這邊章帝駕崩，小皇帝劉肇即位；南匈奴首領伊屠單于病逝，繼任者為休蘭單于；北

## 第九章　擊滅匈奴

匈奴那邊也不好過，國內鬧起了大饑荒，內部還出現了叛亂，每月都有數不清的北匈奴人南下逃荒，向漢帝國投降。

南匈奴早就盼著這一天了，眼看著北匈奴快混不下去了，就想趁機再踹一腳。

休蘭單于很清楚，僅僅依靠南匈奴自己的力量，未必能打贏北匈奴，必須說服東漢政府，聯合北伐匈奴。

這年七月，休蘭單于上書東漢政府，請求討伐北匈奴。他在信中說道：「現在北匈奴內部紛爭不斷，正是出兵討伐的良機，將北匈奴併入南匈奴，實現統一，這樣可以讓漢帝國再也沒有北面的威脅。臣等在漢地繁衍生息，開口仰食，漢政府每年賞賜，動輒億萬，我等雖然無須操勞而安享太平，卻時常慚愧沒機會報效漢廷。我願徵調本部和分散在各郡的匈奴精銳分道並出，於十二月在北匈奴境內會師。但是我等兵力單薄，懇請漢政府派遣執金吾耿秉、度遼將軍鄧鴻及西河、雲中、五原、朔方、上郡各地太守，率漢軍各部併力北伐，希望以此一戰平定北匈奴。臣的國家命運成敗，就在今年了，現在已經敕令各部整飭兵馬，請皇帝陛下詳加省察裁決。」

劉肇年幼，休蘭單于的上書遞到竇太后手中。竇太后雖然是一介女流之輩，不懂軍事，但是有人懂啊！

誰？

耿秉！

對於這個名字，想必大夥兒一定不陌生。早在明帝時，耿秉就曾多次出塞征討北匈奴、平定車師，因功被封為美陽侯，食邑三千戶。

當年出征匈奴的高級將領中，竇固已於章和二年（西元88年）去世，放眼望去，朝中只有耿秉軍事經驗最為豐富。

**趁他病，要他命**

想到這裡，竇太后急召耿秉入朝，將休蘭單于的上書交給耿秉看，問他有什麼看法。

耿秉答道：「昔日武帝曾雄霸天下，想令匈奴俯首稱臣，但是沒有遇到好時機，沒能成功。如今天賜良機，北匈奴內亂紛爭，正好可以夷制夷，這對國家有莫大的利益，請太后准許南匈奴的軍事行動！」

說罷，耿秉向竇太后叩拜，主動請纓。

尚在監獄中的竇憲得知南匈奴請戰，意識到機會來了！

大漢朝中樞的政治正確是什麼？

必須是打匈奴啊！

漢帝國已經很多年沒有大規模對外用兵了，如今北匈奴正是最虛弱的時候，趁他病，要他命！

他向竇太后毛遂自薦，聲稱自己願意統軍北伐匈奴，以贖死罪。

竇太后也沒打算真殺自己的哥哥，將他關禁閉也只是一時氣憤，正苦於沒藉口將他釋放。現在好了，藉口有了，她同意了竇憲的請求。

竇太后一心想藉此事為哥哥竇憲脫罪，但是朝廷三公九卿卻一致上書反對參戰。

尚書宋意上書說：「匈奴遠離中原，幽處北極，界以沙漠，簡賤禮義，毫無君臣上下之分，強悍者稱雄，弱小者屈服。自漢朝建立以來，朝廷數次征伐匈奴，但所得遠不如所失。光武皇帝親自領兵征戰，深昭天地之明，趁匈奴人來降的機會，對他們採取籠絡豢養的政策。邊疆人民獲得生機，減除了勞役，至今已經四十餘年了。

現在鮮卑順服漢朝，斬殺、俘虜北匈奴數萬人，漢朝坐享大功而百姓不知其勞，漢興功烈，於斯為盛。之所以如此，是因為異族相互攻伐，而漢軍卻全無損失。

## 第九章　擊滅匈奴

據我觀察，鮮卑攻擊北匈奴，是由於搶掠對他們有利；而將戰功獻給漢朝，實際上是貪圖得到重賞。如今若是允許南匈奴回到北匈奴王庭，那就不得不限制鮮卑的行動。鮮卑外不能實現搶掠的願望，內不能因功而得到賞賜，以其豺狼般的貪婪，必將成為邊疆禍患。如今北匈奴已向西逃遁，請求與漢朝通好，應當趁他們歸順的機會，把他們變成外藩。巍巍功業，莫過於此！如果徵調軍隊，消耗國力，順了南匈奴的意願，卻坐失上佳策略，放棄安全，一定危險。因此我認為，對南匈奴的請求不可應許。」

在這幫腐儒看來，北匈奴離大漢那麼遠，而且向東漢政府提出和解，已經多年沒有侵犯邊塞了，我們何必勞民傷財跑那麼遠去招惹人家呢？得不償失嘛！

再者說了，東漢歷來的對外政策是以夷制夷，如果打跑了北匈奴，南匈奴回到北方王庭一統匈奴全境，隔壁的鮮卑人就沒得搶了，就會來劫掠我方邊郡。匈奴內亂是他們自家的事，狗咬狗一嘴毛，我們何必橫插一槓呢？沒道理嘛！

腐儒們滿口大道理，他們卻不明白，匈奴人之所以安穩了那麼久，不是因為他們良心發現了，而是實力不允許。高后及文景時，匈奴氣焰囂張，在國書上屢屢羞辱，和親不過數年便悍然犯邊。漢武帝興師數十萬，使衛青、霍去病領兵，前後十餘年，浮西河，絕大幕，破河南，襲王庭，窮極其地，追奔逐北，封狼居胥山，禪於姑衍，以臨瀚海，斬胡人十數萬，虜名王貴人以百數，打疼了匈奴人。雙方實力越拉越大，匈奴人這才老實下來，對漢卑躬屈膝，屢屢請求和親，以麻痺大漢。

雖然如此，匈奴仍保有幅員萬里，軀體龐大，一旦等牠舔著傷口，一點點恢復實力，這隻草原狼便會立刻反悔，再次悍然犯邊！

除了宋意，其餘三公九卿也紛紛上書勸阻竇太后。他們認為，匈奴並

未侵犯邊塞,而我方卻要無故勞師遠行,消耗國家資財,徼功萬里,非社稷之計。

然而,無論這幫腐儒怎麼勸諫,竇太后一律不聽。

慢慢地,太尉宋由意識到再怎麼勸諫,竇太后也不會改主意,只好作罷。大夥兒見宋太尉放棄了,也不再勸諫,只有司徒袁安和司空任隗仍在堅持,甚至脫去官帽在朝堂力爭,先後上書達十次,這讓竇太后臉上很是掛不住。

大夥兒都為二人捏了一把汗,但是袁安和任隗是堅定的反戰派,絲毫不動搖。

侍御史魯恭這時也站了出來,上了一封奏疏,其中寫道:

「陛下親勞聖體,日昃不食,憂心軍事,是想安定北方邊陲,為百姓除患,定萬世之計。而臣暗自思忖,認為未見其便。社稷之計,萬人之命,在於一舉。數年以來,秋稼不熟,人食不足,倉庫空虛,國無蓄積。國家新遭大憂,陛下還在守喪,百姓沒了先帝的庇護,三時不聞警蹕之聲,莫不懷思惶惶,若有求而不得。

如今乃以盛春之月,興發軍役,擾動天下,跟戎狄交戰,這不是改元正時、由內及外的舉措。萬民百姓乃上天所生,上天愛所生,猶如父母愛子女。天地萬物中,有一物不得其所,天象就會發生錯亂,何況是人呢?愛人者必有回報。戎狄異族如同四方的異氣,與鳥獸沒有分別,如果讓他們混居在中原內地,就會擾亂天象,玷汙良善之人,所以聖明君王只是對他們採取籠絡和約束的政策而已。

如今北匈奴已被鮮卑打敗,躲到史侯河西,距離漢朝邊塞數千里,而我們打算趁其虛弱之際攻打,這不是仁義的舉動。現在剛剛開始徵發,而物資已不能滿足大司農的排程,上下相迫,百姓困苦已到了極點。三輔、并州、涼州少雨,麥根枯焦,牛死日甚一日,這是不合天心之效。群臣和

## 第九章　擊滅匈奴

百姓都說此事不可行，陛下奈何以一人之計，棄萬人之命，不恤其言乎！上觀天心，下察民意，足以知事之得失。臣恐國不為國，豈徒匈奴而已哉！希望陛下留聖恩，休罷士卒，以順天心。」

魯恭連「國將不國」這樣的說辭都搬了出來，可見這幫老同志是真的著急了。

但是竇太后就是不聽，全當他們是王八唸經。

她不光讓哥哥竇憲領軍出征，還安排弟弟竇篤、竇景大肆興建豪宅。

侍御史何敞趕緊上奏：「匈奴對大漢的凌辱由來已久，高皇帝遺平城之憂，高后時單于書絕悖逆。太后堅持要打北匈奴，我等也沒辦法。如今大軍已經動員起來，朝廷焦脣，百姓愁苦，而竇篤和竇景卻濫修宅邸，崇飾玩好，這不是增加老百姓的負擔嗎？臣建議先把修宅子的事放一邊，把工作重心放在北邊的戰事上，體恤百姓，這才是應有之義。」

按照一般人的邏輯，竇太后安排竇篤、竇景修豪宅，就是為了逼眾臣退一步，先同意竇憲出兵，然後再就坡下驢，停止修豪宅。

但是大家都猜錯了。

何敞的奏疏，竇太后根本理都不理，北匈奴，照打；豪宅，照修！

尚書僕射郅壽在朝堂上大談國庫空虛、連年征戰的話題，藉以諷刺竇氏兄弟。竇氏兄弟大怒，誣陷郅壽私買公田、誹謗朝廷。

竇太后下令將郅壽拿下，交付有司審判。

何敞急忙勸諫：「郅壽是朝廷大臣，忠言直諫是他的職責啊！如果他面對錯誤而沉默不語，那才是犯了死罪。如今郅壽為了宗廟平安而反對竇氏兄弟，哪有什麼私心？即便是唐堯虞舜之時，也提倡忠言直諫，並不曾以誹謗治罪。郅壽若被誅，臣恐天下以為國家橫罪忠直，賊傷和氣，忤逆陰陽。若殺郅壽，請先殺我！」

在何敞的力保之下，郅壽免了死罪，改為流放合浦。但是郅壽性情剛烈，自殺而亡。

在經歷過無數次爭論後，竇憲北征匈奴的時間終於安排好了。

# 勒銘燕然山

章和二年（西元88年）十月十七日，竇太后任命竇憲為車騎將軍，佩金印紫綬，比照司空規格配備屬員，以執金吾耿秉為副，發北軍五校、黎陽、雍營、緣邊十二郡騎士，及羌胡兵出塞，北伐匈奴。

兵馬未動，糧草先行，這是眾所周知的道理。打仗打的不僅僅是策略戰術，更是後勤。《孫子兵法》中說，凡興師十萬，出征千里，百姓之費，公家之奉，日費千金，內外騷動，怠於道路，不得操事者，七十萬家。如果加上勞役民夫，真正影響到的人，何止上百萬戶？

每一次出征匈奴，對於漢帝國而言都是一場考驗，考驗官員統籌糧秣的能力，考驗士卒們長途跋涉行軍打仗的能力，更考驗天下百姓對戰爭的承受能力。

很快，整個帝國被高度動員起來，一輛輛糧車被運往北方邊郡，充實邊塞所設的倉廩。

永元元年（西元89年）六月，經過八個月的準備，北伐大軍與糧秣物資已經準備就位，大軍誓師出征！

北伐軍總計四萬六千人，包括八千名漢軍精銳騎兵，三萬名南匈奴騎兵，以及八千名羌胡與烏桓的騎兵，並且配備了一萬三千輛運輸車輛。

大軍兵分三路，竇憲與耿秉各率四千騎，南匈奴左谷蠡王師子率萬騎

## 第九章　擊滅匈奴

從朔方雞鹿塞出兵；南單于屯屠河率領萬餘騎從滿夷谷出兵；度遼將軍鄧鴻和羌胡八千騎、左賢王安國萬騎從稒陽塞出兵。

旌旗北指，三軍過高闕，卻向大漠行！

三路大軍分路合擊，約定在涿邪山會師。

這是竇憲第一次出征打仗，又是深入匈奴腹地，挑戰與壓力可想而知。沒辦法，千里遠征意外太多，很多時候空手而歸還是大捷報歸，運氣成分很大。不是麾下有騎兵，再加上勇於出塞的膽子，就能當衛、霍。若是每個人都能像霍去病那般能打，匈奴早滅亡幾十回了。

對於竇憲而言，首要面臨的是行軍路線問題。畢竟，迷路失道乃是漢軍常有之事，即便是號稱活地圖的博望侯張騫，也曾在大漠中迷過路；當年衛青出塞擊匈奴時，經驗豐富的老將軍李廣也迷路，錯過了漠北之戰。直到衛青打完仗，錯失單于後南下再度橫穿大漠，才遇到了迷路後在大戈壁裡亂轉，最後繞回漠南的李廣。

好在竇憲身邊還有個得力助手──耿秉。

耿秉行軍作戰有自己的一套方法，軍令簡單直白，對將士們的約束也沒那麼嚴，這一點跟李廣很像。此外，耿秉還擅長使用遠端偵察兵，每次出征都會派出大量偵察兵查探敵情，如果周邊沒有敵人，士兵們便可以在後方安穩睡大覺；一旦有警報，士兵們必須在最短的時間內迅速擺好戰鬥陣形。

北伐路上的第一道難關是一片戈壁沙漠。

翻開地圖就會發現，匈奴被一道東西長達三千餘里、南北千餘里的沙漠分成漠北和漠南，如一道垂在北國的大幕，根本繞不過去。耿秉早有準備，他讓大軍準備了充足的水，將軍備輜重轉移到駱駝身上，然後率大軍踏入這片一望無際的大戈壁。

絕幕遠征的難度堪稱地獄級，除了衛、霍雙星之外，沒幾個將軍能做到這點。衛、霍麾下那二十幾個侯爺不行，李陵不行，李廣利更不行。當初只有第一次的漠北之戰成功了，但是之後卻無一勝利。

太初二年（西元前103年），浚稽將軍趙破奴絕幕，率兩萬餘騎兵出朔方西北兩千餘里，原本打算到浚稽山繞一圈就返回，結果被匈奴察覺。左賢王不斷調兵遣將，用八萬騎圍困，趙破奴斬殺數千敵兵，力竭不幸被俘，兩萬漢軍全軍覆沒。

天漢二年、天漢四年、征和三年，漢軍三次絕幕北征，結果接連失敗，亡貳師，失李陵，十餘萬將士葬身漠北，反倒使匈奴復強。

不難看出，除了衛、霍這兩位不世出的天才將領，漢家再無人敢絕大幕，長途奔襲數千里痛擊匈奴。漢宣帝時雖有五路大軍出擊匈奴，但是只有敦煌西北方向取得了唯一的戰果，從五原、西河、雲中出擊的漢軍都無功而返。

很多人都懷疑，衛、霍去世後，是漢軍將領們太得意了，還是士卒拿不動環首刀了？怎麼就接連慘敗呢？

無數次戰爭證明，對付匈奴，除了士卒和後勤厲害以外，最考驗將領的素質的，不僅要有優秀的指揮藝術，對輿圖瞭如指掌，還必須對大局具備清晰的認知。匈奴是草原的主人，騎兵來去如風，這就逼得漢軍必須比對方更快、更敏銳。唯有如此，才能在茫茫草原上準確捕捉不斷流動的匈奴大軍，向敵軍最薄弱的環節發起雷霆一擊。

也不知是竇憲運氣好，還是耿秉派出的偵察兵發揮了作用，大軍跨過荒蕪的大漠後，很快便發現了北匈奴主力的行蹤。

好不容易遇到了獵物，哪能輕易讓他逃脫？耿秉當機立斷，派副校尉閻盤、司馬耿夔、耿譚、南匈奴左谷蠡王、右呼衍王率一萬騎兵出擊。

## 第九章　擊滅匈奴

北匈奴自知不是對手，迅速撤退。閻盤、耿夔等人緊追不捨，一直追到了稽落山。

在這裡，他們遇到了北匈奴的大統領大單于。

在其他部隊沒有趕到的情況下，竇憲派出胡漢精銳騎兵萬餘人，與北單于在稽落山下展開了一場大戰。

北單于也知道避無可避，催動大軍迎戰。

史書上沒有記載這場戰爭的具體細節，我們只知道，這一戰，北單于大敗，率殘部逃竄。

從馬邑之圍後，騎戰已不再是匈奴的優勢，廣袤的草原和數千里的縱深，才是他們最大的依仗。逃避雖然可恥，但是卻有用。

漢軍乘勝追擊，一直打到私渠比鞮海，斬名王以下一萬三千多人，繳獲牲畜牛、馬、羊、駝百餘萬頭，基本上消滅了北匈奴的有生力量。

匈奴各部見大勢已去，要麼伺機逃離戰場，要麼主動向漢軍投降，前後投降的共有二十餘萬人。

除此之外，漢軍一路上犁庭掃穴，掃蕩了之前老上單于的龍庭和冒頓單于時代的基地。

這是匈奴歷史上空前的慘敗！

這是大漢歷史上偉大的勝利！

竇憲抬頭望去，猶如駝峰的燕然山已在眼前。燕然山山脈很長，在匈奴草原上綿延八百里，幾乎橫跨整個漠北，將匈奴本部和右地分隔開。漢軍面前是一片平緩起伏的丘陵，越往西山脈越高，主峰常年覆蓋著積雪。往南不遠便是大漠，而其西南方已能隱隱看到姑且水和浚稽山，是從匈奴腹地南返漢地的必經之路。

這裡是漢匈戰役頻繁爆發的地點，最南端的「速邪烏燕然山」便是當

# 勒銘燕然山

年狐鹿姑單于擊敗李廣利的地點。竇憲舔了舔皸裂的嘴唇，抬頭看向燕然山上空鈷藍色的天際，想起了征和三年的那場戰事。

征和三年（西元前90年），漢武帝派貳師將軍李廣利率七萬人出擊匈奴。大軍出五原後，一路進至夫羊句山峽，狐鹿姑單于派右大都尉與衛律率領五千騎兵攻擊。李廣利派了兩千屬國胡騎迎戰，匈奴軍大敗。漢軍乘勝北追，進至範夫人城，匈奴部隊不敢迎戰。

就在李廣利一路凱歌的時候，一個從長安傳來的消息讓他五雷轟頂：

丞相劉屈氂的妻子巫蠱詛咒武帝事發，劉屈氂夫婦被斬，李廣利的夫人受牽連被下了大獄。

李廣利與劉屈氂兩家是姻親，劉屈氂供認與李廣利寫有禱詞，想立昌邑王，也就是李夫人的兒子為帝。

得知這個消息，李廣利心亂如麻，惶恐不安。為了立功贖罪，李廣利冒進，但是漢軍糧食已盡，馬匹羸瘦，甚至出現了內訌，無力北進。李廣利只得引兵撤往西南方燕然山，而此時，等待了許久的狐鹿姑單于主力十餘萬騎圍了過來。

鏖戰數日，漢軍疲憊加上軍心不穩，全軍覆沒，李廣利降。

燕然山之戰，大單于一舉消滅李廣利七萬漢軍，徹底洗刷了漠北之戰帶來的屈辱，讓匈奴贏回了尊嚴。

李廣利投降後沒多久，又被胡巫陷害了。那胡巫得了衛律好處，胡謅說前單于託夢，想要李廣利殉葬，最終李廣利被殺了祭天。

竇憲還想起了霍去病封狼居胥的故事。

元狩四年（西元前119年）的漠北之戰，霍去病帶著五萬騎出代、右北平千餘里，剛過大幕，就遇上了左賢王的大軍。霍去病毫無懼色，主動出擊，一場仗打下來，左賢王潰逃。霍去病開啟了追擊模式，對左賢王窮

## 第九章　擊滅匈奴

追猛打,一口氣往北追了兩千里地,一直追到匈奴核心弓盧水流域,面前出現了兩座山。

一問才知道,這兩座是匈奴崇拜的聖山,一個是狼居胥山,一個是姑衍山。霍去病於是高高興興地上山撒了泡尿,遂封狼居胥山,禪於姑衍,登臨遠眺瀚海。

在匈奴的聖地舉行封禪活動,不僅彰顯了大漢國威,簡直是對匈奴人精神世界的摧殘,較衛青燒了龍城更加過分。

霍去病封狼居胥已成為千古佳話,而如今,竇憲率大軍出塞三千里,退北匈奴,降二十萬之眾,雖然在名頭上肯定別想超過衛、霍了,但是其豪情絲毫不亞於當年。

將士們站在兩側,亦是雄壯威武,看向竇憲的眼神滿是欽佩與敬畏。

這一戰注定要載入史冊,有人提議:「我們奔襲數千里,破匈奴、退單于,此亙古未有之功業也,應當效仿霍驃騎封狼居胥之事,在燕然山刻石紀功,封而銘之,也讓史官在汗青上好好吹噓一番!」

身邊眾將紛紛附和,他們如今已建立了屬於自己的功業,自認為不遜前輩路博德、趙破奴等人,何不將此事刻到石頭上紀念一下?

竇憲放眼望去,四周是戈壁草原,數條水溝間布山丘,遍地暗紅色碎石,前方是一片由數個山丘組成的環形高地。此情此景,竇憲豪情大發,封天禪地,筆桿子班固奉命寫了一篇銘文。

伴隨著叮叮噹噹的敲擊聲,一篇雄文被漢人工匠篆刻到了燕然山隘口附近的山崖上。石沫飛濺,竇憲要將這曠世之功永遠銘刻,垂耀萬世!

其文曰:

唯永元元年秋七月,有漢元舅曰車騎將軍竇憲,寅亮聖明,登翼王室,納於大麓,維清緝熙。乃與執金吾耿秉,述職巡御。理兵於朔方。鷹

揚之校，螭虎之士，爰該六師，暨南單于、東胡烏桓、西戎氏羌，侯王君長之群，驍騎三萬。元戎輕武，長轂四分，雲輜蔽路，萬有三千餘乘。勒以八陣，涖以威神，玄甲耀目，朱旗絳天。遂陵高闕，下雞鹿，經磧鹵，絕大漠，斬溫禺以釁鼓，血屍逐以染鍔。然後四校橫徂，星流彗掃，蕭條萬里，野無遺寇。於是域滅區殫，反旆而旋，考傳驗圖，窮覽其山川。遂逾涿邪，跨安侯，乘燕然，躡冒頓之區落，焚老上之龍庭。上以攄高、文之宿憤，光祖宗之玄靈；下以安固後嗣，恢拓境宇，振大漢之天聲。茲所謂一勞而久逸，暫費而永寧者也，乃遂封山刊石，昭銘盛德。其辭曰：

鑠王師兮征荒裔，剿凶虐兮截海外。敻其邈兮亙地界，封神丘兮建隆嵑，熙帝載兮振萬世！

從此之後，「封狼居胥」時常和「燕然勒功」相提並論，成為武將最高功業的代名詞，頻繁出現在古詩詞中。

那一筆一畫深深勾勒出的漢隸，代表著漢軍的犧牲與榮耀。只是隨著時間推移，「荒骨潛銷壘已平」，積雪遮蔽了古戰場的肅殺，〈封燕然山銘〉刻石逐漸不知所終。

直至兩千年後，2017年，考察隊在蒙古國中戈壁省德勒格爾杭愛山南麓發現了一處摩崖石刻，確認此處即為〈封燕然山銘〉摩崖，才讓那段歷史再次大白於天下！歷經兩千年的風雨洗禮，石碑上的字跡仍然清晰可辨。

## 最後決戰

而此時，北單于已逃遁，竇憲派司馬吳汜、梁諷攜帶金銀財寶追尋北單于，準備招降。北匈奴人心離散，吳汜、梁諷所到之處，宣明國威，前後有萬餘人歸降。

## 第九章　擊滅匈奴

一行人在西海追上了北單于,吳汜、梁諷向其宣揚大漢的恩威信義,以大漢皇帝的名義賞賜給北單于金銀財寶,勸他仿效當年呼韓邪單于歸漢的先例,入洛陽歸順漢朝。

北單于滿口答應,率領殘軍餘部隨梁諷南返到私渠比鞮海,準備就近向竇憲投降。而此時,竇憲大軍已經班師回國。

竇憲一走,北單于頓感壓力小了不少,又不想去中原了。他派自己的弟弟、右溫禺王隨梁諷回到洛陽,向朝廷獻上貢品,表明睦鄰友好之意。竇憲剛打了大勝仗,心高氣傲,認為右溫禺王的等級太低,遂遣還右溫禺王,點名要讓北單于親自來洛陽。

說回竇憲,大軍載譽而歸後,竇太后擢升竇憲為大將軍,封武陽侯,食邑兩萬戶,但是竇憲堅決不肯接受封爵。依照舊例,大將軍位在太尉、司徒、司空三公之下,竇太后專門下詔,規定大將軍竇憲位在太傅之下,三公之上,大將軍府的長史、司馬的品秩為中兩千石。

耿秉也實現了自己封侯的夢想,被封為美陽侯。

得知北匈奴戰敗,西域各國全都投靠漢軍,這對還在西域各國間鬥爭、斡旋的班超是極大的支持。

永元二年(西元90年),竇憲派副校尉閻磐率領騎兵兩千餘人襲擊北匈奴在伊吾的守軍,重新占領該地。車師前、後國震恐,分別派出了兒子入侍東漢帝國。

這年六月,朝廷下詔,封竇氏四兄弟侯爵。詔曰:「大將軍竇憲前歲出征,克滅北狄,朝廷對其封賞,竇憲固讓不受,舅氏舊典,並蒙爵士。封竇憲為冠軍侯,邑二萬戶;竇篤為郾侯,竇瑰為夏陽侯,各六千戶。」

竇憲再次拒絕受封,他似乎是對軍事上了癮,帶著鄧疊跑到了涼州,積極備戰。

北單于見漢朝遣還了他的弟弟，心中很是忐忑，又派了車諧儲王等人向竇憲請求歸降，表示願意親自前往洛陽朝見漢家天子。竇憲在請示朝廷後，派班固、梁諷二人出塞迎接北單于。

就在這時，南匈奴休蘭單于上書漢廷，建議趁機消滅北單于，南、北匈奴合併歸漢。

此時竇憲遠在涼州，竇太后自作主張，同意了休蘭單于的請求。休蘭單于派了左谷蠡王率領南匈奴左右部八千騎兵，出雞鹿塞，悄悄向北單于駐地挺進。

北單于沒等來漢使，卻等來了南匈奴的軍隊。入夜時分，南匈奴大軍悄悄地抵達北單于的大營外，突襲北匈奴，等對方發覺時為時已晚。北單于一番血戰，身披數創，在親兵的保護下倉促逃離。

這一戰，北匈奴被殺死八千人，數千人被俘，其中還包括北單于的閼氏。

竇憲得知這個消息後，吃了一驚。不過，既然北匈奴已被打殘，不如趁著他們大敗之機，乾脆一不做二不休，將其徹底消滅！

轉眼已是永元三年（西元91年）。

在經過充足的準備後，竇憲派出了右校尉耿夔、司馬任尚、趙博等人，統率大軍出居延要塞，準備畢其功於一役！

耿夔很激動。耿氏家族出了不少名將，耿夔的堂兄耿恭血戰疏勒城，死抗匈奴左鹿蠡王的兩萬精兵，事蹟震動天下；兄長耿秉破車師、伐匈奴，橫掃大漠，被封為美陽侯。

兩年前，耿夔曾作為竇憲的假司馬隨軍遠征，大敗北匈奴，但是那一次只是配角。這一次，終於輪到耿夔作為主角出場了！

這是一次超長距離的遠征，漢軍出塞五千里，一路上約輕齎、絕大

## 第九章　擊滅匈奴

幕，終於在金微山包圍了北匈奴單于。

這是對匈奴的最後一戰！

一方是長途奔襲、蓄勢待發的漢軍將士，一方是苟延殘喘、士氣低落的北匈奴。

黎明的風吹得大旗獵獵作響，耿夔抽出環首刀，刀尖指向前方萬餘騎敵軍。身畔的一面令旗緩緩搖動，漢軍排成陣列發起衝鋒。

單于親吻了據說斬過東胡王、月氏王的徑路刀，高呼：「向前！」

金戈鐵馬，氣吞萬里如虎！

幾十步的距離轉眼即至，隨著雙方人馬的嘶鳴怒吼，兩股濁流轟然對撞！無數折斷的矛桿和脫手的直刀斷刃飛上了天，一起上天的還有馬匹和翻滾的殘肢斷臂。

胡塵喧囂，喊殺聲迴盪在金微山下。

當夕陽的最後一抹餘暉落在冬日枯萎的草原上時，昔日一統北方的百蠻大國匈奴，已是一具冷冰冰的屍體。

身裹赤黃戰甲的大漢，將斬蛇劍刺入匈奴軀體。然後，對這個百年來欺壓凌辱自己的老鄰居作最後一揖。

這一戰，漢軍大敗北匈奴軍隊，俘虜了北單于的老娘，斬殺大部落王以下五千餘人。北匈奴單于逃走，不知所終。

原地只剩下匈奴龐大的殘屍，草原上的游牧者春風吹又生，永遠割不完。鮮卑、烏桓、羌人，這些曾經臣服於匈奴的奴僕，開始對主人亮出了獠牙，南匈奴也瞅準時機撲了過來，一步步蠶食北匈奴的地盤。

而對於漢朝而言，這一切結束了，都結束了！

漢軍大獲全勝，耿夔激動得熱淚盈眶！

漢匈戰爭的餘波

這眼淚為倒在勝利前的漢軍吏卒而流，為被匈奴擾邊侵略而枉死、擄走為奴的上百萬無辜漢人百姓而流！

纍纍血債，今日得償；百年恩怨，就此了結！

## 漢匈戰爭的餘波

我們來回顧一下漢匈三百年戰爭的幾個階段：

匈奴進攻階段：漢高祖七年（西元前 200 年）白登之圍至漢武帝元光元年（西元前 134 年）。

西元前 200 年冬季，韓王信反，與匈奴一起揮師南下，進入雁門關，攻下太原郡。劉邦親率三十二萬大軍出征匈奴，由於輕敵冒進，被冒頓單于圍困在白登山。

白登解圍後，匈奴屢次侵擾、劫掠邊疆。劉邦為了休養生息，不得不開啟和親之路。這是匈奴人全盛的階段，漢朝只能被動防禦。

漢朝反擊階段：漢武帝元光二年（西元前 133 年）馬邑之戰至漢武帝元狩四年（西元前 119 年）漠北之戰。

西元前 133 年，大商人聶一求見大行令王恢，提出了反擊匈奴的策略。漢武帝採納其計策，遣精兵三十萬，在馬邑設伏。從馬邑之謀開始，漢匈大規模戰爭的序幕正式拉開，漢朝進入策略反攻階段。在帝國雙星衛青與霍去病的指揮下，漢朝先後發動河南戰役（西元前 127 年）、河西戰役（西元前 121 年）、漠北戰役（西元前 119 年），匈奴人連連潰敗，勝利的天平開始傾向漢朝。

漢朝受挫階段：漢武帝太初二年（西元前 103 年）至征和三年（西元前

## 第九章　擊滅匈奴

90年）的三大戰。

太初二年（西元前103年），浞野侯趙破奴帶著兩萬騎兵，出塞擊匈奴左賢王。左賢王以八萬騎兵與之戰，趙破奴被匈奴生擒，所部覆沒，隔了幾年才逃回來。

天漢二年（西元前99年），李陵大言不慚，要以步卒五千人出居延北千餘里，為貳師將軍的主力充當疑兵，結果遇上了匈奴單于主力。李陵不敵，且戰且退，最後降於匈奴，僅有四百人得還。

征和三年（西元前90年），貳師將軍李廣利率七萬人出五原擊匈奴，卻遇上巫蠱之事。李氏全族被捕收監，李廣利為了立功贖罪，強行進軍單于庭，以求僥倖之勝，結果全軍覆沒，李廣利降匈奴。

這是漢武帝晚年最大的三場敗仗。自征和三年，漢軍再沒有大規模出塞擊胡，胡馬漸漸又靠近了陰山，奪回了西域。

匈奴衰敗階段：漢昭帝始元元年（西元前86年）至漢元帝建昭三年（西元前36年）。

始元元年（西元前86年），一代大帝漢武帝駕崩，小兒子劉弗陵繼位，霍光輔政，罷輪臺屯田，專心內政。匈奴內部則經歷了五單于並立、兩次毀滅性的饑荒（西元前71年、西元前68年）。此後，漢朝緩過神來，聯合西域各國繼續實施「斷匈奴右臂」的策略。本始二年（西元前72年），漢朝聯合烏孫大破匈奴，匈奴呼韓邪單于率眾來朝稱臣。建昭三年（西元前36年），陳湯萬里遠征，斬郅支單于，終於使匈奴完全臣服於漢朝。

匈奴迴光返照階段：王莽建國二年（西元10年）至光武帝建武二十二年（西元46年）。

王莽上臺後，將匈奴單于改作降奴服于，預謀分裂匈奴為十五個單于國，最終導致匈奴叛變。此後，中原陷入內戰之中，這為匈奴崛起提供了

一個良機。劉秀搞定內戰後，為了治療戰爭帶給中原的創傷，對匈奴採取防禦策略。西域諸國曾多次請求劉秀重新設定西域都護，以保護西域諸國免遭匈奴的侵害，但是劉秀不願派都護統西域，一再拒絕。

漢朝全勝階段：建武二十四年（西元 48 年）至漢和帝永元三年（西元 91 年）。

建武二十四年（西元 48 年），匈奴內部為爭王位發生動亂，匈奴貴族相互殘殺，匈奴再度分裂為南、北兩部。日逐王比自立為匈奴的南單于（醯落尸逐鞮單于），向東漢派遣使節自稱臣下，隸屬於漢，東漢政府設立匈奴中郎將並監護。

永元三年（西元 91 年），竇憲派耿夔、任尚兵出居延，深入五千餘里，在金微山大破北匈奴，為長達三百年的漢匈戰爭畫上了一個句號。匈奴人開始了始無前例的民族大遷移，南匈奴附漢，北匈奴西遷。

有人說，竇憲領兵北擊匈奴，使北匈奴兩次大敗，北單于奔逃，下落不明，北匈奴滅國，其功績遠大於衛、霍。霍去病有「封狼居胥」，竇憲有「燕然勒石」，竇憲本該和衛青、霍去病一樣名垂史冊，為什麼知名度卻遠低於衛、霍呢？

我覺得原因有兩方面。其一，竇憲兩次北伐儘管戰績顯赫，也具有劃時代的歷史意義，但是與衛青、霍去病的北伐沒有可比性。要知道，衛、霍時的匈奴正處於最強盛時期，匈奴是統一的而非分裂的，漢帝國在苟且了七十多年後剛剛有了與匈奴抗衡的實力。

而到東漢竇憲北伐時，匈奴早已衰落，且分裂為南、北兩部。南匈奴早就歸附大漢，故而竇憲的北伐軍只是打擊北匈奴，與衛、霍北伐的難度根本不在同個等級。

其二，竇憲在歷史上的知名度遠低於衛、霍，還與他自己後來作死有

## 第九章　擊滅匈奴

關，這一點我後面會講到。

這場戰爭，注定改變了匈奴部族的命運。

北匈奴受重創，單于由是遠遁，漠北無王庭，剩餘的匈奴帳落疲敝勞苦，不得不開始遷徙。北匈奴地盤空虛，鮮卑人乘機輾轉遷徙，占據了北匈奴的故地，殘存的十餘萬戶牧民一看勢頭不對，全都自稱為鮮卑人。從此，鮮卑日益強盛。

匈奴敗了，逃了，逃得遠遠的，他們收起氈帳，拉著車子，數萬戶帳落拋棄了衰老的牛羊甚至家中老人，化整為零，驅車馬向著夕陽西下的方向出發。

兩百多年前，匈奴被霍去病擊垮，也有過一次遠徙的經歷，草原上的牧民們一路上彈胡琴，吹胡笛，唱著「失我祁連山，使我六畜不繁息；失我焉支山，使我婦女無顏色」的歌謠，聞者無不流涕。

而這一次，他們不得不再次踏上遷徙之路，他們生活的地域不再是牧草豐盛的安侯水流域，也遠離了熟悉的燕然山、姑衍山，放目望去，皆是一片陌生的荒涼。

一路上，帳落的頭人不斷念叨著過去的經歷，告訴子孫，吸取兩次戰爭的教訓，永遠不要再回東方去，離漢人越遠越好！

茫茫草原，從蒙古高原一直延伸到歐洲的匈牙利，有幾萬里之遙，而草原上的游牧者，一般是越靠東越強大。而當最靠東的第一塊牌被推倒，便會引發連鎖反應。

有人說，匈奴騎兵雖然對付不了大漢，但是對付當時中亞、歐洲的其他游牧民族和小國還是綽綽有餘的。阿蘭、東西哥德、汪達爾、日耳曼，一個個民族在「上帝之鞭」的抽打下，紛紛捲入大遷徙中，導致世界出現重大變化。

**漢匈戰爭的餘波**

西元445年，阿提拉成為匈奴帝國大單于。這位有著「上帝之鞭」恐怖外號的匈奴大帝兩次率領軍隊侵入巴爾幹半島地區，殺到了羅馬帝國眼皮子底下。西羅馬皇帝驚恐萬分，只得派羅馬教皇利奧一世與匈奴人議和。

恰在此時，匈奴軍中突發瘟疫，而東羅馬帝國的援軍也快要到達羅馬城，阿提拉只得答應議和。西元453年，阿提拉在新婚之夜神祕地死在了婚床上。阿提拉死後，他的兒子們為爭奪大單于之位打起了內戰，匈奴帝國瞬間瓦解、崩潰。

時至今日，還有匈牙利學者認為，自己體內流淌的是匈奴人的血液。

也有人說，後來出現在歐洲的那支驍勇善戰、加速了西羅馬帝國覆滅的游牧民族匈人，並不是西遷的匈奴人，雙方在生活習俗、文明層次等方面有著較大的差距。匈人和匈奴人之間確實存在一定的血緣關係，但是匈人不能直接判斷為北匈奴的直系後裔，有可能只是西伯利亞叢林中某些文明層次較低的匈奴屬部西遷人的後代。

北匈奴被迫西遷後，在烏孫國落腳，駐牧於伊犁河流域，襲擾天山南北。

元嘉元年（西元151年），司馬達率漢軍出擊蒲類海，擊敗北匈奴呼衍王，北匈奴再次西遷，跑到了康居，也就是中亞的阿姆河、錫爾河流域。

沒有逃走的一部分老弱病殘，逐步與當地的烏孫人融合，自成一國。

孰是孰非，今天的我們已無從知曉，那是歷史學家和人類學家的事。

我們繼續把鏡頭對準竇憲。

# 第九章　擊滅匈奴

# 第十章
## 戚宦相爭

# 第十章 戚宦相爭

## 竇憲跋扈

北單于遁逃，不知去向，立下不世功勳的竇憲卻並未改變其驕縱跋扈的本性。竇氏一族掌控了朝中全部要職，其親信和黨羽遍布朝野。竇憲以耿夔、任尚為爪牙，以鄧疊、郭璜為心腹，以班固、傅毅為幕府，把持朝政，還大量安插州刺史、郡太守和縣令，遍布眼線。

尚書僕射郅壽、樂恢因為違忤竇憲之意，被竇憲脅迫，相繼自殺。自此之後，朝臣震懾，望風承旨。

竇憲率大軍北征之後，竇篤和竇景越發張狂，手下門客公然在大街上搶奪財物，劫救罪犯，強搶民女。

一時間，洛陽城商賈閉塞，如避寇仇。有司畏懼，不敢舉奏。

司徒袁安上書彈劾竇景擅發邊郡之兵，恐嚇官吏，其罪可誅。

可想而知，奏書遞上去後，石沉大海。

袁安這個人值得好好講一下，因為在他身上還有一個典故：袁安困雪。

袁安沒做官的時候，客居洛陽，很有賢名。

有一年冬天，洛陽城下了鵝毛大雪，洛陽令外出考察災情，一路上看見家家戶戶都在掃雪開路，出門尋找食物。洛陽令走到袁安家門口，大雪封門進不去，以為袁安凍死了，命人掃除門前積雪，進門後見袁安面無血色地平躺在床上，奄奄一息，快要死了。

洛陽令很驚訝，問道：「你怎麼不出門討點吃的？」

袁安虛弱地答道：「這大雪天，人人又餓又凍，我不應該再去打擾別人。」

洛陽令感慨袁安清貧自守、不乞求於人的品德，遂薦其為孝廉。後人

把這種有氣節的文人稱作「袁安困雪」或「袁安高臥」。

此後,袁安任陰平長、任城令,對部下要求非常嚴格,吏民畏而愛之。明帝時,袁安任楚郡太守、河南尹,政令嚴明,斷獄公平,此後歷任太僕、司空、司徒。

順便提一句,三國時的袁紹、袁術就是他的後代。

袁安的奏疏如石沉大海,尚書何敞也站了出來,向竇太后呈上密封奏書:

「春秋時期,鄭太后武姜寵愛幼子叔段,衛莊公寵愛庶子州籲,卻不管教,最終使叔段和州籲成為凶暴之人。由此看來,溺愛子弟,就好比是餵他們吃毒藥一般。臣觀大將軍竇憲,掌握全國軍隊,專權獨斷,其弟竇篤、竇景統領宮廷禁衛部隊,有生殺予奪的大權。按正理說,他們手握大權,本應謹慎小心,忠君愛民,然而他們為官苛刻暴虐,生活奢侈踰矩,還無視法紀,濫殺無罪之人。如今百姓們議論紛紛,說叔段和州籲在漢朝再次出現了!

據臣觀察,廣大公卿之所以採取騎牆態度,不肯直言,是因為大家都有自己的如意算盤:如果竇憲兄弟忠貞不渝、一心為朝廷,他們就有褒揚國之棟梁的功勞;如果竇憲兄弟犯下大罪,那麼他們就扮演陳平、周勃的角色,表面上順從呂后,等呂后一死,就誅殺呂氏家族,根本沒有人真正為竇憲兄弟的吉凶操心。

臣何敞,願為朝廷和竇家籌劃兩全之法,上不會使太后的名譽受到損害,下又讓竇憲兄弟永享富貴。駙馬都尉竇瑰(竇憲最小的弟弟)雖然年輕,但是謙虛恬淡,多次請求從高位退下,希望抑制竇家的權勢。陛下可以與他磋商,聽取他的意見,此誠宗廟至計,竇氏之福也。」

竇憲見到這份奏章,火冒三丈。濟南王劉康是個混帳王爺,奢侈恣欲,毫無節制,竇憲上奏將何敞發配到濟南國任太傅,大概是想借劉康之

## 第十章 戚宦相爭

手弄死何敞。卻不料，何敞到任之後，以道義輔佐劉康，多次以法度進諫、匡正劉康，劉康對他甚是尊敬。

而如今，竇憲兩次率軍出塞數千里，大破匈奴，勒石燕然山之後，在朝中更是肆無忌憚，兄弟竇篤為位特進，竇景為執金吾，竇瑰為光祿卿。竇氏風光一時無兩，堪比西漢王氏，朝中阿附者趨之若鶩。

有一次，劉肇去長安，下詔讓竇憲到長安會面。為了巴結竇憲，有官員甚至提出，竇憲到達時，官員們應當向其跪地叩首，口稱「萬歲」。

這已經不是拍馬屁，而是僭越了。

尚書令韓稜正色道：「為官要對上不獻媚，對下不欺壓，哪有向大臣稱『萬歲』的道理？這簡直是胡鬧！」

馬屁精們受到駁斥，不敢再提。

在將北匈奴徹底打殘、打廢後，竇憲上書，建議立北匈奴投降的左谷蠡王阿佟為北單于，設定中郎將進行監護，如同對待南匈奴單于一樣。

此事交付公卿商議，太尉宋由、太常丁鴻、光祿勳耿秉等人贊同竇憲的提議，只有司徒袁安、司空任隗上奏表示反對。

在他們看來，當初劉秀招撫南匈奴，只是一種權宜之計，為的是能利用他們去抵禦北匈奴，並不是讓他們永遠安居內地。如今北方大漠已經平定，應當命令南匈奴單于返回北方王庭，統領歸降部眾，沒有理由再另封阿佟，增加國家的經費開支。

宗正劉方、大司農尹睦也支持袁安的意見。

圍繞要不要扶立阿佟為北單于一事，雙方吵得不可開交。袁安擔心朝廷批准竇憲的主張，便獨自遞了一封奏書，裡面這樣寫道：

「南匈奴單于欒提屯屠何的老爸率領部眾歸降，蒙受漢朝大恩，至今已四十餘年，歷經三任皇帝，現在交到陛下手中。陛下宜繼承先帝遺願，

完成他們的事業。況且屯屠何首先提出北征方案，消滅北匈奴，我們卻要另立一個新降服的北單于。為了一拍腦袋想出來的主意，違背三世遵循的原則，且失信於我們供養的南匈奴，去做無用之功，這樣做有何意義？

章和初年（西元87年至88年），北匈奴向我們歸降的有十餘萬人，有人建議把這些人安置在邊塞。太尉宋由、光祿勳耿秉反對，他們說這樣會失掉南單于之心。孝明皇帝（章帝劉炟）接受了他們的意見。宋由、耿秉二人明知舊議，卻要違背先帝的主張。夫言行君子之樞機，賞罰理國之綱紀。《論語》講，言辭忠誠守信，行為敦厚恭敬，即便在荒蠻之地也通行無阻。若失信於一個屯屠何，百蠻將不再信任漢朝。

再說烏桓、鮮卑剛剛斬殺了北匈奴優留單于，必定會忌憚仇人，如今扶植優留單于的弟弟，烏桓、鮮卑必定會心懷怨恨。所謂兵食可廢，信不可去。況且依照漢朝舊制，供給南匈奴單于的費用，每年達一億九十餘萬；供給西域的費用，每年達七千四百八十萬。如今北庭距離更遠，供養費用將會翻倍，這將耗盡國家的財富，絕非善策。」

袁安洋洋灑灑寫了一大堆，可是在我看來簡直愚不可及！

這個腐儒完全不懂國與國之間的鬥爭與合作，甚至可以說是食古不化的老古董。

按照他們的邏輯，只要漢朝向匈奴施以仁義，邊境就沒有被入侵的隱患；反之，對匈奴頻繁地發動戰爭，就一定會削弱漢朝國力甚至會滅國。

事實是，南匈奴不敢背叛漢朝，絕不是說漢朝對其講信義，而是因為漢朝已不再是病夫，且北邊還有北匈奴，他們根本不具備背叛的條件。北方草原、荒漠遼闊，以當時的技術和條件，漢朝根本沒有能力占據此處，作為大漢的北鄰，一個死掉的匈奴、分裂的匈奴才是好匈奴。

光武帝時，匈奴內部分裂，劉秀的選擇是玩平衡，出錢讓匈奴內鬥得更猛烈些。南、北匈奴越是仇深似海，互相硬碰硬，漢朝邊境越是安穩和

## 第十章 戚宦相爭

平。如果南匈奴沒了對手，必將一家獨大，這絕不是漢朝願意看到的。

袁安滿口仁義道德，斤斤計較於漢帝國在對外羈縻中花費的錢糧，卻不懂博弈論，還說什麼「兵食可廢，信不可去」，簡直可笑至極！

朝廷下詔，讓群臣討論，袁安與竇憲爭得面紅耳赤。

吵了半天，竇憲著急了，指著袁安的鼻子直接開罵：「老袁你別以為司徒有多了不起，當年光武皇帝連著殺了韓歆、戴涉兩個大司徒，你最好注意點！」

袁安卻始終寸步不讓。

最終，朝廷採納了竇憲的意見，只是北單于不再是左谷蠡王阿佟，而是右谷蠡王於除鞬。至於為什麼換人，范曄沒說，我也不知道。

永元四年（西元92年），東漢政府派遣大將軍、左校尉耿夔授予於除鞬印綬，賞給他四把玉劍、一輛四駕馬車，上有翠羽作裝飾的車蓋，依照南單于時的舊例，派中郎將任尚持符節駐守伊吾，名為保護，實為監視北單于。

竇氏在朝中一手遮天，但是朝中總還有些硬骨頭。司徒袁安雖然只是一介腐儒，但是頗有骨氣，聯合司空任隗輪番上奏，彈劾了一大批兩千石以上的高官，加上受牽連者，被貶官或免職的多達四十餘人，嚴重破壞了竇氏家族的利益聯盟。

竇氏兄弟對袁安、任隗十分怨恨，但是由於袁安、任隗二人品行端正，聲望極高，竇氏兄弟也挑不出什麼問題，於是把出氣的目標對準了尚書僕射樂恢。

樂恢也是個性子耿直的人，他上書勸劉肇：「陛下正年輕，便已繼承帝業，竇氏自以為皇親國戚，控制中央大權，私心實在太重！臣建議竇氏兄弟都引退比較好！」

就這樣的奏疏，竇氏兄弟能不生氣嗎？

理所當然地，朝廷對這封奏疏沒有絲毫回應。樂恢索性直接稱病，遞交了退休報告，返回故鄉長陵。

竇氏兄弟顯然不打算放過他，剛回到家鄉，竇憲便暗中嚴令地方官員，逼他服毒而死。

袁安府上有一個叫周榮的廬江人，為人正直有豪氣，且文采斐然，袁安彈劾竇氏家族的很多奏章都出自其手。竇家的門客、太尉掾徐齮對周榮深為痛恨，威脅說：「竇家的刺客遍布京城，你可要小心點！」

周榮朗聲大笑：「我周榮不過是出身江淮的一介書生，有幸能在司徒府中任職，為袁公效力，縱然被竇家所害，也是心甘情願！」

他還告誡妻子：「如果將來有一天，我遭遇橫禍，你們不要替我收屍，就讓我的區區遺軀使朝廷省悟！」

成語「飛來橫禍」，便是由此而來。

忘了說了，這周榮有一個很牛的子孫——周瑜。

袁安終究沒能鬥倒竇憲。永元四年（西元92年）三月，司徒袁安逝世，群臣無不為之扼腕嘆息。

太常丁鴻接了袁安的班，升任司徒。

最難纏的袁老頭已死，任隗獨木難支，竇憲更為跋扈。

朝廷裡，幾乎全是他的黨羽。

丁鴻這個人前面出場過，不過只是路人甲，這裡正式介紹一下。

丁鴻是潁川定陵人，他有一個好爸爸，名叫丁綝，曾經跟隨劉秀一起革命，官至河南太守，封陵陽侯。

無論什麼時代，有個好父親，都是很讓人踏實的。丁鴻還跟了個厲害

## 第十章　戚宦相爭

的老師——桓榮，曾經是明帝的老師，後被封為太傅。

桓榮是研究《歐陽尚書》的專家，丁鴻就跟著他學習。三年畢業以後，丁鴻立志深造，穿上布衣，挑著行李，不遠千里求學。

當初丁綝跟隨劉秀征戰時，丁鴻與弟弟丁盛生活在一起。父親去世後，丁鴻理應繼承爵位，但是他看弟弟年幼可憐，就想把父親的爵位讓給弟弟，可是報告打上去後，上面不批。

無奈之下，丁鴻留下一封書信，告訴弟弟：「鴻貪經書，不顧恩義，少而隨師學習，生不供養父母，死不能盡孝道，皇天先祖，並不保佑幫助，身受大病，不堪茅土。前次上書言明病情，願辭爵給弟弟，奏章擱置沒有回批，時間迫近，當襲封爵土。謹自放棄襲爵，到外尋求良醫，如果病治不好，死在溝壑算了。」

寫好信後，他掛孝服於廬墓，溜之大吉，出外遊學了。

丁鴻起初與九江人鮑駿一同拜桓榮為師，二人關係很好。丁鴻逃封時，與鮑駿在東海國相遇，丁鴻裝作不認識鮑駿。

鮑駿拉住丁鴻，責備道：「從前伯夷、吳季札處在亂世，所以得以申其讓國之志。《春秋》之義，不以家事廢王事，現在你以兄弟私情斷絕父親不滅之基，覺得自己很聰明嗎？」

丁鴻幡然醒悟，回去後開館授徒，其名聲事蹟也傳到了漢明帝耳裡。

永平十年（西元68年），明帝下詔徵丁鴻入朝，不久後任命他為侍中。漢章帝召開白虎觀會議時，丁鴻也受邀參會，因其才學最高，論難最明，受到諸儒的稱讚，也得到了最高領袖的高度讚賞。時人嘆道：「殿中無雙丁孝公。」

丁鴻從侍中做起，一直做到了太常。袁安一走，他就撿了大便宜，當了大司徒。

丁鴻接了袁安的擔子，深感壓力甚大。「過去，滿朝文武倚靠袁安，如今袁老頭走了，該倚靠誰呢？」大夥兒心裡都沒底。丁鴻新官上任，卻絕非膽小怕事之輩。「既然別人不敢挑戰竇氏，我願站出來披荊斬棘，為眾卿做個榜樣！」

大夥兒都用懷疑的目光看著他。「如今竇氏家族一手遮天，老江湖袁安窮盡一輩子功力跟竇憲鬥，還不是被打敗了？你丁鴻有什麼本事，能替眾卿打旗開路？」

當時正好發生了日食，丁鴻微微一笑，也不解釋，轉過身就上了一道奏疏給皇帝劉肇。奏疏很長，寫得也很有分量，字字都是火。我們一起來看一下：

「臣聞日者陽精，守實不虧，君王之象徵；月者陰精，盈虛有一定規則，臣子之表象。故日食者，臣在君上，陰凌於陽，月滿不虧，下驕盈也。

從前周室衰微，皇甫等人專權於外，黨類強盛，侵壓主勢，所以日月薄食。《詩經》上說：『十月之交，朔月辛卯，日有食之，亦孔之醜。』《春秋》記載日食三十六次，弒君三十二人。變不空生，各以類應，凡威權不可以下放，利器不可以假人。覽觀往古，近察漢興，傾危之禍，無不由此產生。是以三桓專魯之權，田氏擅齊之政，六卿瓜分晉室，諸呂掌握漢室，統嗣幾次變更；哀帝、平帝末年，宗廟無法祭祀。故雖有周公之親，而無周公之德，不得行其權勢。

今大將軍竇憲雖想斂身自約，不敢僭越權勢，然而天下遠近的百姓都惶怖承旨，刺史二千石初除謁辭，求通待報，雖奉符璽、受臺敕，不敢馬上便去，久的拖到幾十天。背王室，向私門，此乃上威損、下權盛也。人道悖於下，效驗現於天，雖有隱謀，神明照察其情，垂象見戒，以警告人君。

近來月滿先節，過了十五還不虧缺，這是臣下驕溢背君、專功獨行的

## 第十章　戚宦相爭

緣故。陛下沒有察覺，所以上天再次見戒，應該畏懼，以防大禍臨頭。《詩經》上說：『敬天之怒，不敢戲豫。』如果敕政責躬，防微杜漸，那麼禍事就會消滅，害除而福降了。壞崖破巖之水，來源於涓涓溪流；干雲蔽日的大樹，起於蔥青小苗。禁微則易，救末者難，人莫不忽於微細，以致其大。恩不忍誨，義不忍割，去事之後，未然之明鏡也。

臣愚以為左官外附之臣，依託權門，傾覆諂諛，以求容媚者，應該一律誅殺。近來大將軍外出，威震州郡，莫不賦斂吏人，遣使貢獻。大將軍雖說不受，可是物不還主，部署之吏無所畏懼，縱行非法，不伏罪辜，所以海內貪猾成風，競為奸吏，小民嘆息，怨氣滿腹。臣聽說天不可以不剛，不剛則三光不明；王不可以不強，不強則宰牧縱橫，應趁大變之際，改政匡失，以補充天意。」

奏書遞到了小皇帝劉肇的桌案前，他會如何抉擇呢？

接下來，讓我們將歷史舞臺上的聚光燈對準劉肇。千萬不要小看他，雖然劉肇即位的時候只有十歲，但是其智謀與權術卻遠非常人可比。

劉肇雖然是皇帝，但是大權不在他手中，而在竇氏家族手中。他這個皇帝實際上只是個擺設，沒有人拿他當回事。

有一次，有官員陪劉肇遊玩，故意問他：「陛下知道這是什麼樹嗎？」

劉肇有些茫然：「這不是柳樹嗎？」

官員道：「陛下錯了，這是豆樹。」

劉肇笑道：「這哪裡是豆樹？明明是柳樹。」

官員露出了一個意味深長的笑容，低聲道：「現在天下都改姓竇了，柳（劉）樹當然也得改成豆（竇）樹。」

劉肇沉默不語。

說起來，劉肇已經在竇氏的陰影下生活了四年。環境塑造人，劉肇像

打了催熟劑的蔬菜一樣，以閃電般的速度奔向成熟。面對外戚專權的局勢，他決定反擊！

## 奪權之路

永元四年（西元 92 年），全國十三個郡國發生大地震，各地都發生了大旱或蝗災，上天似乎也在昭示著一場大變革的發生。

接下來，我們看看官方史書是怎麼寫的。

利慾薰心的竇憲按捺不住對皇權的嚮往，暗中圖謀，欲行叛逆。

還有穰侯鄧疊、弟弟鄧磊，竇憲的女婿郭舉的父親郭璜等人，這夥人勾結在一起，密謀準備除掉劉肇！

劉肇也敏銳地察覺到了不祥的氣息，可他早被竇憲隔離起來，無法親近那些忠於漢室的大臣，身邊連個說貼心話的人都沒有。

死亡的氣息越來越濃。

這似乎是一個死局，注定無解。

真的嗎？

劉肇環顧左右，不對，人還是有的，宮中有一種人到處都是——宦官。可問題在於，宦官能助自己一臂之力嗎？誰能保證這當中沒有竇憲的耳目？

劉肇不著急，他需要仔細觀察、了解。

慢慢地，一個名叫鄭眾的人脫穎而出，出現在劉肇的視野裡。

鄭眾，南陽犨縣人，章帝時以小黃門遷中常侍，現在為鉤盾令，也就

## 第十章　戚宦相爭

是皇家花園管理員。

之所以看中他，是因為劉肇發現，鄭眾不是竇憲的黨羽，做事謹慎而有心計，可以幫助自己出謀劃策。更重要的是，宦官人輕權微，鄭眾又只是個園丁，不會引起竇氏一黨的關注。

劉肇找了個機會，向鄭眾吐露了自己的心跡。

鄭眾堅決站在了劉肇一邊，兩人開始制定計畫。而這時，丁鴻也恰好上了一封書，希望可以打擊一下竇氏的囂張氣焰。

此言正合劉肇心意，他以丁鴻兼任衛尉並代行太尉事，率軍屯駐南北宮。

可問題在於，竇憲出征在外，手上握有重兵，大夥兒雖然明確了態度，可怎麼操作？十四歲的劉肇還是拿不定主意。

他想起了《漢書‧外戚傳》裡面的情節。

劉肇手頭沒有這部書，想讓身邊人去找，又怕被竇氏的耳目察覺，那麼上哪兒去找呢？

想來想去，只有去找哥哥劉慶幫忙了。

劉慶一歲時被立為皇太子，三年後因竇太后的誣陷，被廢為清河王。雖然年幼，但是懂事的劉慶卻也知道避嫌畏禍，夾著尾巴做人，絕口不提母親之名。劉肇也懂得保護哥哥，兩人入則同室，出則同車，形影不離，成了患難與共的好兄弟。

劉肇找來劉慶，要他想辦法找來《漢書‧外戚傳》。書找到後，劉肇、劉慶在密室共同研讀，看得如痴如醉，從文帝誅薄昭、武帝誅竇嬰、昭帝誅上官桀、宣帝誅霍禹等事中，學到了不少本領。

知識就是力量。

宮廷政變一般的套路就是四部曲：隱忍、策反、誘殺、兼併舊部，少一步都不行。經過反覆論證、推演，劉肇、劉慶、鄭眾等人對清除竇氏兄

弟已成竹在胸。但是同時，幾人心中也有些不安，會不會是紙上談兵？

劉肇表現出了少有的自信，他微微一笑：「等著瞧吧！」

恰好在此時，竇憲和鄧疊回到了京城，劉肇立即決定動手！

永元四年（西元92年）六月二十三日，劉肇親臨北宮，下詔命令執金吾和北軍五校尉領兵進駐南宮和北宮，關閉城門。同時，命丁鴻率軍在洛陽城內展開行動。郭璜、郭舉、鄧疊、鄧磊等人悉數被捕。

劉肇連審都懶得審，直接下詔把這四個人送進大牢處死。

看在竇太后的面子上，劉肇沒有直接處決竇憲，而是派謁者僕射收回竇憲的大將軍印信綬帶，將他改封為冠軍侯，同時又將竇篤、竇景等人通通罷官，跟竇憲一起滾回封國。

竇憲、竇篤、竇景回到封國之後，全都被逼自殺。

竇氏家族及其賓客，除了竇瑰之外，其他人一律遭到罷免，被遣返原籍。

至此，橫行一時的竇氏黨羽被徹底清除出局，竇憲大起大落的人生就此落下帷幕。

劉肇這一手，完全可以與漢宣帝滅霍氏媲美，其乾淨俐落有過之而無不及。而這一切，竟然出自一個十四歲孩子的手筆！

前人對此給予了很高評價。宋人胡寅認為，和帝幼沖威斷，魄力實過於章帝。此事可與漢昭帝誅除上官桀相提並論，可謂「遠繼孝昭之烈」。

當初，班固的家奴曾因醉酒辱罵過洛陽令種兢。種兢怒火中燒，但是因為班固是竇憲的人，只得暫時忍下來。這一次，眼見竇氏這棵大樹倒了，種兢便藉著審訊竇憲黨羽的機會，逮捕了班固。

這一年，班固六十一歲，熬不過拷打，死在獄中。

可憐班固，一代史學大家，半生著書，卻落得一個悲慘下場，豈不痛哉！

## 第十章 戚宦相爭

以上這個故事是官方說法，對於竇氏家族最終被誅殺，想必大家不會太驚訝，但是同時心裡也會有無數個疑問：

竇憲手握重兵，為什麼沒有絲毫反抗，乖乖就縛？

十四歲的劉肇夥同一個太監，就拿下了戰功赫赫的竇憲，未免也太容易了吧？

再退一步想，竇憲究竟有沒有謀反？

接下來談談我的看法。

先來思考一個問題，史書上說，除了太監鄭眾，劉肇沒有一個人可以信任，然而在收押竇氏宗族黨羽的過程中，執金吾、校尉們全都聽命，是不是有些矛盾？

另外，都說竇氏在朝專科權，但是三公中司徒袁安、司空任隗是竇憲的死對頭，後來接過袁安擔子的丁鴻上任第一件事就是上書滅竇憲，只有太尉宋由跟竇憲關係不錯。如果竇憲真在朝中一手遮天，怎麼會在三公中有這麼多反對派？

再者，竇憲在朝中混得風生水起，又有軍功，太后是他妹妹，皇帝是他外甥，他為什麼要謀反？難道他是想當皇帝嗎？

這一系列疑問，最終都指向一件事：竇憲是被誣陷的，他沒有謀反的打算。

這麼說並不是要洗白竇憲，竇憲權傾朝野，以耿夔、任尚等人為爪牙，鄧疊、郭璜為心腹，班固、傅毅為羽翼，橫行無比。朝中趨炎附勢者爭相獻媚竇氏兄弟，被司徒袁安和司空任隗等人屢屢彈劾，這些都是事實。

可問題在於，竇憲只是專權，他並沒有謀反的跡象。

竇氏確實太過跋扈，不知收斂，但是要說謀逆弒君，倒不至於。不過這些都不重要，重要的是竇憲擋了天子親政的道，對劉肇造成了威脅。

## 奪權之路

該怎麼評價竇憲這個人呢？

竇憲出身河西豪族，頭頂著河西竇家的巨大光環。竇憲身上有兩種明顯的氣質：一個是剛毅果敢、渴望軍功，另一個是任性使氣、快意恩仇、睚眥必報。這種性格注定了竇憲不會一直默默無聞下去。

漢明帝執政期間，對豪強採取嚴厲打擊態度，竇家子弟因橫行不法首當其衝，竇憲的祖父、父親皆因犯法被殺。漢章帝上臺後，娶了竇憲的妹妹為皇后，一時間，竇家再次成為帝國的頂級豪門。

竇憲也成功混上一份朝廷內的工作，但是他性格任性、跋扈，後來因為強買沁水公主莊園的事被漢章帝怒斥，之後長期被罷用。

漢章帝去世後，和帝即位，因年齡太小，竇太后臨朝，竇憲終於迎來了出頭之日。兩次北伐匈奴，竇憲大獲全勝，實現了連衛、霍都未能完成的夢想。

竇憲也因這個赫赫功勳威望劇增，權傾朝野，甚至連竇太后也無法再制約他了。與此同時，竇憲一貫任性使氣、快意恩仇、藐視國法的性情再一次暴露出來，他的兄弟、屬下甚至家奴們很快就有樣學樣，把朝廷弄得烏煙瘴氣，綱紀大亂。

竇憲的功績不能忽視，但是作為一個政治人物，竇憲有著難以彌補的性格缺陷，為竇家樹敵無數，最終將一手好牌打得稀巴爛。

人性是複雜的，竇憲團滅匈奴是真的，可他囂張跋扈、藐視國法也是真的，二者並不矛盾。這一切加起來，組成了一個真實的竇憲。

扳倒竇氏，帝國權柄收回到小皇帝劉肇手中。這件事對東漢影響可謂深遠，自此之後，宦官作為一支獨立的政治力量逐漸站上了東漢的政治舞臺。

# 第十章　戚宦相爭

## 劉肇命短

有人也許會說，既然劉肇為了剿滅竇氏一黨，不得已才起用宦官，那麼重新得權之後，是不是可以把宦官踢出權力中心，從此親賢臣、遠小人了呢？

要我說，很難。

首先，從劉肇的成長經歷來說，從十歲到十四歲，他的青春期一直是在宦官的保護下度過的，這就使得他對宦官懷有一種特殊的感情，既是依賴，也是感激。尤其是鄭眾，做事謹慎，執行力強，在劉肇成功戰勝竇憲奪回大權中扮演了重要的角色，堪稱此次行動最大的功臣。事情結束後，鄭眾被皇帝封為鄛鄉侯，終於有了一張長期飯票。

試問，這樣的感情，怎麼可能說放就放？

其次，回到歷史現場，宦官並不都是壞人，反而以老實人居多。只是由於歷史是讀書人寫的，這些有文化的知識分子瞧不起皇帝身邊身體殘缺之人，所以經常會在史書中將他們各種抹黑，貶得一無是處。

不得不說，知識分子讀過書，在治國理政方面的見解和能力確實高於幾乎都是苦出身的宦官，但是道義水平其實也是半斤八兩，兩個群體裡都有好人和壞人。

舉兩個劉肇時期的宦官作例子。先看鄭眾，他長期在劉肇身邊伺候，可謂盡心盡責，還在平定竇氏的過程中出謀劃策，從而升職為大長秋。即便如此，鄭眾依然小心謹慎，經常對天子的賞賜謝絕不受，堪稱宦官群體中的道德模範。

另一個劉肇時期的宦官比鄭眾更有名，他是中華古代「四大發明」之一的造紙術發明人：蔡倫。

蔡倫是桂陽郡宋陽人，出生在一個鐵匠世家。受家人的影響，蔡倫從小就一邊學習文化知識，一邊學習冶煉、鑄造、種麻、養蠶等技術，對常見的生產方式都比較熟悉。漢明帝時，蔡倫被選入宮，由於他聰明伶俐，討人喜歡，由小黃門一路升遷至黃門侍郎。

竇皇后無子，一直擔心后位不穩，宋貴人的兒子被漢章帝立為太子後，竇皇后生怕其后位被宋貴人取代，於是指使下人策劃了一起「巫蠱」案，誣陷宋貴人「挾邪媚道」詛咒皇帝。案件交由蔡倫主審，宋貴人姐妹被屈打成招，在牢裡服毒自盡，成為蔡倫一生中抹不去的黑點。

除去這一點，蔡倫的表現還是挺不錯的。按照《後漢書》的記載，蔡倫既有才學，工作又認真，為人還敦厚謹慎。遇到皇帝犯錯的時候，也能直言指出錯誤之處，並不懼怕得罪皇帝。每次休息日出宮，他都閉門謝客，親自到作坊進行技術調查，學習和總結工匠們多年累積的豐富經驗。

由於在工作中能力出眾，蔡倫很快又被提升，加位尚方令，做了尚方署的負責人。

所謂尚方署，其實就是皇家製造局，負責供應宮廷御用器物，包括飲食及刀劍等器物，我們經常在電視劇中看到的「尚方寶劍」，實際上就是由尚方署製造的。

這裡多說一句，尚方寶劍作為皇權象徵，其象徵意義大於它的實際用途，而且可使用範圍非常小。譬如明朝時，萬曆皇帝起用熊廷弼到遼東去主持大局，就賜了一把尚方寶劍給他，同時告訴熊廷弼，要是有將士不用命者，准許他在副總兵而下先斬後奏。

可見，尚方寶劍絕非神擋殺神、佛擋殺佛，先斬後奏的範圍是僅限一定層級以下的軍官，並不是人人都能殺的。

回到蔡倫身上，史書對蔡倫的介紹，著墨最多的是宮鬥，對他主要的豐功偉業，即對造紙業的貢獻僅區區數十字。我對宮鬥不感興趣，這裡談

# 第十章 戚宦相爭

談造紙術。

自從文字被發明,其載體始終困擾著文字傳播。聰明的祖先把文字刻在龜殼或者獸骨上,就是甲骨文;把圖畫刻在石頭上,就是岩畫。

在石頭上刻劃,在龜殼上刻字,成本太高,哪裡找那麼多龜殼?後來人們又找到了一些更好的方法,把字刻在竹簡上,所以才有「讀書破萬卷」之說。秦始皇勤於政務,每天要閱讀三十公斤重的文書;東方朔為了求見漢武帝,一次上書就用了三千片竹簡,漢武帝讀了兩個月才讀完,費時又費力。

既然竹簡太笨重,那就換輕一點的材料吧,於是有了「帛書」。

1973年12月,長沙馬王堆漢墓中出土了一批文物,其中有兩張帛書,比竹簡輕薄多了。然而它也有個大問題,帛是一種絲綢,即使今天,絲綢也是稀罕物,古代那就更貴了,普通人可用不起這麼貴重的材料。

蔡倫有感於此事,立志改進技術,製造出更為輕便的材料。

他挑選出樹皮、破麻布、舊漁網等,讓工匠將其剪斷切碎,放在一個大水池中浸泡。過了一段時間後,其中的雜質爛掉了,而纖維不易腐爛,保留了下來。他再讓工匠們把浸泡過的原料撈起,放入石臼中,不停地攪拌,直到成為漿狀物,然後再用竹篾把這黏糊糊的東西挑起來,乾燥後揭下來就變成了紙。

元興元年(西元105年),蔡倫上奏漢和帝,獻上了他製造的紙張,和帝誇讚其才能,下令推廣天下。

自此之後,百姓為這種紙張起了一個名字:蔡侯紙。

紙張雖然被造出來了,但是唐朝以後,有不少人開始對蔡倫發明造紙術提出了異議。

唐朝張懷瓘在《書斷》中說,早在漢朝初年,就已經用紙逐漸代替竹

簡做書寫材料了。到東漢和帝年間（西元 105 年），蔡倫領導皇家作坊裡的工匠，改進和提高了造紙技術。

北宋陳槱在《負暄野錄》中說，紙張早就有了，蔡倫是能工巧匠不假，但是造紙術絕非他首創。

南宋史繩祖在《學齋佔畢》中認為，紙筆不始於蔡倫、蒙恬，這兩樣東西在兩人之前就已經有了，說紙筆始於此二人不準確。

《資治通鑑》中引用毛晃的話說得更加明白：「俗以為紙始於蔡倫，非也。」

如果說他們的質疑缺乏足夠的證據，那麼後世的考古發現則進一步佐證了這個觀點。

考古發現，早在西漢時期，已造出了麻質植物纖維紙。1986 年甘肅天水放馬灘的一個漢墓裡出土了一張紙，這張紙又薄又軟，紙面平整光滑，上面有墨繪的山、川、路等。據考證，這是西漢早期用麻做的紙，也是目前世界上已知的最早的紙。甘肅敦煌懸泉置遺址也出土了古紙五百五十張，其中西漢紙二百九十七張，七張西漢紙上有字，成為目前中華考古發掘中發現古紙最多的地方。

由此不難得出結論，蔡倫發明紙的說法並不準確，他只是改進了造紙技術，並將其推廣天下。不過，即便蔡倫不是紙張的原創者，他對造紙術的貢獻依然令人肅然起敬。1978 年，美國學者麥可・哈特（Michael Hart）鑒於蔡倫對世界的貢獻，在《影響人類歷史程式的 100 名人排行榜》（*The 100: A Ranking Of The Most Influential Persons In History*）一書中把蔡倫排在第七位。

說一下蔡倫的結局。他改進了造紙術，也被封了龍亭侯，但是沒有像鄭眾那樣獲得善終。他年輕時受竇皇后的指使，誣陷漢章帝的妃子宋貴人，不料後來宋貴人的孫子劉祜即位成了漢安帝，親政後要為祖母報仇，

## 第十章　戚宦相爭

追查到蔡倫頭上。蔡倫恥於受辱，沐浴衣冠，飲藥自殺。

雖然蔡倫參與了政治陰謀，並以此得誅，但是他也是個有功、有才的人。若以此二人觀之，歷史上對宦官的評價，是不是有點不太公道呢？

除掉竇氏勢力，肅清竇黨，這是劉肇的一大功績，此事充分體現了他的善謀、機智和明斷。自此，十四歲的劉肇開始親政。

應該說，劉肇在治國理政方面做得確實不錯。在日常政務方面，他每日臨朝聽政，深夜批閱奏章，從不荒怠政事，故有「勞謙有終」之稱。

在民生方面，他多次下詔理冤獄、恤鰥寡、矜孤弱、薄賦斂，還開放上林苑、廣成苑等皇家園林給貧民。每次碰到災異，他都要請公卿來朝堂上討論，極言得失，但是碰到祥瑞時則以自己德薄為由，抑而不宣。

在司法方面，他主張多用寬緩之道，從寬處理。

在人才選拔方面，他多次下詔納賢，並任用了一批有能力的官僚。

在明、章、和三代皇帝的努力之下，東漢國力蒸蒸日上。到元興元年（西元105年），也是劉肇執政的最後一年，東漢的墾田面積超七百三十二萬頃，為東漢之最；戶籍人口超五千三百萬，再次逼近古代中華民族生產力條件下的人口上限。

我們都聽過杜牧的那首詩：「長安回望繡成堆，山頂千門次第開。一騎紅塵妃子笑，無人知是荔枝來。」唐玄宗為了博楊貴妃一笑，命人從嶺南運來新鮮荔枝。很多人對此表示懷疑，荔枝的物性是一日色變，兩日香變，三日味變，嶺南距離長安五千里，怎麼可能運送新鮮荔枝？

但是其實，從嶺南運送荔枝這事，東漢時就已經做過了。

當時，朝廷為了運送新鮮荔枝可謂不惜一切代價，從嶺南到洛陽十里一置（驛站），五里一堠（瞭望堡）。這一路上山高路遠坑深，常有虎豹豺狼，晝夜不停地運送荔枝，一趟下來不死也得廢去半條命。

## 劉肇命短

永元十五年（西元103年），有個叫唐羌的官員不忍心看到送荔枝的人大批死在路上，專就此事上書：

「臣聞上不以滋味為德，下不以貢膳為功。我見交趾七郡進貢鮮龍眼等物，一路疾馳，鳥驚風動。南方氣候炎熱，惡蟲猛獸不絕於路，運送貢物的人經常遭遇各種危險。死者不可復生，來者猶可救，將這兩種水果送到洛陽，也不一定能使人延年益壽。」

劉肇幡然醒悟，下詔：

「邊遠地區進貢珍奇美味，本是用來供奉宗廟。如果因此造成傷害，豈不是違背了愛民之本意？從現在起，太官不再接受此類貢品！」

劉肇的作為並不只體現在內政方面，與漢宣帝一樣，他對四海諸夷，也是「犯強漢者，雖遠必誅」的主張。

永元五年（西元93年），被漢朝扶植的北單于於除鞬自行北逃，劉肇遣王輔與任尚共同追擊，斬於除鞬，消滅其部。

同年，武陵郡兵大破武陵蠻，護羌校尉貫友討伐燒當羌使其遁逃，南單于安國叛亂，被骨都侯喜斬殺。

永元六年（西元94年）七月，西域都護班超發龜茲、鄯善等八國兵，合七萬餘人，大破焉耆、尉犁，殺其王，斬首五千餘級，俘一萬五千人，西域降附者五十餘國。

同年，南匈奴逢侯單于率胡兵出塞叛亂。九月，劉肇以光祿勳鄧鴻為主將，統帥越騎校尉馮柱、行度遼將軍朱徽、使匈奴中郎將杜崇征討匈奴叛軍；十一月，護烏桓校尉任尚率烏桓、鮮卑大破逢侯單于，前後斬首一萬七千餘級。

永元八年（西元96年）五月，南匈奴單于和右溫禺犢王率部眾數千人反叛，出沒於塞外山谷間；七月，行度遼將軍龐奮、越騎校尉馮柱追討叛

## 第十章 戚宦相爭

軍，斬右溫禺犢王，徙其部眾及諸還降者兩萬人於北地。

同年五月，車師後王叛亂。

永元九年（西元97年）三月，西域長史王林擊破車師後王並殺之。

前一年，護羌校尉貫友病死，漢陽太守史充接任護羌校尉。史充到任後發湟中羌胡出塞，進攻燒當羌迷唐，結果大敗。

永元九年，史充免官，代郡太守吳祉繼任。迷唐率八千人進犯隴西，殺數百人，乘勝深入，脅迫塞內諸種羌共為寇盜，眾羌紛紛響應，合步騎三萬人，擊敗隴西郡兵，殺大夏縣長。

朝廷派征西將軍劉尚、越騎校尉趙世，率北軍五營、黎陽、雍營、三輔積射及邊兵羌胡三萬人討伐。迷唐自知不敵，丟棄老弱逃入臨洮。劉尚一路追擊，斬首千餘人，得牛馬萬餘頭。

永元十三年（西元101年）八月，燒當羌迷唐再次率兵擾邊。護羌校尉周鮪與金城太守侯霸及諸郡兵、屬國湟中月氏諸胡、隴西牢姐羌合三萬人，出塞至允川，與迷唐激戰，斬首四百餘級。羌眾傷亡眾多，種人瓦解，六千餘人投降，被分徙漢陽郡、安定郡、隴西郡。迷唐見大勢已去，只得長嘆一聲，帶著為數不多的剩餘部眾去投奔更西、更荒涼的發羌部落。

十一月，遼東鮮卑寇掠右北平，入漁陽，被漁陽太守率兵擊退。

十二月，南郡巫蠻許聖等人，因郡吏收稅不均，起兵反漢。第二年夏天，朝廷派使者督荊州諸郡兵萬餘人討伐。許聖依險固守，漢軍久攻不破，於是自巴郡、魚復分兵數路進攻。蠻人潰散，漢軍斬其渠帥，大破之，許聖等人投降，被徙置江夏。

終漢和帝一朝，武功赫赫，開疆拓土，四夷賓服。

疆土上，和帝時的東漢帝國西擁西域，北據大漠，東漢國力達到極

盛，後世稱為「永元之隆」。

然而，就在劉肇雄心勃勃，準備再次將漢帝國推向巔峰之時，卻在二十七歲的年紀猝然病逝。

延平元年（西元 106 年）三月初五，劉肇被葬於慎陵，上廟號為穆宗，諡號孝和皇帝。

諡法曰「不剛不柔曰和」，能被諡為「漢和帝」，劉肇也算無憾了。

該怎麼評價劉肇呢？

在我看來，劉肇是一個能力大於名氣的帝王，十四歲藉助宦官滅外戚，親政後勵精圖治，東漢國力達到極盛，在位期間滅掉北匈奴，復置西域都護。然而，命運之神似乎有意捉弄高高在上的皇室，劉肇和他父親一樣英年早逝，最終也沒能逃脫那不可言說的宿命。

劉肇駕崩後，他出生僅一百餘日的兒子劉隆繼位，改元延平，是為漢殤帝。

漢殤帝是中華歷史上繼位年齡最小的皇帝，一歲時夭折，也是中華歷史上壽命最短的皇帝。自此之後，東漢帝國就陷入幼主上位、外戚掌權、宦官奪權的惡性循環之中不能自拔。

東漢王朝的國運開始走下坡路。

## 鄧綏崛起

前面講到，十四歲的劉肇向竇氏外戚發出雷霆一擊，拿下了竇氏黨羽。竇家慘淡收場，外戚該消停點了吧？

當然不會！

## 第十章　戚宦相爭

繼老竇家之後，老陰家和老鄧家先後登上了歷史舞臺。

劉肇先後有兩位皇后，都出身名門大族。先是陰皇后，她是劉秀的皇后陰麗華的老哥陰識的曾孫女，從小聰穎，喜好書法技藝。永元四年（西元92年），十三歲的陰氏經過特選進入後宮，因為她是陰麗華的親屬，所以一入宮就被封為貴人，得到劉肇的寵愛。

永元八年（西元96年）二月，劉肇立陰氏為皇后。

雖然同屬陰氏，但是這兩位陰皇后的性格大不相同，陰麗華為了劉秀的大業甘願犧牲，如今的這位陰皇后卻喜歡吃醋。

就在陰氏被封為皇后的那年冬天，一個叫鄧綏的女人入了宮，被封為貴人。

第一次見到鄧綏，陰皇后就有點自慚形穢。

鄧綏的來頭也不小，老爸是護羌校尉鄧訓，爺爺是太傅鄧禹，那可是「雲台二十八將」之首。老媽也不簡單，是陰麗華堂弟的女兒，算起來不但和眼前這位陰皇后沾親，而且還長一輩。

鄧禹的夫人非常喜歡這個孫女，甚至親自為鄧綏剪髮。老人家年紀大了，眼睛不好，看東西都是模糊的。

小鄧綏看著奶奶手裡閃著寒光的剪刀，沒有跑開，而是恬靜從容地坐下來，忍著剪刀誤傷額頭的痛楚，一直堅持到奶奶興致滿滿地剪完頭髮。

侍女擦著鄧綏額頭的血跡，問她：「妳不疼嗎？為什麼不說出來呢？」

鄧綏回答：「我不是不疼，太夫人憐愛我，親自為我剪髮，我不忍讓老人難過，所以忍著不哭。」

這一年，鄧綏五歲。

多好的孫女啊！老太太要是聽到她這樣說，肯定會一把把她抱在懷裡，老淚縱橫。

## 鄧綏崛起

小小年紀心智就如此成熟，而且懂得隱忍，體恤親人，所有人都認定，這孩子長大後絕對不一般。

出身名門的鄧綏並沒有像其他貴族小姐那般，養成刁蠻任性的性格，她不喜歡做女紅，反倒熱衷於讀書。據記載，鄧綏六歲能讀史書，十二歲通《詩經》、《論語》，常與哥哥們談論讀書心得，每每把他們辯得啞口無言。小小年紀的鄧綏得到了父親的讚賞，甚至在遇到難題時，父親還會徵求她的意見。

但是母親對女兒的愛好有些不同看法，有一次對她說：「妳不學女紅以供服飾之用，卻一心向學，難道將來要當博士嗎？我看妳以後怎麼嫁得出去！」

鄧綏見母親生氣了，也不反駁，但是改變了策略，從此白天學女紅，晚上挑燈夜讀。

幾年後，鄧家有女初長成，鄧綏身材高挑，姿色絕美，腹有詩書氣自華，讓無數人驚為天人，走到街上次頭率百分之百。

作為適齡的世家女子，鄧綏的命運早已確定了──送入宮中成為皇帝的女人。永元四年（西元92年），原本應當入宮的鄧綏恰逢父親鄧訓過世，她為了盡孝道，為父親守孝三年。

十六歲那年，鄧綏入掖庭為貴人，正式開啟了鬥遍宮內無敵手的「白蓮花」之路。閱美女無數的劉肇見到她的美貌，忍不住在內心驚呼：世上竟有如此絕色女子！

入宮後的鄧綏沒有因自己的美貌而沾沾自喜，她深知「木秀於林，風必摧之」的道理，一言一行都格外小心，從來不仗著寵愛胡作非為。其他嬪妃都在絞盡腦汁地邀寵，每有宴會，一個個打扮得花枝招展，金釵簪珥光彩奪目，裳衣羅綺鮮明照人，只有鄧綏獨著素裝，也不戴華麗的首飾，越發顯得清雅脫俗，樸實無華。

## 第十章　戚宦相爭

　　她從來不爭風吃醋，對其他嬪妃親切友好，對宮人克己體下，常常施予恩惠。

　　鄧綏生病，劉肇特許她的家人入宮探望照顧，且不限時日。

　　鄧綏卻勸道：「宮中乃是禁地，至關重要，妾的母親、兄弟都是外人，不宜久留宮禁之地，否則陛下會有偏袒之嫌，對我也會有不知足的誹謗，妾不能這樣做啊！」

　　看著病中楚楚可人的鄧貴人這麼懂事，劉肇很是心疼，說道：「別人都以經常能到禁宮走走為榮，而你卻反以為憂慮，寧願自己吃虧也不願意壞了規矩，真是難能可貴啊！」

　　對待陰皇后，鄧綏更是謙恭謹慎。每次面見陰皇后，她都一直彎曲膝蓋，低眉順目；與陰皇后一起見劉肇，她從不正坐，而是站立一旁；偶爾與陰皇后撞衫，她都會立即更換。劉肇每有垂問，鄧綏都表現出遲疑的樣子，絕不在陰皇后面前出風頭。

　　劉肇了解鄧綏的良苦用心，感嘆道：「修身進德，竟是這樣的艱難嗎？」

　　然而在善妒的陰皇后看來，鄧綏的謙卑全是演戲，她的低調是別有用心。她想和鄧綏正面較量，卻發現鄧綏的防守固若金湯，自己根本找不到突破口。

　　陰皇后的心火越燒越旺了。

　　劉肇看著陰皇后對鄧綏處處挑剔，可是鄧貴人呢？卻多次勸皇上多陪陪陰皇后，每次被翻牌子，她往往稱疾不應。

　　鄧綏還擔心皇帝的子嗣問題，親自為皇帝督辦晉選美女。劉肇不禁感嘆，遇到這樣的女人，三生有幸啊！

　　想必你已經看出來了，鄧綏處處恭敬小心，在皇帝面前極力抑制自己，不讓皇帝對自己有過多的照顧，這明顯是以退為進。

# 鄧綏崛起

想想看，鄧綏小的時候整天和當官的爸爸商量大小事，宮鬥這種事對她來說，小菜一碟。

鄧綏演戲的天分極高，反觀陰皇后的表現，跟鄧綏完全不在同一條水平線上。

眼睜睜看著鄧綏在皇帝心中的分量越來越重，在後宮聲望日隆，陰皇后的心都要碎了，卻又無可奈何。

既然人力不行，陰皇后想到了鬼神。

沒錯，又是巫蠱。

漢武帝時的巫蠱之禍釀成了全國血腥大清洗，從此成為大漢一朝最為禁忌的東西。陰皇后卻將其撿了起來，她祕密製作祝詛，求神求鬼，趕緊把鄧綏帶走。

陰皇后在作死的路上越奔越遠，就這智商、這手段，明顯不是鄧綏的對手。

結果，鄧綏沒被帶走，劉肇差點兒被帶走了。

劉肇病了，病得很重，臥床不起，氣若游絲。鄧綏每天衣不解帶，悉心照料，陰皇后卻有點得意忘形，她驕傲地對身邊人說：「等我掌了權柄，一定將鄧家人斬草除根！」

很不巧，這話被鄧綏知道了，至於她是怎麼知道的，你品，你細品。

長期隱忍蟄伏的鄧綏敏銳地意識到，自己的機會來了！

她對左右流涕說道：「我用盡誠意侍奉皇后，不僅得不到她的諒解，卻獲罪於天。婦人雖無從死之義，然武王有疾，周公以身為武王請命；楚昭王病，越姬實現昔日心誓，自殺從死。我唯有一死，上以報陛下的恩寵，中以解除我鄧氏宗族的災禍，下不讓陰皇后蒙受將我弄成人彘的譏諷！」

為了讓自己贏得輿論的支持，她還策劃了一場「自盡」的表演，舉起

## 第十章　戚宦相爭

毒酒就要一飲而盡。

貴人當然是死不成的，旁邊的宮人趕緊上前搶奪藥瓶子。這邊正鬧著呢，外面有人進來通報，說：「皇帝的病好了。」

鄧綏信以為真，便打消了自殺的念頭。而此時，一件十分湊巧的事情發生了，第二天，劉肇的病真的好了。

劉肇康復了，陰皇后傻眼了，而鄧綏也不再裝純情無辜的小白兔了，她要開始反擊！

永元十四年（西元102年）四月，有人向劉肇密報，陰皇后與其外祖母鄧朱多次在後宮密謀，以巫蠱之術害人。

巫蠱是漢朝歷代皇帝的逆鱗，誰碰誰死。大病初癒的劉肇怒火中燒，立即下詔，派中常侍張慎與尚書陳褒仔細拷問、檢查。

鄧朱以及她的兩個兒子鄧奉、鄧毅，陰皇后的弟弟陰軼、陰輔、陰敞都被送進了掖庭大獄。

很快，有司拿到了供詞，張慎、陳褒向劉肇遞交了一份「案件調查報告」，得出的結論是：陰皇后以巫蠱謀害後宮，乃是大逆不道之罪！

在此過程中，鄧奉、鄧毅、陰輔三人在獄中被拷打致死。

六月，劉肇派司徒魯恭持節賜予陰氏策書，要求交出皇后的璽綬，廢黜其皇后之位，將其打入桐宮。

陰皇后的父親陰綱自殺身亡，陰軼、陰敞以及鄧朱的家屬全部流放到日南郡的比景縣，陰氏的宗族親屬及其內外兄弟都被免官遣送還鄉。

鄧綏贏了！她用自己的隱忍和智慧扳倒了陰皇后，順利清除了障礙。

直到永初四年（西元110年），已經當了好幾年太后的鄧綏才下詔，赦免被流放的陰氏家屬，允許他們返回故鄉南陽，歸還被沒收的五百餘萬財產。

## 鄧綏崛起

陰皇后被廢，接下來應該冊封新的皇后。

所有人都把目光投向鄧綏，除了她，還有誰能夠挑起後宮之主的重擔？

對於鄧綏而言，既然是演戲，那就得繼續演下去，自己單純善良的人物設定可不能塌。陰皇后被廢後，鄧綏多次為其求情，劉肇不但沒有答應，反而認為鄧綏心地善良，心胸寬廣，有母儀天下之風範，打算擢升她為皇后。

鄧綏知道自己不能顯得太著急，便對外稱自己生了病，閉門不出。

一年後，陰皇后在桐宮憂憤而死。

後宮管事的人奏請重立皇后，劉肇說：「皇后之尊，與我皇帝位同一體，承祀宗廟，母儀天下，可不容易！只有鄧綏品德為後宮之首，可以當得起。」

這年冬，劉肇正式下詔，立鄧綏為皇后。

鄧綏辭讓，不准；再辭讓，再不准，如是者三，最後迫不得已，登皇后位。冊封那天，鄧綏還親手寫好謝恩的奏書，陳述自己德行淺薄，不足以充當君王妻室。

無論如何，鄧綏靠著隱忍和堅持取代了陰皇后，在這場晉級遊戲中完美過關，從女配角晉級成女主角。

這一年，她二十二歲。

# 第十章 戚宦相争

# 第十一章
## 羌亂再起

## 第十一章　羌亂再起

## 恩及天下

在正式做了後宮之主後，鄧綏並沒有被權力和榮譽衝昏頭腦，依舊保持初心，謙恭柔仁。她禁絕了各郡、各封國每年進貢奢侈物品的規矩，下令歲貢只收一些有用的東西，比如筆墨紙硯。在皇帝面前，她從不邀功；在嬪妃面前，她從不居高臨下。

古人都相信行善積德，據說鄧禹在生前就感嘆過，自己帶領百萬大軍，卻從不曾妄殺一人，所以子孫後代必有福報。

《後漢書》記載，鄧綏為父親鄧訓守孝期間，曾經做過一個奇妙的夢。夢境中，她雙手摸到了天上，忽然發現天上有鍾乳形狀的物體垂下來，她便仰起頭來吮吸。隔天找來解夢師，解夢師說：「堯曾做夢攀天而上，湯曾夢見天而舔，這都是聖王成事之前的徵兆，吉不可言。」家人對此還不滿足，又找來相師。相師一見鄧綏，大驚道：「這是周成、商湯的相啊！」

這裡已經暗示了鄧綏未來將執掌天下。

除了約束自身，鄧綏對自家人也約束甚嚴。劉肇一直想為鄧家封爵，鄧綏堅決辭讓。終和帝一世，鄧綏的哥哥鄧騭不過是一位虎賁中郎將而已。

可惜，鄧綏只做了四年皇后，劉肇就崩逝了。這個消息來得太突然，讓鄧綏毫無準備。更棘手的是，劉肇生前沒有立太子。

劉肇為什麼沒有立太子？一來是覺得自己還年輕，二來是他的兒子體質太弱，一個接一個地夭折，根本長不大。唯一存活的劉勝也是疾病纏身，一副病懨懨的樣子。

為了讓皇子能活下去，劉肇聽信了一種迷信的說法，將剛出生沒幾天的皇子劉隆送到民間，以防不測。

只是沒想到，「不測」來得這麼快，劉隆剛滿百天，老爸就駕崩了。

恩及天下

眼下，劉肇只有兩位皇子：一位是八歲的劉勝，住在宮中；一位是才三個月大的劉隆，養在民間。

按照「有嫡立嫡，無嫡立長」的原則，劉勝應該繼承皇位。但是在鄧綏看來，劉勝已經八歲，再過幾年就是小大人了，他要是做了皇帝，肯定不會聽自己的話。於是她以劉勝有痼疾為由，將其踢出候選人隊伍，立劉隆為皇帝。

二十五歲的鄧綏成為皇太后，改元延平，將劉勝封為平原王，太尉張禹為太傅，司徒徐防為太尉，參與主管尚書事務，隨後鄧綏以劉隆嫡母的身分臨朝聽政。自此之後，鄧綏開啟了女主臨朝稱制的時代。

這一年是延平元年，西元 106 年。

從這一刻起，我們該換個稱呼，稱她為鄧太后了。

臨朝之初，鄧太后做出了一個驚人之舉——她讓太傅張禹住在宮中，協助處理政事，每五天回家休息一次。

按理說，張禹一個外人夜宿皇宮，容易引起是非，但是鄧太后也是迫不得已，劉隆年幼，時時需要她來照顧，實在抽不開身看奏章。張禹政治素質和業務水準都很不錯，讓他協助處理政事，自己也放心。

鄧太后臨朝稱制後，連下詔令，大赦天下。她下詔赦免了建武以來因罪囚禁者，連前朝的馬、竇二家也都寬赦為平民。鄧太后又提倡德化，對於各地所設祠官，以鬼神難徵、淫祀無福為名將不合典禮者全部罷省。她又提倡節儉，減宮內服御珍膳等。舊太官湯官常年要用二萬萬，鄧太后敕令停止，每日節省費用，自此裁去數千萬。郡國所貢納的物品，都減去半數以上，上林苑的鷹犬也一律賣掉。

對於宮中侍女，若有體弱年高不堪使用的，鄧太后讓園監考核上報名冊，親自檢閱詢問，由他們自己決定去留，當日遣散五六百人。

## 第十一章　羌亂再起

透過這一系列措施，加上鄧太后本人的身體力行，宮中形成了節儉的風氣，贏得了眾人的信賴。

鄧太后的明察與威望，在一些具體的小事中也得到充分體現。

據說，和帝剛駕崩時，有人趁宮中混亂之際將一箱珠寶藏了起來。鄧太后知道，若用刑拷問，很可能屈打成招，累及無辜。於是，她將所有宮人集合起來，察言觀色。藏珠者心虛，更迫於鄧太后的威望，當時便主動承認，叩頭請罪。

不久，和帝當年的寵臣吉成被人告發行巫蠱之術。吉成被押往掖庭拷問後，供認不諱，案定待決。鄧太后感覺事情可疑，吉成常在先帝左右，平日待之有恩，尚無惡言，先帝作古，吉成怎會做出這種事？其中必有緣故。

於是鄧太后親自複審，果然，吉成是被冤枉的。鄧太后為吉成主持了正義，眾人莫不為之嘆服，皆稱道鄧太后的聖明。

為安全起見，鄧太后又提拔她的親戚，大哥鄧騭從虎賁中郎將升為上蔡侯、車騎將軍，儀同三司，待遇與三公等同；弟弟鄧悝從黃門侍郎升為虎賁中郎將；另兩位兄弟鄧弘、鄧閶都晉升為侍中。

和帝的葬禮結束後，按照慣例，和帝的四個兄弟都要返回各自的封國。就在他們動身之際，鄧太后作了一個出人意料的決定：留下前廢太子劉慶的長子，十三歲的劉祜。同時被留下的還有劉慶的王妃，劉祜的嫡母耿姬。

有人說，劉祜不是鄧太后的兒子，為什麼要把他留下呢？

鄧太后這麼做，目的只有一個：未雨綢繆。通俗一點說，就是備胎計畫。

劉肇的子嗣大多夭折，小皇帝剛剛斷奶，誰知道他能不能順利長大？如果中間出了意外，自己必須提前準備。

這是一個高明的政治家應有的覺悟！

恩及天下

　　巧合的是，八個月後，未滿週歲的小皇帝劉隆突然夭折，成為中華歷史上繼位年齡最小，駕崩年齡也最小的皇帝，是為漢殤帝。

　　劉隆去世後，大夥兒都認為也該輪到劉勝了，可鄧太后早有準備，怎麼可能被朝臣影響自己的計畫！

　　當天夜裡，鄧太后將老哥鄧騭和弟弟鄧悝召進宮中商量應對之策，隨後，趁夜讓鄧騭親自持符節把劉祜接進宮中。

　　次日一大早，鄧太后登上崇德殿，文武百官都穿吉服出席。翹首等待的百官沒有料到，他們等來的不是劉勝，而是清河王的兒子劉祜！

　　在禮官的引導下，十三歲的劉祜緩步上前，鄧太后先封他為長安侯，然後下詔，將他立為和帝的嗣子，接著又撰寫了冊立皇帝的詔命。

　　詔命宣讀完畢，太尉徐防獻上皇帝御璽，劉祜正式即位，是為漢安帝。

　　劉家天下換了主人，鄧太后仍舊臨朝攝政。流水的皇帝，鐵打的太后。

　　對於這樣的結果，清河王劉慶頗感欣慰。他也曾是太子，可惜後來被竇太后誣陷，被廢為清河王，此後一直謹慎小心。然而，老天卻陰差陽錯地將皇位又重新交到了他的兒子手裡，也算是另一種形式的失而復得。

　　可惜的是，劉慶在兒子登基四個月後就一病不起，病重之際，他向弟媳鄧綏提出了最後一個請求：安葬在生母宋貴人的墓旁。

　　在等到鄧太后的答覆後，劉慶再無遺憾，安詳地離開了人世。

　　為了維護老鄧家的形象和名聲，鄧太后專門為司隸校尉、河南尹、南陽郡太守下詔，要求對鄧家人嚴格管理，不得徇私：「我查閱前代往事，發現外戚及其賓客假借威權，以致濁亂奉公，為民惡患。這都是因為對他們執法不嚴、網開一面造成的。如今車騎將軍鄧騭雖胸懷敬順之志，但是宗族廣大，親戚眾多，賓客奸詐狡猾，多有違法之輩。現要求對鄧氏家族的不法行為，發現一起，嚴辦一起，絕不姑息！」

## 第十一章　羌亂再起

從此以後，鄧氏家族親屬犯罪，官員都不予寬免。

老實說，在鄧太后的嚴厲約束下，鄧氏兄弟確實挺謙遜收斂的，沒做過出格的事，讓太后很有面子。比如有一次，鄧騭的兒子鄧鳳犯了法，鄧騭割下妻子和鄧鳳的頭髮來謝罪。要知道，在講究「身體髮膚，受之父母」的古代，髡刑可是一種極具羞辱性的懲罰，以這樣的態度來謝罪，誠意滿滿，受到了百姓的好評。

劉祜即位的第二年，鄧太后將太傅張禹、太尉徐防、司空尹勤、車騎將軍鄧騭、城門校尉鄧悝、虎賁中郎將鄧弘、黃門郎鄧閶全部封爵，食邑一萬戶。鄧騭因協助冊立皇帝有功，另外增加三千戶。

不料，鄧氏兄弟很有自知之明，他們知道自己的外戚身分敏感，容易招來非議，索性集體拒絕，鄧太后不准。兄弟幾個躲開朝廷的使者，繞道前往皇宮大門，前後多次上書堅持拒封，鄧太后這才應允。

鄧太后雖然扶立了劉祜，但是不少老臣不買帳，再加上大長秋鄭眾和中常侍蔡倫得到了鄧太后的信任，時常干預朝政，這就使得不少人開始暗中怨恨。

比如，剛剛得到提拔的司空周章就對太監參政非常不滿，幾次直言進諫卻被無視，鄧太后堅持立劉祜為帝的做法也讓周章義憤填膺。

等他任司空時，覺得為劉氏正朔立功的機會到了，就找了一幫人密謀，打算發動政變，找個機會潛入內宮緊閉宮門，然後甕中捉鱉，誅殺鄧騭兄弟及鄭眾、蔡倫，再脅迫尚書寫詔，將鄧太后廢居南宮，廢掉皇帝劉祜，擁立平原王劉勝為帝。

誰知道消息洩漏，周章被迫自殺，被牽連的人數不勝數。

縱觀中國歷史，太后臨朝稱制可不是件容易的事，基本上都是罵名，比如呂后，比如慈禧太后，但是也有為數不多的例外，比如鄧太后。

鄧太后臨朝稱制期間，天下一點也不太平，各種內憂外患不斷，考驗著她治國理政的水平。

首先是自然災害頻繁發生。從鄧太后稱制第一年起，各種旱災、水災、蝗災、冰雹接踵而至，幾乎每年都有一些地方不太平。尤其是地震，簡直像是在中原大地開啟了震動模式。

延平元年（西元 106 年）六月，三十七個郡國遇暴雨；九月，六個州遭遇特大洪水；十月，四個州被暴雨襲擊。

永初元年（西元 107 年），十八個郡國接連發生地震，四十一個郡國大雨成災，導致山洪暴發，二十八個郡國遭受風災及冰雹。

永初二年（西元 108 年），湟中大饑，湟中諸縣糧食升至每石萬錢，無數百姓被餓死；六月，京師洛陽及四十個郡國發生水災、風災及冰雹，十二個郡國發生地震。

永初三年（西元 109 年），洛陽、并州、涼州出現大饑荒，以致出現人吃人的現象，各地繼續遭受水災或雹災，九個郡國發生地震。

永初五年（西元 111 年），十個郡國發生地震。

永初六年（西元 112 年），十個州蝗蟲成災。

元初元年（西元 114 年），京城洛陽及五個郡國發生旱災及蝗災。

元初二年（西元 115 年），京城洛陽發生旱災，河南及十九個郡和封國發生蝗災，十個郡國發生地震。

那麼鄧太后的表現如何呢？

坦白說，鄧太后做得不錯，她的治國理政水準一點也不比別人差。每每聽到民間發生了饑荒，她都心有戚戚，通宵不能入睡。為了幫助百姓度過難關，她帶頭做了這麼幾件事：第一，減少宮廷和政府開支，包括減少禮儀支出、宮廷用度等；第二，減免災區百姓的賦稅，減輕他們的壓力和

## 第十一章　羌亂再起

負擔；第三，將災民遷徙到富饒的地方，並把屬於國家的公田交給貧民耕種，提供他們基本的生活保障。

## 羌亂拖垮漢朝

鄧太后執政期間，除了國內的各種災難，邊疆地區也是烽煙四起。

先說西域。

前面說過，班超年老申請回國，任尚接任西域都護一職。上任前，任尚向班超請教治理西域的方法，班超告訴他，水至清則無魚，治理西域不宜過嚴，要懂得抓大放小。

可惜，任尚對此不以為然，他性情急躁，政令嚴苛，讓西域各國的國君惶惶不安。這種不滿的情緒與日俱增，逐漸匯聚成一股浪潮。

延平元年（西元 106 年）九月，就在漢安帝即位後的第二個月，西域各國聯合起來，圍攻西域都護任尚。

此時的任尚正駐紮在疏勒國，他一直想不明白，為什麼班超可以憑一己之力，在西域苦心經營三十年，而自己一到任，西域的局勢就惡化到這種程度？

形勢萬分危急，任尚一面指揮疏勒國部隊死守城池，一面緊急上書朝廷，請求發兵援助。

萬里之外的朝廷接到任尚的急報後，急調西域副校尉梁慬率軍入西域增援。

西域雖然凶險，但也是一個誕生英雄的地方，繼班超之後，又一個英雄即將橫空出世，他就是梁慬！

梁慬是北地弋居人，父親梁諷曾是竇憲的部下。西元89年，竇憲、耿秉北伐匈奴，梁諷隨軍出征，任軍中司馬一職。漢軍大破北匈奴後，北匈奴單于遠遁，竇憲派梁諷前往會見北單于，勸他投降。梁諷後來因事得罪了竇憲，被處髡刑，充軍到武威，竇憲心胸狹窄，睚眥必報，授意武威太守除掉了梁諷。

西元92年，漢和帝剷除竇憲集團後，知道梁諷是被竇憲冤殺的，於是徵召其兒子梁慬，任為郎中。

梁慬從小便勇氣超群，為人慷慨義氣，渴望建功立業。他起初做鄧鴻的司馬，後來一路升遷，於延平元年（西元106年）被任命為西域副校尉，協助西域都護任尚管理諸國事務。

梁慬知道，自己的機會來了。

他立即走馬赴任，剛到河西，就得知了一個消息：西域各國已經發生叛亂，聯軍將西域都護任尚圍困於疏勒。朝廷命梁慬率領河西四郡（敦煌、酒泉、張掖、武威）的羌人及南匈奴的騎兵，共計五千餘人，火速趕往西域，以解疏勒之圍。

好在任尚也不是吃素的，就在梁慬大軍趕到之時，他已帶著疏勒城的守軍挫敗了叛軍的進攻，西域聯軍撤圍而去，疏勒轉危為安。

疏勒城雖然解圍了，但是西域發生如此重大的變故，任尚無論如何都脫不了關係。朝廷認為任尚管理不力，下令召還任尚，改派騎都尉段禧為西域都護，西域長史趙博做騎都尉。

當時的西域都護府設在龜茲國的它乾城，而如今，西域各國風雲突變，它乾城太小且不夠堅固，如果叛軍再度來襲，漢軍很難守住。

怎麼辦？梁慬提議，將西域都護府搬到龜茲王城。

此時的龜茲國王名叫白霸，曾作為人質在洛陽待過一段時間，後由班

## 第十一章　羌亂再起

超廢了原國王尤利多,改立白霸為國王,所以白霸基本上是親漢派。

只可惜,白霸雖然對漢朝有好感,但是龜茲國的很多大臣、貴族及百姓卻想擺脫東漢的控制,國中暗流湧動。梁慬入城後說服龜茲王,允許他率軍進入龜茲王城,但是龜茲王的部下極力反對梁慬進城,龜茲王不聽。

梁慬入龜茲王城後,馬上派人緊急將段禧、趙博的軍隊也迎入城內,部隊合在一處總計有八九千人馬。而此時,龜茲人見大隊漢軍進駐王城,不少將領煽動百姓宣布脫離龜茲王,聯合姑墨、溫宿等國的軍隊,共計數萬人,對龜茲王城發動進攻。

敵眾我寡,怎麼辦?

梁慬知道一味防守絕無出路,只有主動出城迎戰,才能破敵。他親率五千名羌胡騎兵出城迎戰,西域諸國雖然包圍了龜茲王城,但是對漢軍一向有畏懼之心,氣勢上就先輸了。梁慬帶著騎兵一陣衝殺,大破聯軍,然而各國聯軍並未潰逃,在整頓兵馬之後,再度兵臨城下,將王城團團圍住。

這是一場艱苦的戰鬥,雙方在城下對峙了數月,最終聯軍兵敗退走,梁慬乘勝追擊,斬殺一萬餘人,生擒數千人,駱駝畜產數萬頭,龜茲局勢這才穩定下來。

這一戰,梁慬力挽狂瀾,擊退數萬叛軍,使龜茲局勢轉危為安,躋身東漢名將之列。范曄在《後漢書》中將梁慬與班超、班勇同列,並極力稱讚梁慬的功名,說他「定遠慷慨,專功西遐。坦步蔥雪,咫尺龍沙」。

然而,這次好不容易取得的勝利很快被朝廷的庸臣們葬送。

梁慬保衛龜茲期間,由於叛軍攻勢凶猛,漢軍發往洛陽的信件往往不能送達,朝中大臣對西域的形勢深表擔憂。此時,朝中的公卿大夫又站了出來。有人說,西域各國和朝廷互相隔絕,路途遙遠,叛亂不斷。朝廷勞師遠征,所耗錢糧不計其數,早就該放棄西域了。還有人說,安內救民,

國家之急務，慕外勤遠，朝廷之末策，朝中列侯諸卿難道就不明白嗎？

永初元年（西元107年）六月，在朝中一幫公卿大夫的攛掇下，朝廷正式決定放棄西域，撤銷西域都護，召西域都護段禧、副校尉梁慬、騎都尉趙博以及駐守伊吾盧、柳中的屯墾兵團，全部撤回國內。

這一年，距離班超去世僅僅五年，班超三十年奮鬥的成果就這樣毀於一旦！

為了迎接歸來的西征軍將士們，朝廷派騎都尉王弘率軍西行，王弘則徵調金城、隴西、漢陽等郡的羌人騎兵數千人，參加西迎西域都護的行動。

羌人在歸降漢朝後，平時被官吏與豪強作為苦役之用，與地方官員互不信任。接到徵調令後，羌人中謠言四起，大夥兒紛傳郡政府徵調他們是要去西域進行屯墾，再也回不來了。

一傳十，十傳百，被徵調的羌人紛紛半路逃跑。地方官很惱火：「這麼光榮的任務，你們居然說逃就逃，都抓回來！」

漢軍欺負羌人習慣了，在抓捕過程中大肆破壞，截殺逃跑的羌人，甚至血洗羌人部落。

如此一來，羌人各部落紛紛反抗，局勢很快失控，隨即演變成一場曠日持久的戰爭！

東漢史上最複雜、耗時最長的戰爭即將打響，而這場戰爭最終也將漢帝國拖入了深淵。

關於羌人這個民族，想必大家一定不陌生。西羌是兩漢的頑疾，在西漢時還不突出，東漢時逐漸取代匈奴，成為帝國的心腹大患。他們住在河湟之地，依隨水草，地少五穀，以產牧為業。原始的生活環境和習俗使得羌人民風彪悍，他們堅強勇猛、吃苦耐寒、好勇鬥狠的天性就像野獸一般。

## 第十一章　羌亂再起

永元十三年（西元 101 年），迷唐戰敗後投奔了發羌部落，不久病死。漢羌戰爭暫時告一段落，西海與大小榆谷又恢復了往日的和平與寧靜。

然而，這種和平並沒有持續太久。

六年後，騎都尉王弘的一則徵調令再一次引燃了羌人的怒火，他們擔心被發配西域一去不還，在走到酒泉時紛紛選擇了跑路。比如，麻奴兄弟就帶著燒當羌逃離金城郡，而先零羌的分支滇零羌與鍾羌則選擇了反抗。

沒有武器鎧甲，他們伐竹作矛、削木為兵，以銅鏡為盾，截斷隴道，反抗官府。

朝廷將護羌校尉侯霸開除公職，由西域都護段禧接任護羌校尉，隨後以車騎將軍鄧騭為主帥、征西校尉任尚為副帥，統領北軍五營以及三河、三輔、汝南、南陽、潁川、太原、上黨諸地的部隊，共計五萬人，前往平定羌亂。

永初二年（西元 108 年）正月，鄧騭帶著大軍踏上了西征之路。先頭部隊抵達冀縣（今甘肅甘谷縣）時，不料遭遇了鍾羌部落，漢軍倉促應戰，被羌人殺死千餘人，餘眾狼狽逃歸。

剛出征就吃了癟，鄧騭的內心非常鬱悶，好在剛從西域戰場歸來的梁慬力挽狂瀾，為漢軍找回了面子。

梁慬在回來的路途中正好遇上大規模羌亂，奉詔為鄧騭援應，擊破諸羌萬餘人，斬獲過半，諸羌部落首領三百餘人向梁慬請降。梁慬一一安撫，將他們遣回故地，河西四郡乃定。

梁慬這邊開局順利，鄧騭那邊卻處處碰壁。

同年冬，鄧騭決定在漢陽郡發動一場決戰，他命征西校尉任尚率主力部隊，對滇零羌部落占據的平襄發動強攻。雙方大戰一場，結果出人意料，任尚竟然打輸了，還損失了八千餘人！

仗打成這個樣子，鄧騭恨不得找個地縫鑽進去。

當時有左校令龐參因犯法被下獄，他特令其子龐俊上書，大意是：

「當今西州流民擾動，而徵兵不絕，水潦不止，地力不復。加上大軍出動，遠戍疲勞，農功忙於轉運，資財竭於徵發。田畝不得開墾，莊稼不得收割，兩手無計，來秋沒有希望，百姓力竭，不堪承受。臣認為萬里運糧，遠就羌戎，不如總兵養眾，待其疲勞。車騎將軍鄧騭應帶兵出征，留下征西校尉任尚督涼州士民，轉居三輔。休徭役以助其時，止繁賦以增其財，令男得耕種，女得織布，然後養精蓄銳，乘懈阻擊，出其不意，攻其不備，那麼邊民的仇能報，奔北之恥可雪矣。」

奏疏遞上去後，御史中丞樊準也上疏力薦龐參：

「臣聽說鷙鳥上百，不如一鶚。昔孝文皇帝悟馮唐之言，而赦魏尚之罪，使為邊守，匈奴不敢向南一步。以一臣子之身，解一方之難，選用得也。臣看見故左校令龐參，有勇有謀，卓爾奇偉，高才武略，有魏尚之風，前因犯了小錯，在獄中待了很長時間。如今羌戎為患，大軍西屯，臣認為像龐參這種人應在行伍之列。希望明詔採前世之舉，觀魏尚之功，免龐參之刑，以為軍鋒，必有成效，宣助國威。」

鄧太后看過奏疏後，納其言，召回鄧騭，讓龐參監督三輔諸軍，屯田防邊。任尚留守漢陽節度眾軍，將百姓盡量向東轉移到長安一帶。

滇零羌則趁機擴張勢力，在北地斷隴道，殺官吏，百姓死者不可勝數。

與此同時，滇零羌派人前往上郡、西河郡，策反當地的羌人部落，武都郡的參狼羌也起兵響應滇零羌。隨後，羌人南下進攻益州，擊破漢中郡，殺死太守董炳。

緊接著，羌人轉掠三輔，從北、西北、西三面圍攻長安。

長安城三面臨敵，形勢岌岌可危！

## 第十一章　羌亂再起

　　朝廷派出了騎都尉任仁緊急馳援長安城。然而羌軍兵鋒正盛，任仁根本不是對手，屢戰屢敗。

　　漢軍將領平常很自大，可一到戰場上和羌人交戰，全都不行。朝中君臣日夜徬徨，此時此刻，他們不約而同地想到了梁慬。

　　除了他，還有誰能解救長安城？

　　此時的梁慬正在金城郡駐守，接到通知後，他立即率領精銳部隊火速出發，轉戰武功、美陽等地間，身先士卒，連敗羌眾。戰鬥中，梁慬負了傷，但是他毫不在意，堅持在第一線戰鬥。

　　梁慬的勇猛氣概鼓舞了全軍將士，士卒們拚死戰鬥，終於擋住了羌人的進攻，長安城轉危為安。

　　羌軍雖然在長安城外失利了，但是在金城郡、隴西郡進展順利，先零羌的分支鍾羌部落甚至攻克臨洮，生擒了南部都尉。

　　愈演愈烈的羌亂已經讓朝廷焦頭爛額了，可一場突如其來的大饑荒更讓漢帝國雪上加霜。永初三年（西元109年），首都洛陽以及涼州、并州地區發生大饑荒，洛陽城內甚至發生了易子相食的人間慘劇！

　　禍不單行，北方的烏桓也趁勢進攻上谷、代郡；東方的海盜張伯路也趁火打劫，擾掠緣濱九郡；歸附已久的南匈奴見漢帝國正是虛弱之際，又在背後插了一刀，在北方叛亂。

　　帝國的救火英雄梁慬，剛剛撲滅羌人在長安城外燃起的戰火，又被派往北部戰線對付南匈奴，面對混亂的局勢，他也是分身乏術，無力迴天。

　　放眼望去，帝國內外烽煙四起，各路叛軍虎視眈眈，誓要將偌大的漢帝國撕成碎片！

# 戰爭如泥潭

面對風起雲湧的叛亂，朝廷掀起了一股放棄西域的熱潮，時任謁者的龐參就出了個餿主意給鄧騭：

「連年羌寇困擾隴右，供徭賦役開支甚大，官府負債達數十億萬，如今又向百姓調取穀帛，以應官吏之需求，外傷羌虜，內困徵賦。給武都西郡千里運糧困難太多，運糧散於曠野，牛馬死於山澤。縣官不足，常向百姓借貸，民已窮矣，將從誰求？名救金城，實困三輔。三輔既困，反轉來又會成為金城之禍。我之前就說過很多次，應該放棄西域，卻被西州士大夫所笑。現在如果貪戀不毛之地，憂恤無用的百姓，暴軍於伊吾之野，替外人擔心，一旦破了涼州，禍亂就會接連不斷。邊境不寧，無益於強，多田不耕，怎救饑荒？所以會治國者，必定著眼國內，不求外利，讓百姓富足，不貪廣土。三輔山原曠遠，民眾稀少，故縣空城，可住人之地方甚多。今宜將邊郡百姓遷入內地，減輕徭役，休養生息，此善之善者也。」

鄧騭心亂如麻，看完他的建議，當即決定放棄涼州，退保長安，避免兩線作戰，全力解決南匈奴的叛變。

為了說服眾人，鄧騭還打了個比方：「這好比兩件衣服都破了，用其中一件去補另一件，這樣還可以有一件衣服，如若不然，則兩件衣服都不能穿了。」

公卿大臣們也想不出更好的辦法，紛紛附和鄧騭的意見。

關鍵時刻，一個猛人挺身而出，制止了此事。

這個猛人叫虞詡，陳國武平人。

虞詡的祖父叫虞經，曾任郡縣的獄官，辦案公正，心存寬厚，推己及人。每逢冬月案件上報時，常為之流淚。他曾說：「東海的于公高築里門，

## 第十一章　羌亂再起

而他的兒子于定國最後做了丞相。我治獄六十年了，雖比不上于公，但是也差不多吧，子孫為什麼不能做九卿呢？」

出於這份執念，虞經為虞詡取字升卿。

虞詡十二歲便能通習《尚書》，是個神童式的人物。其早年喪父，孝養祖母，縣裡推薦他為孝孫。陳國國相很看好他，想闢為己用，虞詡推辭說：「家中祖母已經九十多歲了，除了我無人奉養，恕難從命。」

國相只好悻悻作罷。

後來虞詡祖母去世，虞詡服孝期滿，被徵召到太尉李脩府中任郎中。

永初四年（西元110年），羌胡作亂，蹂躪并、涼二州，李脩回到府中跟人說起鄧騭準備放棄涼州之事，虞詡當場相當著急。他站出來說道：「公卿們定策放棄涼州，簡直是誤國誤民！」

李脩怔了一下，問道：「此話怎講？」

虞詡侃侃而談：「先帝開闢疆土，經歷一番艱辛，好不容易才得到這些土地，現在卻怕費事想要丟掉它，將來怎麼向祖宗交代？一旦放棄涼州，長安一帶便成了邊塞，那祖宗的園陵墳墓就在界外了，這萬萬不行。俗話說關西出相，關東出將，涼州民風強悍，熟悉兵事。現在羌胡之所以不敢入侵三輔，是因為涼州就在後方，這是他們的心腹之患！

涼州百姓之所以能夠衝鋒陷陣、披堅執銳，冒矢石於行陣之列，毫無反顧之心，是因為涼州之地屬於大漢帝國！如果割棄涼州，遷走百姓，百姓安於故土，必然不願遷徙，這樣肯定會發生變故。倘若有英雄豪傑趁著天下饑饉、海內虛弱之機起兵反叛，即便有孟賁、夏育那樣的勇士，太公那樣的將領，恐怕也抵擋不住。大將軍以補衣為喻，可我認為現在的時局就像瘡疽，如果任由其發展，將擴散到全身，最後必定會因為潰爛而體無完膚！」

李脩聽得脊背發涼，直冒冷汗。

他向虞詡虛心請教：「是我們欠考慮了，如果不是你提醒，幾乎要壞了大事。你覺得以現在這種情況，該如何應對？」

虞詡道：「現在涼州騷動，人心不安。為了防止涼州由於動盪不安而發生變故，應該下令四府九卿，從涼州的豪傑和官吏子弟中選拔人才到洛陽做官，表面上是朝廷對他們表示嘉獎，實際上是監視他們，以防非常之變。只要他們有抵抗的決心，足以消弭邊患。」

李脩在次日的朝會上轉述了虞詡的見解，很快得到了公卿們的一致認同。眾人依照虞詡的方案任命西州豪強為掾吏，任命長吏子弟為郎，總算保住了涼州。

所幸的是，梁慬在北方戰場表現極為出色，接連挫敗南匈奴的叛軍，南匈奴降。帝國終於可以騰出手來，全力對付叛亂的諸羌。

戰場上的形勢逐漸好轉，但是虞詡的提議也不可避免地得罪了鄧騭。

正好朝歌縣的叛匪寧季等數千人殺官造反，聚眾作亂連年，州郡無法平定。

鄧騭瞅準機會，極力推薦虞詡到朝歌任職。

明眼人都看出來了，這分明是要把虞詡推往火坑啊！

虞詡的親朋好友都來安慰他：「兄弟你太不走運了，竟然被安排去朝歌。」

虞詡哈哈大笑道：「志不求易，事不避難，這是做臣子的本職，不遇盤根錯節，怎麼辨識利器？」

到了朝歌，虞詡並不急著報到，而是先去拜訪河內太守馬稜。

馬稜同情地看著他道：「你一個儒生，不在朝中任職，怎麼被安排到朝歌這麼混亂的地方來了？」

## 第十一章　羌亂再起

虞詡答道：「剛受命那天，京城中不少官員都跟你一樣來安慰我，好像我此去必死無疑。其實在我看來，叛賊不過是些目光短淺的無能之輩，我虞詡根本沒把他們放在眼裡。」

馬稜被逗笑了：「無能之輩？你倒是說說看。」

虞詡淡然答道：「你想想看，朝歌位於韓、魏交界之處，背靠太行山，面臨黃河，離敖倉不過百里，青州、冀州流亡到這裡的有幾萬人。叛賊不知占敖倉，劫庫兵，守城皋，開倉放糧，招兵買馬，截斷天下右手，這就足以說明他們是些草包，不足為慮。」

馬稜一拍大腿，他是個高人啊，一眼就看出了問題的關鍵！

「那麼你接下來準備怎麼做？」

虞詡答：「如今叛賊勢力正盛，不好正面交鋒。兵不厭詐，希望您多給兵馬，我自有籌劃。」

虞詡到朝歌的第一件事就是招募勇士，他根據品行把人分為三等：專行攻劫者為上，好盜竊者為中，不務正業者為下，總共招募了一百多人。

緊接著，虞詡為這些有犯罪前科的人擺了一桌酒席，宣布免除他們的罪責，然後讓他們伺機加入叛軍中，引誘叛軍劫掠，並設伏兵見機行事，趁機斬殺叛賊數百人。

這之後，虞詡又派會縫紉的貧民為叛賊縫紉衣物，將紅色的絲線縫在衣襟上作為標記，只要叛賊出門上街，官兵立即動手抓。叛賊不明白自己是怎麼被發現的，以為官府有神靈相助，一個個四散而去。虞詡隨後升任懷縣縣令。

說回與羌人的戰事。

漢軍雖然打贏了南匈奴，但是西邊的羌人卻不好對付。

這次羌人的反叛聲勢浩大，整個西陲的涼州羌人雲集響應，向東洗劫

關中三輔地區，長安附近被破壞殆盡，漢軍只能依託長安城防守。

很快，羌軍南下益州，對漢中的褒中發動進攻。漢中太守鄭勤親自守城，羌軍一時無法攻破，撤圍而去，四處大掠。沒過多久，羌軍再度來襲，鄭勤率部迎戰，不幸戰死，軍士死者三千餘人。

兵連禍結之下，西部地區的百姓生活越發艱難，他們不僅要小心羌軍的洗劫，還要隨時提防官軍的劫掠。畢竟，連年的戰亂下，漢軍的軍紀也是極差，這其中以騎都尉任仁的部隊表現最為惡劣。這夥人打仗不行，劫掠百姓倒是一把好手，惹得民怨沸騰。

朝廷接到舉報後逮捕了任仁，押回洛陽由廷尉審訊，後下獄處死。

轉眼已是永初五年（西元111年），這是羌亂以來形勢最為嚴峻的一年。

這一年，羌人大舉入寇河東郡與河內郡。

河東郡的郡治是安邑；河內郡的郡治是懷縣。打開地圖不難發現，這兩個地方距離帝國首都洛陽的直線距離僅有一百多公里！

京師震動！

朝廷急令北軍中侯朱寵率北軍五營的部隊，屯駐於洛陽以北黃河南岸的重鎮孟津，並且嚴令魏、趙、常山、中山等地緊急修築六百一十六座堡壘，堅壁清野，防備羌軍的劫掠。

此後，由於羌勢更盛，漢郡縣官吏皆無心戰守，朝廷只得下令將郡府搬遷：隴西郡移至襄武、北地郡徙池陽、上郡遷衙縣、安定郡徙美陽。

朝廷批准內遷，地方官員們很高興，老百姓卻不開心。邊民留戀故土，不願遷移，當地官府於是下令：「強割莊稼，拆除房屋，毀掉糧倉，看你們搬不搬！」

可憐百姓，好不容易躲過羌人的皮鞭和屠刀，卻沒能躲過官府的暴力強拆！

## 第十一章　羌亂再起

老百姓遭了大難，只得在官府的逼迫下搬遷。由於連年旱災、蝗災加上饑荒，百姓根本沒有餘糧，只能拖家帶口，餓著肚子跟著隊伍往前走。一路上不斷有人倒下，再也沒能起來，人口損失超過半數，「白骨露於野，千里無雞鳴」，簡直是慘不忍睹！

羌人劫掠漢地百姓，可仍有一些漢人偷偷投靠羌人。比如，漢陽郡人杜琦、杜季貢兄弟及王信等人與羌人暗中勾搭，在上邽聚眾起兵，杜琦還自稱「安漢將軍」。

朝廷震怒，重金懸賞杜琦的人頭：漢人殺杜琦者得一百萬錢，羌胡人殺杜琦者得一百斤金、兩百斤銀。

重賞之下必有勇夫，漢陽太守趙博派刺客潛入上邽城內，刺殺杜琦，然後派遣軍隊圍剿叛軍，殺王信等六百餘人。杜季貢僥倖逃出，投奔了羌人領袖滇零。

永初六年（西元112年），滇零病死，其子零昌立為天子，繼續與漢朝硬碰硬。自此之後，羌人開始由盛轉衰，漢軍則緩過氣來，伺機發動反擊。

永初七年（西元113年），護羌校尉侯霸與騎都尉馬賢親自率軍，襲擊了安定郡先零羌的分支牢羌，俘虜一千多人，繳獲馬、牛、羊等兩萬多頭。

元初元年（西元114年），羌人首領號多組織當煎羌、勒姐羌劫掠武都郡、漢中郡及巴郡。西南蠻族與漢軍並肩作戰，擊敗了羌人。號多向北潰散，與零昌部落會合，切斷了隴西通往長安的通道。

隨後，護羌校尉侯霸與馬賢進攻羌人，再次擊敗號多，殺死羌軍兩百餘人。

這些年來，漢朝能在漢羌戰爭中緩過神來，離不開兩個人的堅守：一個是侯霸，一個是龐參。

侯霸任護羌校尉，龐參前面已經出場過，兩人透過一系列軍事與外交手段，瓦解了羌人同盟，相繼打通了中斷已久的隴西通道與河西通道，將北地郡的零昌部落與南方的武都、益州的羌人分割開來。零昌部落曾試著打通與益州諸羌的交通線，可惜無法突破漢軍的防線。

一切準備完畢，元初二年（西元115年），漢帝國拉開了對羌人的反攻序幕。

## 為何東漢羌亂不斷

朝廷任命班雄（班超的長子）駐守長安一帶，以征西下將軍司馬鈞和護羌校尉龐參各率一支隊伍，分兩路合擊。

羌軍的主將是叛降的漢人杜季貢，龐參率七千名騎兵出征，杜季貢戰敗。司馬鈞兵臨丁奚城下，杜季貢假裝逃跑，潛伏在附近等待時機。

司馬鈞進入丁奚城後，派下屬仲光帶著三千人到城外，去收割羌人的莊稼。仲光卻不聽主將命令，沒去收割莊稼，反倒去追擊杜季貢的羌軍，不想卻中了杜季貢的埋伏。司馬鈞惱怒其不聽號令，見死不救，結果仲光的隊伍被滅了。

杜季貢乘勝殺回丁奚城，司馬鈞自知不敵，下令撤軍。

龐參錯過了與司馬鈞會師的日期，害怕朝廷追責，於是稱重病在身，引軍撤退。

第一次對零昌的打擊就這樣草草而終，司馬鈞意氣用事，自知其罪難逃，在獄中自殺身亡。

司馬鈞大家不熟悉不要緊，他有一個了不起的後代，終結了三國亂

## 第十一章　羌亂再起

世，就是司馬懿。

龐參因犯詐疾罪被下獄，幸好他在朝中混得不錯，有幾個至交。在此之前，梁慬也因罪入獄，龐參下獄後，校書郎中馬融上書為他和梁慬求情：

「西戎反叛，寇略五州，陛下憐憫百姓之疾苦，哀百姓之失業，用盡府庫之財物以養軍隊。昔日周宣王時，獫狁侵略鎬和方，孝文帝（漢文帝）時匈奴入侵上郡，而宣王立中興之功，文帝建太宗之號。這不只是因為兩主有明睿之姿，也因為有虎將相助，所以『南仲赫赫，列在《周詩》；亞夫赳赳，載在漢策』。

前護羌校尉龐參，文武全才，智略遠大，既有義勇果毅的氣節，兼有博雅深謀的天資。度遼將軍梁慬，前時統領西域，辛苦數年，回來留在三輔，攻效克立，間在北邊，單于降服，今皆幽囚，陷於法網。昔日荀林之父在邲打了敗仗，晉侯恢復了他的職位；孟明視在崤喪師，秦伯不廢他的官職，才有後來的晉景並赤狄之地，秦穆公稱霸於西戎。希望陛下參照前事，寬宥其過失，使其戴罪立功。」

皇帝看完奏疏，赦免了龐參與梁慬。

隨後，任尚被任命為中郎將，接替班雄駐防三輔地區。此時朝廷從各郡國招募二十萬步兵，正準備發動對零昌的第二次打擊。

漢羌戰爭打了這麼多年，漢軍敗多勝少，怎麼才能打贏羌人？饒是任尚在沙場征戰多年，對此也是毫無頭緒。

不過，就在任尚走馬上任之前，有一個人找上門來，為他出了個主意。

這個人正是懷縣縣令虞詡。他說：「兵法云，弱不攻強，走不逐飛，自然之勢也。如今羌人全是騎兵，每天可以行軍數百里，來時像疾風驟雨，去時像離弦飛箭，我軍用步兵追趕勢必是追不上的。所以儘管我軍集

結了二十多萬兵力，曠日持久，卻沒有戰功。為閣下計，不如讓各郡郡兵復員，命他們每人捐助幾千錢，二十人合買一匹馬，這樣便可以組建一支萬人騎兵。以萬騎之眾逐數千之虜，尾追截擊，羌人自然走投無路。如此一來便民利事，大功立矣！」

任尚一聽：「這個主意好！以騎兵對騎兵，正好可以抵消羌人的優勢！」

任尚根據虞詡的建議組建了一支萬人騎兵。隨後，任尚帶著這支新組建、訓練的騎兵北上丁奚城，與杜季貢打了一仗，斬殺四百餘名羌人，繳獲牛、馬、羊等數千頭。

同年，羌人入侵武都郡，鄧太后聽聞虞詡有將帥之才，任命他為武都太守。

接到詔書後，虞詡立即走馬上任，羌人得知這個消息後，為他準備了一份大禮，數千羌軍埋伏在陳倉崤谷之中，準備在半路截殺虞詡。

虞詡率大軍行進到崤谷谷口時，偵察兵告知前方發現了敵軍身影。虞詡下令停止前進，在谷口安營紮寨，隨後故意放出風聲，說他已經上書朝廷，等後續援兵抵達後再繼續前進。

羌人一聽，樂了：「虞詡被吹得神乎其神，如今卻膽小怕事，也不過如此嘛！就這點本事還敢來跟我們作對！」

大太陽底下埋伏也挺辛苦的，知道虞詡不敢來，羌人於是解散了埋伏，分頭到鄰近的縣城繼續劫掠。

虞詡等的就是這個機會！

偵知羌軍散去，虞詡命令將士立即出發，迅速穿越山谷，一日行軍百餘里。等羌軍發現時，虞詡早已穿過崤谷。

行軍途中，虞詡還不忘命將士每人挖兩個灶坑，以後每人每天再多挖兩個。

## 第十一章　羌亂再起

將士不解，問道：「昔日孫臏減灶行軍，您卻增灶行軍。兵法上說每日行軍不超過三十里，以保持體力，防備不測，而您如今卻每天行軍將近二百里，這是什麼道理？」

虞詡解釋道：「敵軍人多，我軍人少，走慢了容易被追上，走快了對方便不能測知我軍的底細。敵軍見我軍的灶數日益增多，必定以為郡兵已來接應。我軍人數既多，行動又快，敵軍必然不敢追趕。孫臏減灶是以強示弱，我反其道而行之，是以弱示強。兵無常勢，要學會依據不同的情形隨時調整策略。」

虞詡此言一出，眾皆嘆服。

尾隨的羌軍也很納悶，虞詡沿途行軍所留下的爐灶怎麼會越來越多呢？是不是有其他部隊加入？

懷著忐忑的心情，羌軍一路尾隨，不敢貿然發動進攻，虞詡就這樣有驚無險地抵達了武都郡。

虞詡至武都時，兵不滿三千，被數萬羌眾圍於赤亭。虞詡命令將士頑強固守。靠著手中威力強大的強弩，漢軍堅持了數十天，打退了羌軍的多次進攻，大大挫傷了羌軍的銳氣。

這一日，羌軍又開始發動進攻，虞詡站在城牆上眺望，發現有的羌軍士兵舉著盾牌畏縮不前，對漢軍的強弩很是畏懼。

略作思忖，他下達命令：「守城將士全部撤去強弩，換上小弓。」

眾人不解，強弩威力大，射程遠，可以射穿羌軍的盾牌，為什麼要換上小弓？

虞詡也不解釋，只讓將士們依令行事。

城外的羌軍見漢軍換上了小弓，頓時就樂了。「看來漢軍的強弩箭矢早已耗盡，小弓的殺傷力不足為懼，大夥兒做好戰鬥準備，攻城！」

## 為何東漢羌亂不斷

羌軍如潮水般向城下湧來，虞詡耐心地等待機會。待羌軍進入強弩的射殺範圍時，虞詡下令：「收起小弓，架好強弩！」

虞詡命令強弩手分成二十人一組，瞄準一個敵人射擊。二十支弩箭同時對著一個人射去，直接將羌軍射成了篩子。羌軍嚇壞了。「什麼情況？漢軍的強弩箭矢不是耗盡了嗎？怎麼又冒出來了？」

在強弩的箭雨之下，羌軍傷亡慘重，被迫撤退。漢軍主動出城反擊，多有殺傷。

這一戰，羌軍雖然吃了敗仗，損失了不少人馬，但是發現虞軍反攻時只出動了兩千多人，故以為虞詡兵力不多，準備再次進攻赤亭。

虞詡也知道自己暴露了實力，為了迷惑敵軍，他決定玩個障眼法。

某一日，虞詡讓所有將士偷偷從東門溜出去，然後大搖大擺地從北門入城。一進到城內，馬上更換服裝，又從東門溜出去，再從北門逛回來，如此反覆出入多次。

羌人遠遠地觀察著，見到漢軍源源不斷地入城，猜不透有多少人馬，越發驚懼，軍心動搖。

虞詡預料羌人很快就會退兵，派了五百勇士偷偷潛行到羌軍撤退時必經的一條河流旁，在淺水處埋伏。果然不出所料，羌軍從這裡撤退，漢軍伏兵突起，截擊掩殺，大破羌軍。

兵不厭詐，虞詡用一連串眼花撩亂的操作唬住了羌人，瞅準時機反撲，使得羌人再也不敢面對虞詡。虞詡也憑藉此戰躋身東漢名將之列，稱他為兵家權謀大師，一點都不為過。

除了在戰場上表現出色，虞詡在治理地方上也表現優異。為了防止羌軍反撲，他在武都郡內主持修築了軍事營壘一百八十所，號召逃亡在外的流民返回重建家園。與此同時，他帶頭賑濟貧民，開通了一條從沮縣到下

## 第十一章　羌亂再起

辯長達幾十里的水路。

虞詡剛到任時，當地穀價每石一千錢，鹽價每石八千錢，戶口一萬三千戶。三年後，穀價降為每石八十錢，鹽價每石四百錢，居民增加到四萬多戶，百姓家給人足，一郡大安。

虞詡就這樣在地方上沉寂下來，只要大將軍鄧騭當朝，虞詡的仕途就像被按了暫停鍵。等虞詡再次登上歷史舞臺時，時間已經到了西元126年，皇帝都已經換了三個，這事我們後面再講。

羌亂的故事先告一段落，下面我們來討論一個問題：為什麼強悍的東漢帝國能徹底弄死匈奴，卻一直搞不定羌人叛亂？

要知道，羌人部落在組織結構和武器裝備上不但遠遠落後於東漢，連匈奴人都遠遠不如。永初元年（西元107年）叛亂時，他們連基本的武器和鎧甲都沒有，只能抄起竹竿、木棍作為兵器，扛著桌板當盾牌，或是象徵性地拿面銅鏡。

更何況，羌人種姓極其繁多，上百大種、幾千小落各不統屬，十分混亂，內部仇殺爭端嚴重，異種如仇讎。這樣的一盤散沙，為何每次戰敗，卻仍能繼續向東發展，不但遍布涼州，涉足三輔，最後竟能寇亂河東、河內？

我認為，羌人之所以能成為東漢帝國的心腹大患，其主要原因只有兩個字：內遷。

羌人的歷史源遠流長，與華夏族有著密切關係。從殷商起，羌人與殷商就是敵對關係。周朝時羌人翻身做了主人，參加武王伐紂，姜姓即出於西羌，作為姬周最親密的盟友，分封各地做了諸侯。

留在西邊的羌人與戎人合為一體，進入隴南、河西等地，分化成了許多個種類，統稱西羌。

## 為何東漢羌亂不斷

羌人以畜牧為主業，也有原始的種植業。他們部落眾多，居無常所，強弱不一，沒有統一的首領，為了爭奪大小榆谷，幾代人相互掠奪仇殺，還曾依附於強大的匈奴。

霍去病奪取河西後，一部分西羌部落被驅趕出河西，湧入河湟谷地。幾十萬人擠在那狹小地域裡，為了求生存，有的羌人選擇繼續遠遷，有的羌人決定拼一把，從漢朝口中奪食，雙方在河湟谷地摩擦衝突不斷。

將投降的蠻夷內遷，朝廷可謂得心應手。當初漢景帝時就做過這事，朝廷接納研種羌人留何，安置於隴西河谷牧草之地，以為內屬。

這樣做的好處顯而易見，天水、安定、上郡等地條件艱苦，地多人少，三輔關東之人可不想去那裡吃沙子，朝廷乾脆把羌人遷進來，這樣既能削弱邊郡羌人，穩定河湟局勢，還能充實當地人口，增加徭役賦稅，簡直就是一舉多得。

嘗到甜頭後，朝廷遂視內遷為解決邊患的靈丹妙藥，在對付邊境反叛、投降的異族部落時，一言不合就幫你搬家。

殊不知，禍根已經埋下。

首先，羌人由於部落散亂，武器低劣，很難攻破漢朝的邊塞隴坂。如今，朝廷大力招安搬遷，幫他們過了這個坎，將羌人引入內地邊郡。透過這種強制遷徙，自古生活在河湟谷地的羌人在反叛前夕就已廣泛分布於隴右、益州、河西、河內，並深入三輔、河東。

這就等於將外患變為內亂，為後來的叛亂鋪平了道路。

其次，對於羌人百姓而言，朝廷胡亂強遷顯然非羌人之願。羌人們丟下了自己的牧場與土地，舉族搬遷，沿途還要遭到漢人官吏的欺壓虐待，到了地方後與漢人習俗不同，語言不通，生計沒有著落，只能淪為漢人的奴隸。羌人自是滿心怨恨，與漢人有著天然的隔閡，雙方矛盾日漸加深。

## 第十一章　羌亂再起

等到時機成熟，羌人首領登高振臂一呼，被奴役、壓迫的羌人百姓便會群起響應，引發一場反叛，與漢人的破產平民合流後，其隊伍越發壯大。

羌人種姓雖然極其繁多，且相互多有仇怨，但是在面對漢朝這個共同的敵人時，往往能暫時放下仇怨，互為呼應，結果便是一羌反，眾羌反。加之沒有關隘阻攔，羌人便能迅速東進，使得五州殘破，六郡削跡，中原糜爛。

到了漢末魏晉時就更誇張了，由於三國亂戰，中原人口銳減，土地空虛，為了充實內郡，朝廷不但遷羌人、匈奴、羯人、鮮卑、烏桓也紛紛內遷，結果外族人口占了關中人口的一半。

## 鄧綏的千秋功過

說回鄧太后。

在鄧綏和大臣們的努力下，雖然十幾年來內憂外患不斷，但是由於朝廷整體政策運用得當，老百姓還能挨下去。鄧綏雖以太后身分主政，但是她留給人的印象並不差。除了沒有還權給皇帝劉祜，沒什麼大問題。

鄧太后酷愛讀書，勤學不輟，為了提高貴族皇室子弟的教育程度，她還在宮裡創辦了一所貴族子弟學校。

元初六年（西元119年），鄧太后下詔，將和帝的弟弟濟北王、河間王的子女，五歲以上的四十餘人，和鄧家近親三十餘人，不分男女都徵集在一起，為這幫孩子辦了一個學校。

宿舍都是新建的，老師都是國家特級教師，學的都是儒家經典。為了檢驗學習成果，鄧太后還親自去學校監督、考察，那些年齡小的孩子，則

專門安排保母照顧起居。

鄧太后向她的堂兄弟河南尹鄧豹、越騎校尉鄧康解釋了她辦校的初衷：「我組織孩子們一起學習，是因為現在世風日下，淫巧虛偽遍地，我想襃崇聖人之道，以匡失俗。《論語》中說：『飽食終日，無所用心，難矣哉！』他們都是貴族子弟，生活優越富足，卻分不清善惡得失。明帝時也辦過學校，讓外戚樊、郭、陰、馬四姓子弟一塊學習，就是要矯正淺薄之風，回歸忠孝之道。我先祖太傅鄧禹，既以武功書之竹帛，又以禮樂教化子孫，所以能約束脩整自己。如果能讓孩子們上述先祖休烈，下念詔書本意，我就知足了。」

轉眼已是永寧元年（西元120年），昔日的小皇帝劉祜已經二十六歲，但是實際政務大權仍然握在鄧太后和鄧騭手中，一點沒有歸政的意思。

這使得朝中一些大臣對她很是不滿，比如郎中杜根。他和其他幾個郎官聯名上書，說安帝已經長大了，太后應該歸政了。鄧太后大怒，逮捕了杜根等人，下令用白袋子裝著，在大殿上活活打死。

執法官敬佩杜根，悄悄告訴行刑人打的時候不要太用力，打完用車將杜根接出城，杜根得以甦醒過來。鄧太后不放心，專門派人檢查杜根的屍體，看他死透了沒有。杜根就躺在那裡裝死，硬是躺了好幾天，眼睛裡都生了蛆，總算矇混過關，跑到宜城山裡做酒保。直到十多年後，鄧氏一族被連根拔除，杜根才重新出山。

後世譚嗣同寫過一首〈獄中題壁〉，以鄧綏專權險殺杜根之事影射慈禧太后：「望門投止思張儉，忍死須臾待杜根。我自橫刀向天笑，去留肝膽兩崑崙。」

不只是朝臣，太后的弟弟、越騎校尉鄧康也對鄧太后專權頗為不滿。自古以來，女主專權有幾個能落得善終？

## 第十一章　羌亂再起

鄧康怕鄧氏家族被鄧太后牽連，得一個外戚干政的汙名，最後被滿門抄斬，多次勸諫鄧太后還政。姐弟倆在長樂宮爭得面紅耳赤，一度還吵了起來。

鄧康見鄧太后一意孤行，索性請了病假。鄧太后派宮人去探望，宮人自以為年紀大、在宮裡時間長，自報「中大人」。鄧康一看，原來是自己府第送入宮廷的奴婢，居然敢自報「中大人」，頓時火冒三丈，痛罵她一頓。

宮人回到鄧太后跟前，說鄧康裝病，而且出言不遜。鄧太后隨後就免去了鄧康的官職，遣送歸國，將其從鄧氏族譜裡除名。

接連兩位朝臣遭了殃，劉祜也嚇了一跳，不敢再提歸政之事。

如果說知識改變命運，那麼權力改變什麼？

曾經的鄧綏出身名門，相貌出眾，聰明賢淑，小小年紀就已經受譽無數。入宮之後，鄧綏憑藉低調與隱忍一路逆襲，取代陰皇后成為後宮之主。四年後，劉肇突然離世，帝國的重任落在了二十五歲的鄧綏身上。

她意識到這是個千載難逢的機會，透過一系列操作，兩次扶立天子，將權力牢牢攥在自己手裡。

浸淫在權力場中的人，就像置身於磁力場的鐵塊，不管你有多不甘心、多麼疼痛，終究逃避不了被磁化的命運。在掌握了最高權力後，鄧綏終其一生，再也沒有鬆手。

而此時，鄧太后放眼瞧去，眼前的劉祜再不似兒時的聰明伶俐，越看越厭惡，簡直就是面目可憎。史書記載，鄧太后死後，以前受過處罰的宮人向劉祜誣告鄧太后的幾個兄弟，曾向尚書索取罷黜皇帝的檔案，打算改立平原王劉翼為帝。史書上雖說是「誣告」，但是鄧太后未必沒有動過這個心思。

鄧綏的千秋功過

畢竟，那座幽深的殿堂之上最高的權力寶座只能容得下一個人，只要鄧太后還在這世上，劉祜將永遠沒有機會。

劉祜知道，自己眼下能做的只有等待。為了那一天，他已經等了十多年，在未知的等待中，時間過得單調而漫長。

他有預感，等待即將結束，他必將被召喚。

永寧二年（西元121年）二月，鄧太后病倒了，臥床不起。

她知道自己時日無多，強撐病體，乘輦車到前殿接見了侍中、尚書等人，然後到太子新修繕的宮室轉了一圈，隨後大赦天下，並下發了一份詔書。

詔曰：「朕以無德，託母天下，而天不祐我，早遭大憂。殤帝延平之際，海內無主，元元厄運，危於累卵。我勤勤懇懇，不敢以萬乘為樂，上欲不欺天愧先帝，下不違人負宿心，誠在濟度百姓，以安劉氏。自謂感徹天地，當蒙福祚，而喪禍內外，傷痛不絕。近來老病纏身，不得久侍宗廟，以致不起。望公卿百官盡忠職守，輔助朝廷。」

三月，鄧太后嚥下了最後一口氣，劉祜長舒了一口氣。

該怎麼評價鄧太后呢？

歷史上，鄧太后被人詬病的地方有很多，最大的一個就是賣官鬻爵。

說起這個，鄧太后也是一臉無奈。國家遭了災，老百姓糧食歉收，財政收入上不去，怎麼辦？

想來想去，來錢最快的便是賣官了。

當年漢武帝也做過這事。為了籌集打匈奴的錢糧，武帝實行鹽鐵專賣，與民爭利，甚至賣官鬻爵，想盡了各種辦法。到了鄧太后這裡，面對財用枯竭、國庫開支不足的現狀，她只得效仿漢武帝，允許人用錢或穀買得關內侯、虎賁羽林郎、五大夫、官府吏、緹騎、營士等官爵。

## 第十一章　羌亂再起

此舉開了東漢賣官鬻爵的先例，影響極壞。

正史對鄧綏的評價也不全是稱頌。《後漢書‧皇后紀》中評價鄧太后時，有這麼一句話：「既云哲婦，亦『唯家之索』矣。」

這是什麼意思？

前半句的「哲婦」是褒稱，是讚賞鄧綏有智慧；後半句「唯家之索」則典出《尚書‧牧誓》，「牝雞司晨，唯家之索」，意思是母雞打鳴，這家庭就完蛋了。

兩句話連起來，意思是說：鄧綏確實很有能力，但是女子長期專權，終歸是不好的。

然而，在和帝匆匆撒手而去的日子裡，在東漢中期內憂外患的混亂局勢中，是她獨力支撐十六年，以自己柔弱的肩膀扛起了大漢的江山。如果說漢和帝是熾熱的太陽，那麼新一天的太陽昇起前，她便是維持這黑夜光亮的明月，群星皆不能與之爭輝。

而如今，月已西沉，新的太陽即將噴薄而出！

抬頭望，紅霞滿天，此時此刻，究竟是帝國的黎明，還是帝國的黃昏？

# 鄧綏的千秋功過

# 龍種中興，刀鋒與智慧相交之下，東漢帝國命運的盛衰抉擇：

從光武中興到明章之治，從邊塞的激烈鏖戰到朝堂的勾心鬥角，雄圖霸業下的帝國命運，究竟何去何從？

| | |
|---|---|
| 作　　　者 | 朱耀輝 |
| 責任編輯 | 高惠娟 |
| 發 行 人 | 黃振庭 |
| 出 版 者 | 複刻文化事業有限公司 |
| 發 行 者 | 崧燁文化事業有限公司 |
| E - m a i l | sonbookservice@gmail.com |
| 粉 絲 頁 | https://www.facebook.com/sonbookss |
| 網　　　址 | https://sonbook.net/ |
| 地　　　址 | 台北市中正區重慶南路一段61號8樓 |

8F., No.61, Sec. 1, Chongqing S. Rd., Zhongzheng Dist., Taipei City 100, Taiwan

| | |
|---|---|
| 電　　　話 | (02)2370-3310 |
| 傳　　　真 | (02)2388-1990 |
| 印　　　刷 | 京峯數位服務有限公司 |
| 律師顧問 | 廣華律師事務所 張珮琦律師 |

## -版權聲明

本書版權為樂律文化所有授權複刻文化事業有限公司獨家發行電子書及紙本書。若有其他相關權利及授權需求請與本公司聯繫。
未經書面許可，不得複製、發行。

定　　　價：499元
發行日期：2025年01月第一版
◎本書以POD印製
Design Assets from Freepik.com

**國家圖書館出版品預行編目資料**

龍種中興，刀鋒與智慧相交之下，東漢帝國命運的盛衰抉擇：從光武中興到明章之治，從邊塞的激烈鏖戰到朝堂的勾心鬥角，雄圖霸業下的帝國命運，究竟何去何從？/ 朱耀輝 著．-- 第一版．-- 臺北市：複刻文化事業有限公司, 2025.01
面；　公分
POD版
ISBN 978-626-7620-89-2(平裝)
1.CST: 東漢史
622.2　　114000122

電子書購買

爽讀APP　　臉書